JN207069

シティプロモーションと シビックプライド事業の 実践

牧瀬 稔
読売広告社 ひとまちみらい研究センター　編著

東京法令出版

まちはひとである。

　子供の頃、電車から眺めるまちが好きだった。

　窓の外をすごい速さで流れていく何の変哲も無い街並みや田園風景を眺めているだけで、不思議と気分が高揚した。窓の外には、私の知らないまちがあり、そのまちには私の知らない人々が暮らしていて、私の知らないドラマがある。街並みの背後に隠れているひとりひとりの人生を空想することが楽しかった。そのまちに息づいているだろうひとがもたらす体温に五感を刺激され、それは自分の未だ知らない人生や未来に対する不安と憧れが混ぜこぜになった不思議な感覚だった。

　まちのことを考えるとき、あの子供の頃の感覚が蘇る。ひとつとして同じ風景の無い車窓からの街並みはひとつとして同じではないひとりひとりの人生を受け止めている。

　まちの主役はひと。

　まちに物語を生み出す源泉も、ひと。

　まちを面白くするのも、ひとである。

　シビックプライドは、ひとのまちに対する想い（誇り、愛着、共感）を醸成すること。シティプロモーションはひとのまちに対する想いの源泉を探り、それを他のまちに対する優位ポイントとして拡散させ差別化につなげることである。ひとが起点になることに変わりがないのは、まちを形作っている源泉がひとだからである。

　このまちに暮らしたらどんな人生が待っているのか。どんな幸せな暮らしに包まれるのか。大切にしたいどんな日常を送ることができるのか。子供の頃に感じた、未来への希望ともいうべき不思議なわくわく感を、まちはいつまでも持ち続けてほしい。

2019年2月

読売広告社　ひとまちみらい研究センター

榎本　　元

目　　次

第Ⅲ部　シビックプライドに懸ける自治体の取組

総　　論

第1章　注目を集めるシティプロモーションとシビックプライド

本章は、本書の「総論」という位置付けである。本書の目的や構成を言及する。また、本書を分析する視点（学問的視座）も記す。

1 ▷ 欠陥シティプロモーションと不良シビックプライド

本書は、今日注目を集めつつある「シティプロモーション」（City Promotion）と「シビックプライド」（Civic Pride）を対象とする。シティプロモーションは、しばしば「シティセールス」（City Sales）とも称される。現在のシティプロモーションとシティセールスの活動を観察すると、双方の内容に大きな違いはない。そこで筆者（牧瀬）の場合は、基本的に「シティプロモーション」を用いる。

---

(1)　さいたま市はシティセールスを用いている。その意味は、「地域が持つ様々な資源を買ってもらい、人、カネ、企業などを地域に取り込み、地域の力を高めるための販売促進（プロモーション）活動」としている（「シティーセールスの考え方」）。薩摩川内市（鹿児島県）もシティセールスを使用している。その定義は、「地方都市が自らのまちの特色や魅力などを他の地域や企業に売り込むことによって、その知名度や好感度を上げていくこと」としている（https://www.city.satsumasendai.lg.jp/www/contents/1270031302635/index.html）。
　　一方で、シティプロモーションを使用しているのは、相模原市や伊勢市（三重県）などがある。相模原市は「都市としてのイメージや知名度を高めることにより、人や企業に「住んでみたい」、「ビジネスをしたい」と思われ、ひいては都市の活性化が図られることを目指し、相模原市が持つ様々な魅力（観光資源、文化、都市基盤等）を市内外に、効果的・戦略的に発信しようとするための方策」と定義している（http://www.city.sagamihara.kanagawa.jp/shisei/city_promotion/1004007.html）。そして、伊勢市は「自治体が人口減少に立ち向かう1つの方法として、「地域資源の認知度・ブランド力の向上、産品・サービスの消費拡大などを通じた地域活性化」を目的として取り組む広報活動のこと」と記している（http://www.city.ise.mie.jp/13399.htm）。
　　それぞれの意味を確認すると、「明らかにここが違う」と言える人はいないだろう。基本的には同じような概念で使用されていると思う（シティプロモーションが始まった当初は、多少は意味が異なっていたと考えられるが、今ではほぼ同じ概念となりつつある。）。

いきなりの余談で恐縮だが、シティプロモーションもシティセールスも和製英語である。そのため海外で使用すると、意味が通じないことが多い。特に、シティセールスは問題である。何が問題かというと、シティセールスは「地方自治体を売る」と解釈されてしまう傾向が強い。すなわち、「自治体を身売りしなくてはいけないほど財政が厳しい、治安が悪い、居住環境がひどいなどの問題がある」と捉えられてしまう。その結果、積極的に「シティセールス」を推進する自治体ほど、海外では悪いイメージを持たれるという皮肉な結果となる。海外でシティセールスという言葉を耳にした人の多くは、その自治体に対して嫌悪感を抱いてしまう。その意味では、海外展開を考えている自治体は「シティセールス」という表記は使わない方が賢明だろう。

　話を戻す。本書が対象とするシティプロモーションは、2008（平成20）年前後から注目を集めつつある。そして近年では、かなり多くの自治体がシティプロモーションに取り組んでいる。確かに、今日では多くの自治体が推進しているものの、その実態は成果の上げられない「欠陥シティプロモーション」である。そして近年では、シティプロモーションに関連してシビックプライドに取り組む自治体が増えつつある。欠陥シティプロモーションの状態でシビックプライドが進められると「不良シビックプライド」が増産されることになる。

　自治体の悪い習慣に「出羽守」（でわのかみ）がある。本来、出羽守とは出羽国を治めた国守のことを指す。ここで使用している意味は、出羽国の国守ではない。それは「……では」を多用する悪しき傾向を指している。例えば、「戸田市『では』シティプロモーションを進めていて……」や「東大和市『では』ブランド・プロモーションに取り組み……」というように、「……では」を多用する習慣である。

　この「……では」は、自分（自治体）の意見を持っていないことを意味している。これは、横並び意識の典型である[2]。筆者は、右肩下がりの時代においては、横並び意識はリスクが大きいと考えている。

現在の状況を観察すると、多くの自治体が自ら考えた結果、シティプロモーションに取り組むというわけではないようだ。少なくない自治体は「周りがシティプロモーションに取り組んでいるから」という理由により、シティプロモーションを進める兆候が見られる。この意識が「欠陥シティプロモーション」を生むことになる。

　そして、近年ではシビックプライドがはやりつつある。そこで、自治体の中には、何も考えずにシビックプライドを採用する傾向も強い。これが「不良シビックプライド」の原因となる。(3)

　話はややそれるが、「シビックプライド」（Civic Pride）という言葉は、株式会社読売広告社が商標登録している。(4)この事実を知っている自治体

---

(2)　現在進められている「地方創生」の意味を考えたい。地方自治の世界で「地方」といった場合は、「地方公共団体」（地方自治体）を意味する。次に創生の意味を調べると、「つくり出すこと。初めて生み出すこと。初めてつくること。」とある。この観点から考えると、地方創生とは「地方自治体が、従前と違う初めてのことを実施していく。あるいは、他自治体と違う初めてのことに取り組んでいく」という意味になる。自治体にイノベーションを起こす能動的な取組である。イノベーションとは、新結合や新機軸、新しい切り口、新しい捉え方などと考えることができる。地方創生とは、横並び意識や踏襲意識とは対極の概念である。そして、真の意味で地方創生を実施している自治体が「リーディング自治体」（Leading Local Government）へと変貌していく。ここで言うリーディングとは、「主導的地位」や「先駆的立場」という意味がある。

(3)　「首長に言われたから」や「議会から要望があったから」という忖度により、シティプロモーションやシビックプライドに手を付けることも多い。そのような場合であっても、改めて「なぜ、シティプロモーションやシビックプライドが必要なのか」を明確にして取り組む必要がある（自分の中でシティプロモーションやシビックプライドが必要ということを再定義することが求められる。）。しかし、「首長や議会に言われたから実施する」と、何も考えずに進める傾向がある。これが大きな問題である。

(4)　読売広告社は、とても控え目な企業である（牧瀬の私見かもしれない。）。同社は、シビックプライドの商標権を保有している事実を決してアピールしない。そこで、筆者が代わりにアピールしている（同社にとっては余計なお世話かもしれない。）。本文にも記しているが、商標権の侵害は、自然人にとっても法人にとっても大きなペナルティになる。このことを調べずにシビックプライドを使用している自治体が多い。こういう事実からも、自治体はシビックプライドという流行に溺れている様子が垣間見ることができる。安易なシビックプライドの活用は、自治体自身の首を絞めることにつながっていく。

は少ない。筆者が、この事実を伝えると、驚く担当者がほとんどである。しっかり調べずにシビックプライドに取り組んでいるのである。すなわち、「周りがシビックプライドに取り組んでいるから」という横並び意識そのものである。ちなみに、商標法に違反すると（商標権を侵害すると）、懲役10年以下、罰金1,000万円以下が科せられる（商標法第78条）。法人の場合は、罰金３億円以下が科せられる場合がある（同法第82条）。この「何も考えずシビックプライド」や「なんとなくシビックプライド」の積み重ねが「不良シビックプライド」につながっていく。

　本書は、欠陥シティプロモーションや不良シビックプライドを阻止することも、１つの意図がある。

2 ＞ 本書の意図と目的～読者へのヒントの提供

本書はⅢ部構成～理論と実践の融合

　本書は、筆者（牧瀬）が第Ⅰ部を担当し、読売広告社が第Ⅱ部を担う。そして、筆者と読売広告社の共著という形態としている。筆者と読売広告社だけでは、現場の観点が薄くなる可能性がある（常日頃、地域の現場で働いている自治体職員には、筆者たちは勝てない。）。そこで、シビックプライドに強く取り組んでいる自治体からも寄稿いただいている（第Ⅲ部）。

　本書の責任の所在は、第Ⅰ部と第Ⅲ部は牧瀬に帰する（Ⅲ部は首長や自治体職員の執筆であるが、事実誤認等の間違いの責任は編著者にある。）。そして、第Ⅱ部は読売広告社である。本書は、筆者と読売広告社が共同で進めた。しかし、見解が全て同じということはない。シティプロモーションやシビックプライドの細かい点については、筆者と読売広告社の意見が違うこともある。これら差異は、調整して同じ意見にすることはしなかった。その理由は、シティプロモーションとシビックプライドはダイナミズムの要素があり、統一的な回答を出すことは難しいと考えたからである。むしろ統一してしまうと、これらの概念が持つ躍動

さを殺してしまいかねない。そこで見解が違う点は、あえて残している。その部分は読者への問題提起という意味がある[5]。

　本書のスタンスは、「読者へのヒントの提供」である。政策づくりにおいて、一番危険なことは「誰かの言ったことをうのみにする」ことである。地域の事情は地域ごとに異なる。ある地域の成功事例が、そのまま別の地域に当てはまることは少ない。ある地域の成功事例を活用するときは、自分たちの地域の事情や背景、地域性に合わせて移転していくことが求められる[6]。

　その意味で、「誰かの言ったことをうのみにする」ことに注意してほしい（この考えが横並び意識につながっていく。）。そして何よりもいけないことは、誰かの言ったことをうのみにし「考えること」を放棄することである。もし読者が考えることを放棄したのならば、それは思考の自殺である。思考が死んでしまえば政策に命が吹き込まれず、地域の発展もない。このような理由から、筆者は「読者へのヒントの提供」を基本として本書を進めていく。

---

[5]　筆者は研究者的な視点がややあるため、批判的な観点でシティプロモーションやシビックプライドを眺める癖がある。一方で、読売広告社や第Ⅲ部で寄稿いただいた自治体は、シティプロモーションやシビックプライドを肯定的に捉えているように感じる。どちらが良くて、どちらが悪いということはないと思う。多様な見解があってよい。しかし、筆者に関しては、ゼミ生から「先生、もっと心を素直にしたほうがいいですよ」や「そんなに批判的な視点だと、友達をなくしますよ」と言われることが多い。そこで最近は、この批判的な視点を改善しようとは思っている。なお、批判的な視点であり、否定的な観点ではないと自認している。
[6]　多くの先進的なよい事例を、自らの自治体に移転していくためのノウハウは、次の図書で言及した。一度、手に取っていただきたい。
　牧瀬稔『地域創生を成功させた20の方法』秀和システム・2017
　　先進的なよい事例を地域に移転して、自治体は、地方（地域）のことは地方（地域）が決めるという「地方（地域）自決権」への意識転換が求められつつある。しかしながら、この「地方（地域）自決権」の意識は弱いように感じる。

第Ⅰ部の意図～理論的視点の紹介

　本書は、Ⅲ部から成立している。第Ⅰ部は、筆者（牧瀬）が担当する。書名が『シティプロモーションとシビックプライド事業の実践』とある。つまり、シビックプライドの前にはシティプロモーションがある。シティプロモーションは無視できない。そこで、簡単にシティプロモーションの概念や過去の経緯などを言及する。

　第Ⅰ部を読まれて、シティプロモーションに関心を持たれた読者は、次の図書も手に取っていただきたい。それは、『地域ブランドとシティプロモーション』東京法令出版・2018年である。筆者が編著者として参画している。同編著は、本書と連携している。

　さらに言うと、『地域ブランドとシティプロモーション』は『地域魅力を高める「地域ブランド」戦略』東京法令出版・2008年と強く関連している。同編著は絶版しているため、関心のある読者は図書館等で読んでいただきたい（同編著も筆者が関わっている。）。

　シティプロモーションの概念を整理した後、シビックプライドの歴史的経緯を検討する。実は、「シビックプライドは新しい概念ではない」というのが筆者の主張である（この主張は、共著者の読売広告社と異なるかもしれない。）。過去、コミュニティ論、市民参加、協働論、ソーシャルキャピタル論などが議論されてきた。基本的にシビックプライドも、過去に提起された諸概念と共通する部分が多いと考える。そこで、コミュニティ論、市民参加、協働論、ソーシャルキャピタル論などを簡単に紹介する。

第Ⅱ部の意図～シビックプライドの老舗の見解

　シティプロモーションとシビックプライドを大まかに理解した後で、第Ⅱ部となる。第Ⅱ部は、読売広告社が担当する。既に言及しているが、「シビックプライド」という言葉は同社が商標をとっている[7]。その意味で、同社はシビックプライドの老舗といえる。第Ⅱ部では、読売広告社

が考え実践しているシビックプライドを言及する。

　まずは、同社の経験からシティプロモーションとシビックプライド事業の活かし方について考察する。なお、同社のこだわりとして「シビックプライドに『事業』という言葉を付け加える」ことがある。単なる「シビックプライド」ではなく「シビックプライド事業」という表記に強い意識を持っている。その理由は、事業を付記することにより、PRやキャンペーン、プロモーション等に直結しているイメージを醸し出したいからである。

　次に、実際に同社が関わった、南島原市（長崎県）、平塚市（神奈川県）、三戸市（青森県）のシティプロモーションとシビックプライド事業を紹介する。あくまでも「事業」の紹介である。つまり、「政策」を言及しているわけではない（むしろ、政策という観点は、第Ｉ部の役割となる。）。

　今日、「事業」と「政策」の意味は多々ある。[8] その多様な定義の中で

---

(7)　読売広告社がシビックプライドの商標権を保有しているため、他の民間企業は別の言葉を使用している。例えば、三菱ＵＦＪリサーチ＆コンサルティング株式会社は「市民のプライド」と称している。同社は、政令指定都市と東京都区部の21団体の住民を対象にアンケート調査を行い「市民のプライド・ランキング」を取りまとめている（2017（平成29）年6月14日発表）。

　　株式会社ブランド総合研究所は、地域ブランド調査の中で「郷土愛ランキング」を発表している。同調査は、各都道府県の出身者に対して、ふるさと（出身都道府県）について「愛着度（愛着があるかどうか）」「自慢度（誇りに思うかどうか）」、「自慢（誇り）に思う要素（22項目）」など、25項目の設問で構成している。それらを数値化してランキング化している。

　　このように民間企業は、読売広告社が「シビックプライド」の商標権を保持していることを理解しているため、別の表現を用いることが多い。これは、商標違反を避けるためのリスク管理ともいえる。しかしながら、自治体は、民間企業が持つ意識（商標違反を避けるためのリスク管理）はほとんどない。

(8)　筆者は、政策、施策、事業を次のように考えている。「政策」とは、行政が目指すべきまちづくりの方向や目標を示すものになる（施策の集まりが政策になる。）。「施策」とは、政策を実現するための方策と捉えられる（事業の集まりが施策になる。）。「事業」とは、施策を実現させるための具体的な手段となる。

単純化すると、事業とは「実際の取組」といえる。一方で、政策とは「目指すべき方向性」と指摘できる。事業は具体的であり、政策は抽象的とも換言できる。

　本書は、シティプロモーションとシビックプライドの推進に関して、効率よく、かつ、効果的に進めていくためのポイントを、分かりやすく、応用のきく内容としてまとめることも目的である。その意味では、本書は具体的でなくてはいけない（もちろん、全てを具体的に記すことは難しい。しかし、ある程度は具体的でないと読者の政策づくりに貢献しない。）。そこで第Ⅱ部では、シティプロモーションとシビックプライドの「事業」レベルを紹介している。

　読売広告社がシティプロモーションに関係し、具体的なシビックプライド事業を言及した後、同社が実施している「シビックプライド・リサーチ・ランキング」を紹介する。同ランキングは、自治体の「愛着」「誇り」「共感」「継続居住」「推奨意向」を抽出し、それらをまとめて総合ポイントにより明らかにしている。

　第Ⅱ部を読まれて、シビックプライドをより勉強しようと思った読者は、次の2冊も参照するとよいと思う。それは、『シビックプライド——都市のコミュニケーションをデザインする』宣伝会議・2008年と『シビックプライド2【国内編】——都市と市民のかかわりをデザインする』宣伝会議・2015年である。双方とも読売広告社が関係している。

第Ⅲ部の意図〜実践的視点の紹介

　第Ⅲ部は、シティプロモーションとシビックプライドに取り組む自治体に寄稿いただいた。本書が対象とした自治体は、北上市（岩手県）、戸田市（埼玉県）、海老名市（神奈川県）、多摩市（東京都）、八王子市（東京都）、生駒市（奈良県）、西条市（愛媛県）である。選定理由は、読売広告社のシビックプライド・リサーチ・ランキングの上位に位置したことのある自治体や、行政運営の重要な柱としてシビックプライドを

取り上げているなどである。また、都市圏と地方圏も考慮した（当初は町村も選定したかったが、根拠を持って先進事例として抽出することができなかったため、本書においては断念した。）。

　各事例の詳細は、第Ⅲ部を読んでいただきたい。ここでは少しだけ紹介する。北上市は、岩手県という地方圏においても人口を増加させている珍しい自治体である。その1つの要因が、シティプロモーションとシビックプライドと考えられる。2015年国勢調査によると、過去5年間で岩手県全体では3.8ポイントの人口を減少させている。一方で、北上市は0.4ポイントの人口増加である。この好結果は、同市が推進しているシビックプライドを一基調としたシティプロモーションの効果にあると推測できる。北上市のシティプロモーションのキーワードは、「まち育て」である。まち育てにより醸成した愛着や誇り（すなわち、「シビックプライド」と捉えられる。）を、魅力ある都市形成につなげていくことを目指している。

　同時に西条市も、シティプロモーションとシビックプライドに力を入れている。特に、市民が同市に「住み続けたい」「勧めたい・紹介したい」と思えるよう、インスタグラムへの投稿をはじめ、Webサイトへの市民ライターとしての参画など、市民がまちの魅力に触れ、その価値を理解し、それを発信してもらえるような参加型の取組を進めている。市民自らが西条市の魅力の発信に関わることにより、愛着や誇りが醸成されつつある。

　さらに、西条市を応援するコミュニティ「LOVE SAIJOファンクラブ」を中心に、SNSを活用した情報発信や、会員相互の交流支援等に係る取組を強く推進している。これらの事業が、総務省の「「関係人口」創出事業」モデル事業に採択された。西条市の取組は「関係人口とシティプロモーション」や「関係人口とシビックプライド」など、多方面に取組が広がりつつある。

　北上市や西条市は、地方圏に位置する自治体である。地方圏と比較し

て条件的に有利な都市圏の自治体も負けてはいない。海老名市や戸田市は、シビックプライド・リサーチ・ランキングの上位に位置した経験を持っている。

　海老名市は、市民のシビックプライドの醸成を図り、転入促進と転出抑制につなげていくため、市民参加型のシティプロモーションを展開している。例えば、「ストリートピアノ」という事業がある[9]。同事業は、地元の地域団体と協力して道端に置いてあるピアノを活用した地域コミュニティの創出を意図している。これは、海老名市のシビックプライドに少なからず貢献している。同時に、近隣自治体では珍しい事業であったため、マスコミが取り上げ海老名市の認知度向上にも寄与している。

　戸田市は、2014（平成26）年にスマートフォン用アプリケーション「tocoぷり」を開発した。この「tocoぷり」は、地域の身近な情報を気軽に発信・収集することができるアプリケーションである。自治体が独自に開発したのではなく、開発段階から住民が参画してつくりあげたことが特徴である[10]。この「tocoぷり」は、シビックプライドの醸成に寄与

---

[9]　ストリートピアノとは、まちの真ん中や道際に置かれたピアノを上手下手問わず誰もが弾くことができる「公共のピアノ」を意味する。世界で最初に設置されたのは、イギリスのバーミンガム市といわれている。日本では、鹿児島県や宮城県など全国で20強に設置されている。ストリートピアノは、人と人のつながりを生み出し、地域のつながりを強くし、まちににぎわいを創出するなどの効果が指摘されている。

[10]　事業づくりの段階から市民が関わることをPI（Public Involvement）と称される。PIとは、政策づくりの初期段階で市民の意見を吸い上げようとするために、市民に意思表明の場を提供する試みである。政策をつくる初期の段階で、広く市民に「参加してもらう」ことを意図している。
　　市民参加や協働を成功させるためには、PIに加えて、PU（Public Understanding）やPC（Public Consensus）も重要な概念である。PUとは、市民に行政活動を広く理解してもらうために、情報提供の仕組みを整備して、市民の社会的学習の場を広げようとする試みである。PCは、市民に行政における政策づくりに参画しているという意識や責任を持ってもらうため、合意形成を進めようとする試みである。

している。[11]

　第Ⅲ部は、そのほか様々な事例を紹介している。これらのシティプロモーションとシビックプライドに取り組む先進的な事例から、読者は多くのヒントが得られると思う。

　本書は、シティプロモーションとシビックプライドの推進に関して具体的な事例を記していく。シビックプライドの理論と実践の双方を学ぶことができる点が特徴である。

3 ＞ 本書の分析的視点

自治体政策学が土台

　小見出しを「本書の分析的視点」とした。もしかすると、本書ではなく、それは筆者（牧瀬）だけの学問的視座かもしれない。さらに、「学問的視座」という表現を重たく感じる読者もいるだろう。ここでいう学問的視座とは、筆者が自治体に関わるときのモットーと捉えてもよいと思う（「図書においてモットーを語るな」と言われそうだが、シティプロモーションやシビックプライドなど、政策づくりにおいて重要な視点であるため言及しておきたい。）。

　現時点における筆者の専門分野は、自治体政策学である。現時点において、誰もが共通する自治体政策学の定義はない。筆者をはじめ様々な有識者が自由に定義付けしている。その中で、筆者の考える自治体政策学は、次のとおりである。それは、「住民の福祉の増進を実現するため

---

[11]　「tocoぷり」の開発の前に、戸田市は調査研究を実施している。それは、2013（平成25）年度に戸田市政策研究所が「スマートフォン等を活用した新たな市民参加に向けての研究」というテーマで行った。同調査は、公益財団法人日本都市センター主催の「第5回都市調査研究グランプリ（CR－1グランプリ）」にてグランプリを受賞している。シティプロモーションやシビックプライドに限らず、政策づくり全般に言えることであるが、「調査研究」（政策研究）は重要である。しかし、調査研究をないがしろにして政策を展開することが少なくない。これでは政策は失敗に終わってしまう。

の方向性を提起する実学重視の学問」である（定義が長く、主語述語の関係が不明確なのが問題と思っている。しかし、現時点で筆者は自治体政策学をこのように捉えている。）。

そして、「住民の福祉の増進を実現するための方向性」を達成していくために、具体的な手段を提示していくことに意義がある。すなわち、自治体政策学とは、方向性を提示し（政策を考え）、かつ、方向性を実現するための具体的な事業を考える実学である。

さらに言うと、自治体政策学の基本は「実学」に力点が置かれる。どんなにいい調査研究をしても、提示された方向性や事業が現場で使えなかったら、それは自治体政策学とはいえない。このような意識を持ちながら、本書は現場で活用できる視点を書き込んでいる（そのつもりで本書を作成している。）。このことは、共著者の読売広告社も同じ意見である。

自治体政策学に関連して「自治体学」も触れておきたい。田村明氏は自治体学について、次のように説明している。それは、「都市計画・教育・安全・福祉・医療等の公共政策に関する問題を幅広く包括し、これらを総合的に自治として考えようとする。そして特に『理論』と『実践』の融合を図り、実践を伴う『術』と『学』の両方に意味がある点が自治体学の特徴」である[12]。どんなにいい理論でも、実践で使えなくては意味がない。同時に、実践の積み重ねから理論化していかなくては普遍性がない。理論と実践は、密接に関連しなくてはいけない。本書は、シティプロモーションやシビックプライドの分野において、理論と実践を相互に関連させつつ例示している点も特徴である。

自治体学に関連して、田村氏はスタンスに3点を挙げている。それは、①現実に立ちながら常に現状への批判精神を持つ。②広い視野を持ち、

---

[12] 次の文献を参照されたい。
田村明『自治体学入門』岩波書店・2000年

国際的未来的な展望のもとに現実を考える。③ビジョンを提示して、同時に現実問題処理の具体的な政策・手法を構築する──である。田村氏が指摘した自治体学の視点は、自治体がシティプロモーションやシビックプライドを進めるときに、忘れてはいけない思想である（シティプロモーションやシビックプライドだけに限定されるのではなく、政策づくり全てに言えることでもある。）。

政策研究の重要性

筆者の私見になるが、成果を上げているシティプロモーションは、理論と実践の融合を図っているような気がする（シビックプライドは緒に就いたばかりであるため、明確な成果を把握できる段階ではない。そこで、「成果を上げているシティプロモーションは」とした。）。例えば、北上市や戸田市、西条市などは、自治体シンクタンクを設置し、しっかりと理論を構築してから実践に移っている。ここで「理論を構築」というと、ハードルが高い印象を持つかもしれない。しかし、実はそうではない。この「理論を構築」を換言すると、「政策研究をしっかりやる」に集約される。そして、政策研究は調査研究と同じ意味である。地道な政策研究を実施した後に、シティプロモーションを展開すると、いい成果が得られやすくなる。

しかし、成果だけに目がいくのが人の常である。政策づくりは、氷山の一角のようなものである。氷山の一角とは、表面に現れている事柄は、全体のほんの一部にすぎないという意味がある。成果という氷山は少し

⒀　自治体シンクタンクとは「地方自治体の政策創出において徹底的な調査・研究を行い、当該問題を解決するための提言を行うために組織された機関（団体）」と定義できる。具体的には、戸田市政策研究所（埼玉県戸田市）やかすかべ未来研究所（埼玉県春日部市）、新宿区新宿自治創造研究所（東京都新宿区）など、全国で40前後存在している。詳細は、次の文献を参照されたい。
牧瀬稔『政策形成の戦略と展開〜自治体シンクタンク序説』東京法令出版・2009

しか見えない。しかし、水面下には多くの政策研究が存在している。本当は地道な政策研究があるのにもかかわらず、そこには目が届かない（むしろ気が付かない。）。そして、目に見える成果のみが一人歩きをしてしまう。

　成功しているシティプロモーションの表面性だけが目立ってしまう。その結果、シティプロモーションさえ実施すれば、人口減少がとどまる、観光客が増加する、地域が活性化するなど、表面的にしか捉えない傾向がある。この視点は、非常に危険である。そうならないように、本書において、端々で政策研究の重要性も指摘していく。

　次の第2章では、現在、進展しつつあるシティプロモーションを簡単に紹介する。シティプロモーションの基本的な要素に言及し、第3章のシビックプライドにつないでいく。

第2章　シティプロモーションの現状と展望

　本章は、シティプロモーションの現状と筆者の考える展望を記す。本章では、シティプロモーションの先行研究や先行事例を記している。また、現在、自治体がシティプロモーションを進めているものの、明確な成果が出ていない自治体が少なくない。その原因も検討している。最後にシティプロモーションの実効性を高める視点を述べている。[(1)]

1 ▷ はじめに

ブーム化するシティプロモーション

　2014（平成26）年11月に、国は急速に進む人口減少の進展に的確に対応し、将来にわたって活力ある日本社会を維持していくことを目的に「まち・ひと・しごと創生法」を制定し施行した。この「まち・ひと・しごと創生」は通称「地方創生」といわれる。

　国は地方創生の1つの目標として、「2060年に1億人程度の人口を維持する」ことを掲げている。このまま抜本的な対策をとらないと、日本の人口は2060年に8,600万人程度となるという将来人口推計がある。そして、国が掲げた目標を達成するため、地方自治体は「地方人口ビジョン」を明確にし「地方版総合戦略」を策定した。「地方人口ビジョン」とは、自治体が提示する2060年の目標人口になる。そして「地方版総合戦略」とは、設定した目標人口を達成するための施策や事業を書き込んだ行政計画である。

　筆者が自治体に足を運ぶと、最近では若干トーンダウンはしつつあるものの、依然として「地方創生」の話題が占める。また自治体は、人口減少の克服に関して、様々な取組を実施している。そして、人口減少を

---

(1)　本章は、次の文献を加筆・削除等して修正を行った。
　　牧瀬稔「地方自治体におけるシティプロモーションの現状と展望」『関東学院法学』関東学院大学法学部・2018

克服する一手段として注目を集めるのが「シティプロモーション」や「シティセールス」である（以下では、原則として「シティプロモーション」に統一する。）。

　近年では、シティプロモーションに取り組む自治体が相次いでいる。例えば、webで検索すると、すぐに盛岡市、朝来市、各務原市、橋本市、足利市、三島市などの事例をはじめ、約838万件のヒットがある（2018（平成30）年9月30日に検索）。ある意味、シティプロモーションは市民権を得た言葉である。しかしながら、その実態を観察すると玉石混交といえるだろう。成果を導出する良いシティプロモーションがあれば、依然として何も変われない悪いシティプロモーションもある[2]。

　本書は、シティプロモーションとシビックプライドの関係を述べている。そこで、まずは本章においてはシティプロモーションに注目する。特に、地方創生の動きにより加速化するシティプロモーションを考察する。自治体が取り組むシティプロモーションの歴史的経緯を振り返り、筆者が関わった具体的な事例に言及する。そして、自治体が取り組むシティプロモーションの成功要因を考察する。また、シティプロモーショ

---

(2)　今日、様々なシティプロモーションがある。それぞれの取組に個性があり、多様な特徴があるともいえるだろう。しかし、「成果のあがるシティプロモーション」に限定すると、極めて少ない。N市やH市などは、シティプロモーションの先進事例と称されている。しばしばマスメディアにも登場する。そのため視察も多い。しかし、冷静にシティプロモーションを捉える必要もあるだろう。筆者が調べたところによると、シティプロモーションを開始してから、N市とH市の定住人口は一貫して減少している（属する県の平均よりも大きく人口を減少させている。）。交流人口も逓減状態である。その結果、財政も悪化しつつある。さらに言うと、N市はシビックプライドでも有名である。シビックプライドの利点は、しばしば「転出者を減らす」といわれる。しかし、N市は転出者が増加している。すなわち、シビックプライドも失敗しているといえるかもしれない。筆者は、N市やH市をおとしめるという意図は全くない。何を言いたいかというと、「シティプロモーションを冷静に把握しましょう」である。また、「成果のあがるシティプロモーションを実施しましょう」に集約される。昨今のシティプロモーションは、この視点が希薄と考えている。

ンに取り組んでいるプロモーションの今後の展望を明記して、本章を締めくくる。

シティプロモーションの先行研究

　民間企業の経営には、セールス・プロモーション[3]という概念がある。セールス・プロモーションに関する事例は、経営学やマーケティングの分野を中心に多くある。一方で、自治体が取り組むシティプロモーションの先行研究は少ない。2009（平成21）年に河井孝仁・東海大学教授がシティプロモーションをまとめている。その後、様々な学識者がシティプロモーションを考察しているが、今日まで研究成果は少ない現状がある[4]。

　近年では、シティプロモーションに関連してシビックプライドという概念が登場している。このシビックプライドに関しては、伊藤香織・東

[3]　経営学には、「セールス・プロモーション」という概念がある。その意味は、「キャンペーンなどを利用して、消費者の購買意欲や流通業者の販売意欲を引き出す取組全般」になる。一般的に、民間企業におけるセールス・プロモーションは、①消費者向け、②流通チャネル向け、③社内向けの3種類に大別できる。

[4]　シティプロモーションを対象とした主な先行研究は、次のとおりである。
河井孝仁『シティプロモーション——地域の魅力を創るしごと——』東京法令出版・2009
牧瀬稔「「都市を売り込む」ことで住民の獲得を目指す〜シティセールスとシティプロモーションのすすめ〜」牧瀬稔・中西規之編著『人口減少時代における地域政策のヒント』東京法令出版・105−118頁・2009
木村乃「地域住民を本気にさせないシティプロモーションに価値はない」『広報会議2012年7月号』28−30頁・2012
牧瀬稔「選ばれる自治体で生き残れ〜効果の上がるシティプロモーション〜（総論）」『議員NAVI vol.45』第一法規出版・40−45頁・2014
牧瀬稔「選ばれる自治体で生き残れ〜効果の上がるシティプロモーション〜（認知度拡大編）」『議員NAVI vol.46』第一法規出版・26−30頁・2014
牧瀬稔「選ばれる自治体で生き残れ〜定住人口を増やすヒント〜（定住人口増加編）」『議員NAVI vol.47』第一法規出版・38−42頁・2015
牧瀬稔「競争から共感へのシティプロモーション」『自治体学vol.30−2』自治体学会・6−9頁・2017

京理科大学教授が積極的に考察を進めているが、やはり先行研究は少な[5]。シビックプライドは、第3章で言及する。

　自治体のシティプロモーションという視点ではなく、地域全体のプロモーション（地域経営も含む。）という観点であれば、田村馨・福岡大学教授などが先行的に研究を進めている[6]。しかし、これらの研究は、本章が対象とする自治体のシティプロモーションとは方向性が異なる。このように、シティプロモーションに関する先行研究は少ない。

　一方で、自治体の現場ではシティプロモーションは数多く展開されてきた。後述するが、その動きは1980年代には見られる。しかし、活発化してきたのは2000（平成12）年の半ば以降である。

　筆者は2008（平成20）年に戸田市の政策形成アドバイザーとして、戸田市と共同でシティプロモーションに関する調査研究を実施している[7]。2008（平成20）年時点で先行的にシティプロモーションを実施していたのは、仙台市、川崎市、静岡市など政令指定都市が中心であった。その後、シティプロモーションに取り組む自治体は劇的に増加した。しかしながら、シティプロモーションを対象とする研究は、今日においても少

(5)　シビックプライドに関しては、次の先行研究がある。
　伊藤香織・紫牟田伸子監修・読売広告社都市生活研究局著『シビックプライド
　　──都市のコミュニケーションをデザインする』宣伝会議・2008
　伊藤香織・紫牟田伸子監修・シビックプライド研究会編『シビックプライド2
　【国内編】──都市と市民のかかわりをデザインする』宣伝会議・2015
(6)　次の文献が先行研究である。
　東急エージェンシーマーケティング局編『シティ・マーケティング』日本能率協
　会・1984
　田村馨『都市のマーケティング』有斐閣選書・1997
(7)　戸田市のシティプロモーションは、次の文献を参照されたい。
　牧瀬稔・戸田市政策研究所編著『選ばれる自治体の条件──政策開発の手法と実
　践Ⅱ──』東京法令出版・2010
　牧瀬稔・中西規之編著『人口減少時代における地域政策のヒント』東京法令出
　版・2009
　牧瀬稔・戸田市政策研究所編著『政策開発の手法と実践──自治体シンクタンク
　「戸田市政策研究所」の可能性──』東京法令出版・260頁・2009

ない状況である。

　すなわち、シティプロモーションが依然として、理論化できていない状況にあるといえる。そのため、シティプロモーションの成功事例が少ないとも指摘できる。現在のシティプロモーションの成功や失敗が分析されていないため、どの自治体も暗中模索という状況が少なからずあるのだろう。[8]

2 〉 シティプロモーションの歴史と意味

シティプロモーションの歴史的経緯

　シティプロモーションという語句がいつから使われはじめたのか、過去の新聞記事から検討した（図表１）。使用した新聞は、朝日新聞、産経新聞、毎日新聞、読売新聞になる。[9] この４紙を確認すると、シティセールスは1980年代後半に福岡市が使用している。1995（平成７）年９月15日の朝日新聞に「東京事務所では89年に、シティセールス担当課長を設けるなど、アジアの拠点都市を目指してイベントの誘致などで売り込みに懸命だ。1989（平成元）年はアジア太平洋博覧会、今年は世界の学生らのスポーツの祭典ユニバーシアード福岡大会を開いた」という記事がある。

[8]　マーケティングの基本的なフレームワークとして、「マーケティングの４Ｐ」がある。４Ｐとは、Product（製品・商品）、Price（価格）、Place（流通）、Promotion（プロモーション）のそれぞれの頭文字を指している。この４つのＰを組み合わせながら、最適なマーケティング手法を考えていく。しかし、自治体のプロモーションは、４Ｐの中の「Promotion」しか実施していない。これでは当然、シティプロモーションは失敗する。マーケティングの４Ｐの大まかな流れは、セグメント化によりターゲットを決定する。ターゲットの①ニーズに対応した「製品・商品」（ブランド）を開発し、②ターゲットに最適な「価格」（魅力）を設定する。そして、③ターゲットに届けるために最も効率的な「流通網」（マスメディア）を選定し、④ターゲットに対して最も効果的な「プロモーション」を展開する、である。

[9]　あくまでも朝日新聞、産経新聞、毎日新聞、読売新聞だけであり、他紙においては1980年代半ば以前から登場している事例があるかもしれない。

図表1　全国紙における1年間に「シティプロモーション」「シティセールス」が
　　　　登場した回数

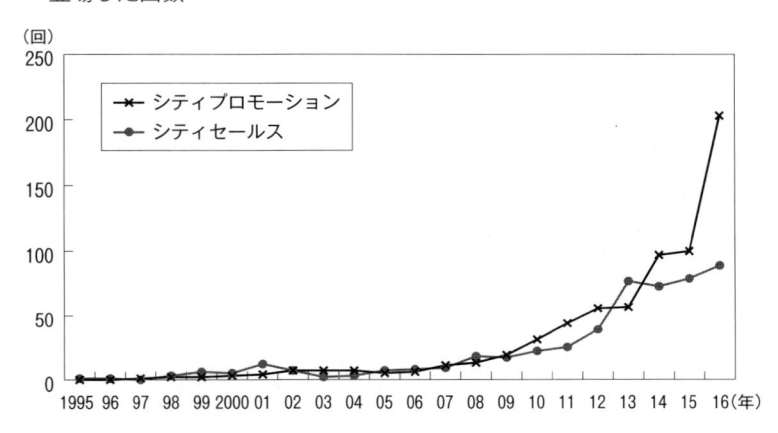

出典：筆者作成
全国紙とは、朝日新聞、産経新聞、毎日新聞、読売新聞である。新聞・雑誌記事横断
検索を活用した。1985（昭和60）年から今日までを検索している。なお、完全に全て
の記事を把握できているわけではない。傾向をつかむという意味がある。

　一方で、シティプロモーションという言葉は、1999（平成11）年10月
29日の読売新聞に見られる。それには「和歌山市は28日、市を総合的に
市外へ売り込む「シティプロモーション推進課」を市長公室に設置する
機構改革を発表した。市外からの受け入れを一本化した窓口となると共
に、市の総合計画や歴史、文化を宣伝し、観光客や企業、国際大会の誘
致など市の発展につなげていく」とある。

　あくまでも朝日新聞、産経新聞、毎日新聞、読売新聞だけであり、他
紙においては、本章で紹介した以前からシティプロモーションを実施し
ている可能性はある。いずれにしろ、1980年代半ばには使用されていた
ことが分かる。

　再度、図表1を確認してほしい。シティプロモーションという言葉が
1998（平成10）年前後から見え始めている。つまり、1998（平成10）年
前後がシティプロモーションの胎動期と指摘できる。そして、2008（平
成20）年前後まで、その動きは続いていくことになる。その後、2008

（平成20）年前後から急拡大していく様子が確認できる。つまり、2008（平成20）年前後がシティプロモーションの発展期といえるだろう。そこで、筆者は2008（平成20）年を「シティプロモーション元年」と捉えている。

　1998（平成10）年と2008（平成20）年のそれぞれの背景を考える。1997（平成9）年7月には、アジア通貨危機が起きている。インドネシアや韓国などのアジア各国に波及して起こった金融危機である。直接的には、日本はアジア通貨危機の影響を大きく受けることはなかった。ところが、国内経済は深刻な不況に陥っていた。1997（平成9）年は、山一證券株式会社や株式会社北海道拓殖銀行が経営破綻している。そして、1998（平成10）年には日本経済はマイナス成長に陥った。その結果、自治体の税収が大きく減少することになる。

　2008（平成20）年9月には、リーマン・ショックが起きている。アメリカの投資銀行であるリーマン・ブラザーズが破綻したことにより、世界的金融危機が発生した。日本も影響を受け、企業の倒産が増加した。倒産を回避した企業も、経営危機を迎えることになった。自治体にとっては、法人住民税が大きく減少することになる。同時に、2008（平成20）年は人口減少元年と称されている。2008（平成20）年から継続的に人口が減ることになった。人口が減っていけば、個人住民税も逓減していくことになる。

　筆者は、シティプロモーションが進む1つの背景に税収の減少があると考えている。自治体運営の持続性を担保するために、「プロモーション活動することで、定住人口の増加や企業誘致を実施することにより、税収の減少を抑えよう」という発想が意識下にあったと考えている[10]。もちろん、それだけがシティプロモーションに取り組む理由とはいえないが、大きな要因と推察される。

　また図表1から、現在ではシティプロモーションがブームとなっていることも理解できる。ある意味、完全に「バブル状態」と言えるかもし

れない。これは、シティプロモーション・シンドローム（症候群）とも言える。過去、図表1と同様な曲線を描いた語句に「地域ブランド」や「B級グルメ」などがある。「ゆるキャラ」も同じことが言えるかもしれない。いずれも現時点においては、「過去のこと」と扱われており、大きく注目されずにいる。バブルとは、「泡のように消えやすく不確実なもの」という意味がある。このままであると、シティプロモーションも不確実性のまま一過性に終わってしまう可能性がある。シティプロモーションが流行している今こそ、地に足の着いたシティプロモーションが求められる。

図表1から、シティプロモーションは意外と歴史があることが理解できる。そして、成功した自治体がある一方で、なかなか成果を導出できず苦労している自治体もある。格言に、「歴史は繰り返す」とある。実はそうではない。真実は歴史を学ばない人が「同じ歴史を繰り返す」のである。過去のシティプロモーションの成功と失敗をしっかりと学び、同じ轍を踏まないことが重要である。

シティプロモーションの持つ意味

まず、学識者等が考えるシティプロモーションの定義を把握する。河

---

(10)　シティプロモーションの水面下には、税収の拡大がある。税収は歳入の1つである。そして、歳入のもう1つの視点には「税外収入」がある。人口減少に伴い影響が出るのは、「税収」である。一方で、税外収入は、人口減少とは直接的に関係がない。そのため、創意工夫により、税外収入を増加させていくことは可能である。

　税外収入とは「税金によらない収入」である。イメージしやすいのは、「ふるさと納税制度」だろう。同制度は、「納税」という2文字がある。しかし、実際は「寄付」になる。これは税外収入である。そのほか、住民票等の発行の「手数料」や公共施設等を使用する「使用料」がある。あるいは、行政上の義務違反に課す「過料」もある。また、命名権（ネーミングライツ）も税外収入である。自治体は、シティプロモーションと税外収入の関係も検討していく必要はあるだろう。

井孝仁・東海大学教授は、「地域を持続的に発展させるために、地域の魅力を地域内外に効果的に訴求し、それにより、人材・物財・資金・情報などの資源を地域内部で活用可能としていくこと」と定義している。[11]

　シティプロモーション自治体等連絡協議会においては、「地域再生、観光振興、住民協働など様々な概念が含まれています。シティプロモーションの捉え方は多々ありますが、その１つは、そこに住む地域住民の愛着度の形成と考えます。その先には、地域の売り込みや自治体名の知名度の向上と捉えることも可能です」と記している。[12]

　筆者は、シティプロモーションを「都市・地域の売り込み」と考えている。この「都市・地域」には、自治体名などが入る。戸田市の場合は「戸田市の売り込み」となるし、春日部市は「春日部市の売り込み」となる。

　シティプロモーションは、自治体における営業活動と換言してもよいと考える。実は、自治体の組織名に「営業」を採用する傾向は少なからずある。例えば、箕面市（大阪府）の「箕面営業室」、備前市（岡山県）の「まち営業課」、三浦市（神奈川県）の「営業開発課」などがある。しかし、極めて少ない。今日において、自治体の組織名に「営業」という言葉はやや違和感がある。そこで「シティプロモーション」を使うことにより、実際には営業活動をしているというのが筆者の理解である。

　自治体が営業活動を進める背景には、先述した税収の減少が１つの要因にあると考えられる。今後、自治体は継続的に税収が減少していくことは間違いない。そこで、営業という概念を伴ったシティプロモーションを進める自治体が増加していると理解できる。今後、この動きはます

⑾　河井孝仁『シティプロモーション——地域の魅力を創るしごと——』東京法令出版・１頁・2009

⑿　シティプロモーション自治体等連絡協議会のホームページ（http://www.citypromotion.jp/）「シティプロモーションとは？」、2018（平成30）年９月30日アクセス

ます強くなっていくだろう。

　次に、実際にシティプロモーションに取り組んでいる自治体から定義を検討する。熱海市（静岡県）は、「熱海市が有する地域資源や優位性を発掘・編集するなどにより、価値を高めると共に、市内外に効果的に訴求し、ヒト・モノ・カネ・情報を呼び込み、地域経済の活性化を図る一連の活動」としている。

　一方で、戸田市はシティセールスという概念を用いている。その意味は、「まちの魅力を市内外にアピールし、人や企業に関心を持ってもらうことで、誘致や定着を図り、将来にわたるまちの活力を得ることにつなげる活動」と定義している。熱海市や戸田市以外にも様々な定義がある。このように、定義が多様だからこそ、シティプロモーションにダイナミズムを感じることができる。シティプロモーションに多くの可能性があるため、取り組む自治体が増加していると考えられる。

　今日、自治体の定義は多様であるが、取り組む実態は類型化できそうである。数多くのシティプロモーションに関する行政計画を確認すると、現時点においては、図表2のとおりシティプロモーションの政策目標は11点に集約できる。そして、図表3は、図表2に使用されている主な用語の説明である。

　特に、近年は「関係人口」という概念をシティプロモーションに採用する事例が増え始めている。関係人口とは、その言葉のとおり「地域に関わってくれる人口」のことを指す。特に、関係人口は長期的に住む「定住人口」と、旅行などで訪れた「交流人口」の中間にある概念とされる。寝屋川市（大阪府）の「寝屋川市シティプロモーション戦略基本方針」の中で、関係人口を「市内に居住しているかどうかは問わず、寝屋川市や寝屋川市民に対して思い（関心・共感）を寄せ、多様な形で寝屋川市と関係している（又は関係を求めている）人口」と定義している。

　また図表2には明記していないが、柏崎市（新潟県）のシティプロモーションは、地域産業の市場創出や市民活動の活性化も政策目標とし

て掲げている。そのため、シティプロモーションの政策目標は、今後は
もっと増えていくと思われる。

　一部には11点の中で、「どれが正しい」や「どれが違う」という議論
がある。これは意味がない。自治体の置かれている立場や状況により、
当然、取り組む内容も異なってくる。例えば、「シティプロモーション
は交流人口の獲得だ」と決めつけるのは、自らの思考を他者に押し売り
している状態である。この思考の押し売りは、地方（地域）のことは地
方（地域）が決めるという「地方（地域）自決権」を無視している。

　ただし、注意すべきは自治体が取り組むシティプロモーションは11点
のどれを選択しようと、最終的に「住民の福祉の増進」（地方自治法第
１条の２）という目的が達成できなければ、間違った取組といえるだろ
う。

図表２　シティプロモーションの政策目標

手段	目標
地域ブランド シティプロモーション シティセールス	認知度拡大（自治体名向上） 情報交流人口増加 交流人口増大 定住人口獲得 シビックプライド醸成 スタッフプライド育成 協働人口拡大 人口還流実現 関係人口開拓 企業誘致進展　　　　　　等

＋

地域活性化　　　　　　等

出典：筆者作成

用語	定義
情報交流人口	国土交通省によると、「自地域外（自市区町村外）に居住する人に対して、何らかの情報提供サービスを行う等の『情報交流』を行っている『登録者人口』」のこと。情報提供の手段はインターネットのほか、郵便やファクス等も含まれる。同省は「重要な点は、不特定多数に対する情報提供サービスではなく、個人が特定でき、何らかの形で登録がなされていること」としている。
交流人口	その自治体を訪れる（交流する）人のこと。訪問の目的は、通勤や通学、買い物、観光など、特に問わないが、一般的には、交流人口というと観光誘客と捉える傾向が強い。
定住人口	その自治体に住んでいる人であり、居住者である。また定住人口も、その属性を細分化すると、住民登録をしている場合と、必ずしも住民登録をしていない場合がある。住民登録していない人口とは、一時だけ滞在する「滞在人口」がある。一時とは数日間の滞在ではなく、あるまとまった期間の滞在である。また、二地域を往来する「二地域居住人口」などにも分けられる。
シビックプライド	住民が抱く「都市に対する誇りや愛着」とされることが多い。同概念は、読売広告社都市生活研究局著『シビックプライド──都市のコミュニケーションをデザインする』宣伝会議・2008において提唱されている。日本語の「郷土愛（出身者だけ）」とは少し違うニュアンスを持っている。
スタッフプライド	東京都墨田区によると「自治体職員の自覚と責任感を併せ持つ自負心」であり、自らが勤務する自治体への愛着心である。民間企業には「愛社精神」という概念がある。愛社精神とは、「自ら勤める会社を愛する気持ち」である。この愛社精神は、経営者に対する忠誠心とは別次元にある。スタッフプライドは、愛社精神に近い考え方と思われる。
協働人口	国土交通省の「新たな「国土のグランドデザイン」」に登場した概念である。端的に言うと、自治体や地域の様々な主体と一緒に地域づくりをする人口である。「その自治体のファン」と捉えてもよい。その地域に居住しているかどうかは問わない。また、最近は「関係人口」

	という概念もはやりつつある。総務省の『これからの移住・交流施策のあり方に関する検討会中間とりまとめ』によると、関係人口とは「長期的な「定住人口」や短期的な「交流人口」でもない、地域や地域の人々と多様に関わる者」と定義している。 さらには、以前から現場では「応援人口」という表現もあった。応援人口とは、「その地域や自治体を応援したい人口」である。応援人口も、その地域に居住か否かは関係ない。関係人口も応援人口も、協働人口に類似した考えである。
人口還流	一般には、人口移動の現象を指すことが多い。還流とは「再びもとへ流れもどること」という意味がある。そこから転じて、狭義にはUターンやJターンと捉えられている。Uターンとは、地方圏から都市圏へ移住した者が再び地方の生まれ故郷に戻る現象を言う。Jターンとは、地方圏から都市圏へ移住した者が、生まれ故郷の近くの地域（自治体）に戻り定住する現象を指す。なお、Iターンも人口還流となる。Iターンとは、都市圏で生まれ育ち都市で働いていたが、その後地方圏に移動する現象である。
関係人口	総務省の「これからの移住・交流施策のあり方に関する検討会中間とりまとめ」（2017（平成29）年4月発表）によると、関係人口は「長期的な「定住人口」や短期的な「交流人口」でもない、地域や地域の人々と多様に関わる者」と定義している。寝屋川市シティプロモーション戦略基本方針においては、「市内に居住しているかどうかは問わず、寝屋川市や寝屋川市民に対して思い（関心・共感）を寄せ、多様な形で寝屋川市と関係している（又は関係を求めている）人口」と定義している。

※　人口の中には、自然人に限らず法人等も含まれる場合もある。
出典：筆者作成

3 ＞ 戸田市の「競争から共感」へのセールス活動

　戸田市は、2008（平成20）年からシティセールスに取り組んでいる。この10年間で、多くの善の効果を創出してきた。筆者は、この10年間を「戸田市の奇跡」と称している。

開発経済学には、「東アジアの奇跡」という概念がある。この言葉は、世界銀行の『東アジアの奇跡——経済成長と政府の役割』という報告書にある。同報告書は、東アジアの国々が急速な経済成長を達成した現象の分析になる。その急速な経済成長を、「奇跡」と称している。戸田市の近年の発展は、まさに「奇跡」といえるかもしれない。奇跡とは、「常識では考えられないような不思議なさま」である。戸田市の奇跡の背景には、競争と共感のシティセールスがあると理解している。

　ここでは、戸田市のシティセールスを競争と共感に分けて考察する。後者の共感は、シビックプライドに通じるものである。なお、戸田市は「シティセールス」と称している。戸田市が主語のときはシティセールスと使い、一般的な場合はシティプロモーションとする。[13]

　なお、ここでの言及は、第Ⅲ部にある戸田市の事例とやや重複するかもしれない。第Ⅲ部は、戸田市の当事者の観点であり、本章は外部者としての筆者の考えになる。それぞれを読み比べてほしい。

「競争」を基本としたシティセールス

　戸田市のシティセールスは、定住人口の獲得を意図して進めてきた。同市は、人口減少に伴う自治体間競争の到来に早い時点で気付き、様々な政策を展開してきた。象徴的な取組は、2010（平成22）年度に策定した「戸田市シティセールス戦略」の存在である。実は、同戦略を策定する2年前から、戸田市はシティセールスに関する研究を戸田市政策研究所において開始している。当時は、戸田市のような人口10万人程度の自治体では、シティプロモーションの動きは見られなかった。その意味で、

---

[13]　本章は、次の文献を大幅に削除して新たにまとめている。
　牧瀬稔「定住人口の増加を目指した戸田市のシティプロモーション」『地方行政10726号』時事通信社・10−13頁・2017
　牧瀬稔「戸田市の戦略的シティセールスの展開と可能性」『地方行政10727号』時事通信社・10−13頁・2017

他自治体に先駆けてシティセールスに取り組んできたといえる。

　同戦略は、シティセールスを行う最終目的として「人や企業を呼び込み、引き留めること」と明記している。政策目標を「あれもこれも」ではなく、「あれかこれか」に限定している。前者の「呼び込み」は、競争の側面が大きい。後者の「引き留める」は、共感の色合いが強い。当時の同戦略の力点は、前者の競争に置かれていたと考えられる。特に「子育て」という看板を前面に掲げ、積極的な政策を展開してきた（後に「子育て・教育」となる。）。当時は、子育てを訴える自治体は少ない現状があった。すなわち、住民の持つ潜在的なニーズを、他の自治体に先駆けて把握したといえる。

　同戦略の1つの特長は、シティセールスを実施する対象地域を「板橋区、北区と設定」と明言していることにある。ターゲット地域を明確に設定している。そして、積極的にシティセールスを実施してきた。その結果、現時点において、戸田市は定住人口の獲得を前提とした自治体間競争において勝ち残ってきた。

　また、戸田市はターゲット層も明確にして、効果的な情報発信を追求している。シティセールスでは、ターゲットを絞ることによって高い効果が期待できる。そこで、ターゲットへの効果的な情報発信として、インターネットによる効果的な情報の発信を進めてきた。インターネットでは、検索情報から利用者の属性や居住地域、嗜好などをある程度特定することができる。

　戸田市では、このようなインターネットの特徴を利用して、ターゲットに対して戸田市の転入促進ページへの誘導策を導入している。現在は、どの層が興味・関心を示すかを把握する意図もあるため試験的に対象を広げているが、「20代から40代」で「東京都内・近隣自治体」に住んでおり、引っ越しなどの「不動産関連カテゴリー」を検索している人に対して、広告の表示を行っている（写真1）。

　戸田市のシティセールスの結果を確認すると、人口増加数では全国第

15位であり、人口増加率では全国第7位となっている（2015年国勢調査）。もちろん、同市は地理的条件に恵まれている優位性もある。しかし、東京都心の新宿駅等を起点として、同じ距離、同じ通勤時間の自治体の中で、戸田市は圧倒的に人口が増加している（新宿駅等を起点として、戸田市と同じ距離、同じ通勤時間の自治体の中には、人口を減少させている事例も多い。）。すなわち、定住人口の増加という結果は、戸田市のシティセールスの活動が少なからず貢献していると指摘できる。

　一般論として、今日、人口の増加を達成した自治体の多くは、新しい路線の開発や新駅の設置などのハード的な要因が強い。しかし、戸田市は新しい路線も新駅もない状態で人口の増加を実現してきた。この事実からも、シティセールスの影響が大きいと推察される。

　近年では、戸田市のシティセールスは新しいステージに入りつつある。それが市民の共感を誘発するシティセールスである。

写真1　戸田市のインターネット広告（スマホ版）

出典：戸田市政策研究所

「共感」を基本としたシティセールス

　戸田市のシティセールスを振り返ると、かつては定住人口の獲得であった。しかし、近年は市民の共感へと舵を切っている。2016（平成28）年度に「戸田市シティセールス戦略改訂版」を策定している（以下では「改訂版」と言う。）。改訂版は、引き続き定住人口の獲得は進めていくものの、「インナープロモーションの更なる強化」を強く掲げている。

　改訂版におけるインナープロモーションとは、「自治体内部の職員に対するシティセールスの浸透だけでなく、市民や事業者などの市内関係者にまちの魅力を訴え、結果として市民の誇り、愛着心の向上につなげていく活動」と定義している。

　もちろん改訂版により、いきなり競争から共感に進んだわけではない。前戦略においても、共感の要素は少なからず存在していた。そして改訂版の数年前から、戸田市は少しずつ競争から共感のシティセールスに内容を本格的に変えつつある。そして2014（平成26）年には、共感に向けた取組を具体的に開始している。それは同年12月に開発されたスマートフォンアプリケーション「tocoぷり」の存在である。

　「tocoぷり」は、戸田市が一方的に開発したアプリケーションではない。市民や市民活動団体等の意見を把握しながら進めてきた。具体的には、「戸田市スマートフォン用アプリケーション検討市民会議」を設立し、アプリケーションの導入に向けて開発段階から市民との議論を行っている。

　なお2013（平成25）年に、戸田市政策研究所は「スマートフォン等を活用した新たな市民参加に向けた研究」をまとめている。その成果が「tocoぷり」である。同調査研究は、公益財団法人日本都市センターの第5回都市調査研究グランプリ（CR－1グランプリ）においてグランプリを受賞している。

　アプリケーション名の「toco」の意味は、「"to"da"co"mmunity」であ

る。地域の情報共有だけでなく、市民同士の心をつなぐツールとしての役割がある。「tocoぷり」には、「交流」「広聴」「広報」の大きく３つの機能が搭載されており、アプリケーションに投稿された情報によって地域の情報共有が進み、地域の課題が人とのつながりによって解決する仕組みづくりが構築されている。2017（平成29）年７月末時点での「tocoぷり」ダウンロード数は6,700件となっている。当初は、１年間のダウンロード数の目標を500件としていた。そのため、ダウンロード数は想定以上のペースで伸びている。

　現在、戸田市はシティセールスを活用することにより、市民の共感を誘発しようとしている。写真２は「tocoぷり」である。注目してほしいのは、「いいね」ボタンが「共感」ボタンとなっている点である（右の写真の左下に位置している。）。これは戸田市の特長である。

写真２　共感を誘発する「tocoぷり」

出典：戸田市政策研究所

　戸田市の共感を目指したシティセールスは、客観的な評価を得ている。戸田市は、「共感」という評価において第１位となっている（第２位は

武蔵野市（東京都）、第3位は横浜市都筑区（神奈川県）となっている。）。

　同評価は、株式会社読売広告社が実施した「都市生活者の居住エリアによる特性分析を可能にするCANVASS-ACR調査」による（2016（平成28）年10月26日発表）。同調査は、東京50キロメートル圏に住む男女に対して、「まち」「住まい」に関する意識の把握を目的として実施された。まちを評価する5つの要素「愛着」「共感」「誇り」「住み続けたい（居住意向）」「人に勧めたい（他者推奨）」について、ランキングしている。なお、同調査は5つの要素をシビックプライド指標としている。

　戸田市は「共感」が第1位となっているが、「誇り」と「人に勧めたい」は共に第4位という結果である（図表4）。戸田市のインナープロモーションを中心としたシティセールスも、成果が出始めていると指摘できる。また、対外的評価に限らず、戸田市の人口流出率も低下している。図表5は、戸田市における人口流出率の推移である。シティセールスを開始する前後から継続的に低下してきた様子が理解できる（近年、やや上昇しているのは、待機児童の問題があるからと思われる。）。

　戸田市は、様々な事実（評価やデータ）から、住み続けたいと考える市民が増加していることが理解できる。その背景には、戸田市に対する共感や誇りといった意識が市民の間で浸透していると推測できる。

図表4　街を評価する5つの要素（シビックプライド指標）

共感		
1位　戸田市（埼玉県）		
2位　武蔵野市（東京）		
3位　横浜市都筑区（神奈川県）		

誇り	愛着
1位 鎌倉市（神奈川） 2位 武蔵野市（東京） 3位 藤沢市（神奈川）	1位 武蔵野市（東京） 2位 渋谷区（東京） 3位 習志野市（千葉）
4位 戸田市（埼玉）	21位 戸田市（埼玉）
住み続けたい	人に勧めたい
1位 港区（東京） 2位 鎌倉市（神奈川） 3位 渋谷区（東京）	1位 武蔵野市（東京） 2位 横浜市都筑区（神奈川） 3位 北区（東京）
15位 戸田市（埼玉）	4位 戸田市（埼玉）

【調査名】
　都市生活者の居住エリアによる特性分析を可能にするCANVASS-ACR調査
【調査機関】
　株式会社読売広告社　2016（平成28）年10月26日発表

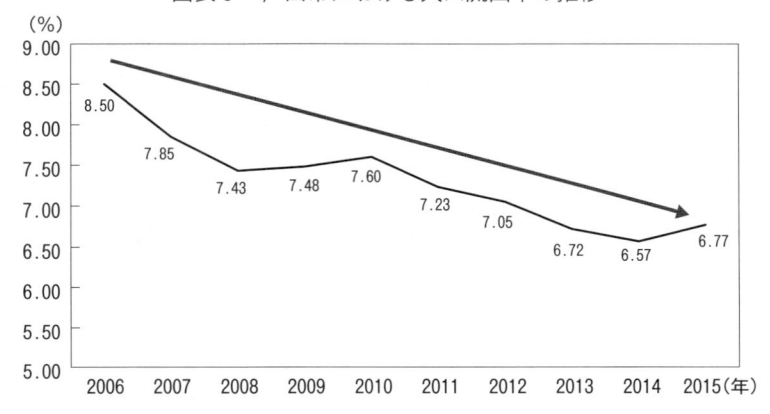

図表5　戸田市における人口流出率の推移

注：住民基本台帳を活用し、1月1日を基準に「転出等/総人口」により算出している。

4 ＞ 愛着や誇りあふれる春日部市のシティセールス

　春日部市では、広報戦略についての調査研究を経て、2013（平成25）年3月に策定した「春日部市総合振興計画　後期基本計画」において、重点プロジェクトの1つにシティセールスに係る事業を含む「人々や事業者から選ばれるまちの実現」が掲げられた。そして、2017（平成29）年度までの5年間でその推進に努めていくことと定められた。このことから、2013（平成25）年に「シティセールス広報課」を新設し、本格的に取組を進めている。

　同市が取組を進めるに当たっては、市民一人ひとりに春日部を「私たちのまち」と改めて認識してもらい、市民の愛着や誇りを育むこと、そして地域のつながりを紡ぐことを最も大切に考えている。そして、「私たちのまち」から、市内外を問わず一人でも多くの人から「選ばれるまち」となる可能性を高めるために、事業1つずつに、丁寧に取り組んでいる。

　春日部市がいう「私たちのまち」とは、「自分の住むまちのことを自

分のことのように思い、意識する」状態を指す。以下では、春日部市のシティセールスを概観する。なお、春日部市も戸田市同様に「シティセールス」と称している。春日部市が主語のときはシティセールスと使い、一般的な場合はシティプロモーションとする。[14]

シティコミュニケーションを基本としたセールス活動

春日部市にとって「選ばれるまち」とは、交流人口増、情報交流人口増、そして定住人口増を達成したまちを意味する。それを実現するためには、その可能性を高めるために、シティセールスを通じて「市民の愛着醸成・まちのイメージ向上」を高めていくことが重要である。これを春日部市のシティセールスの政策目標としている。

シティセールスという取組は、その取組自体が自治体への利益に直結するものではない。自治体にとってプラスとなる様々な要素を引き寄せ、まちが良くなっていく、その可能性を高めるものである。シティセールスという概念は、従来の行政広報の在り方を改め、社会の中にあって、その存在意義を生み出すために周囲との関係構築を重視した企業広報の考え方に通じるものである。

この社会の中で、たくさんの人にその存在を認めてもらうためには、「私たちは（春日部市は）このような存在です」「私たちはこのようなことに取り組んでいます」「私たちの強み・魅力はこのようなところです」といったことを、積極的に、分かりやすく情報発信していく必要がある。そうすることで初めて、まちへの共感や愛着を持ってもらうベースができてくる。

---

[14]　本章は、次の文献を大幅に削除して新たにまとめている。
　牧瀬稔「春日部市のシティセールスの背景と具体的取り組み」『地方行政10730号』時事通信社・10-13頁・2017
　牧瀬稔「まちへの思いを育てる春日部市のシティセールス」『地方行政10732号』時事通信社・10-13頁・2017

春日部市では、このような考え方のもと、「シティコミュニケーション力（市民等周囲の人を巻き込む力)」を組織レベルで身に付けていくことに取り組んでいる。シティコミュニケーション力とは、企業（Corporation）におけるコーポレート・コミュニケーションの考え方と同様、市（City）における「市が、その他主体と行う双方向的相互理解活動」を意味する、春日部市の造語である。

　また春日部市は、シティセールスの取組の合言葉として「ホッとする住みごこち＋1（プラスワン)」を定めている。この「ホッとする住みごこち＋1」は、春日部市ならではの強みとして市民一人ひとりが認識している「住みやすさ」に、個人がそれぞれに思っている春日部市の「＋1」、つまりは魅力を共有することで、それをきっかけに人や地域がつながり、まち全体の共通認識「私たちのまち」へと発展していくことを目指している。これもシティコミュニケーション力を意図し、ターゲットの明確化でもある。

　「ホッとする住みごこち」は、春日部市の「住みやすさ」「暮らしやすさ」を表現し、「＋1」は、市民一人ひとりが持つ、春日部の「好きなところ」を表現している。この合言葉を持って、まずは市民を主な対象とした、図表6の3ステップによる段階的な活動の展開により、たくさんの市民が春日部市のことを魅力ある「私たちのまち」と誇りを持って認識し共感できる地域として、次の時代へ向けてつくることを目指している。

　そして、アクションプランの策定過程では、戦略指針で定めた取組の合言葉及び図表2に示す取組の方向性のもと、具体的事業を検討・創出するために、①市民ワークショップ、②ウェブ調査、③職員ワークショップ、④関係団体等意見交換会の4つの工程を経て市民や市に関わる様々な立場の意見を得ている（図表7）。

　得られた意見から明らかとなった「市民が思う春日部市の魅力」及び「愛着や誇りを醸成するために必要な行動要素」を分析し、「藤」「音楽」

「川・水辺」「子育て・教育」「食育」「麦わら帽子」「凧」「地場野菜等」といった同市が持つ「8つの魅力」に係る具体的事業を戦略としてまとめた。

図表6　春日部市におけるシティセールスの3ステップ

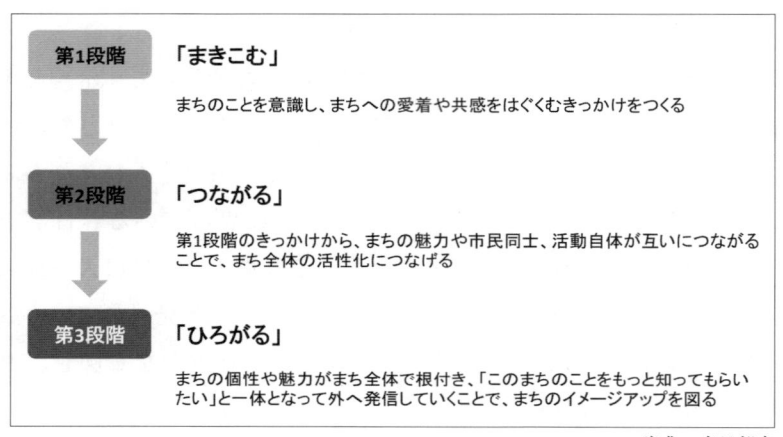

図表7　シティセールス事業を検討するための4つの工程

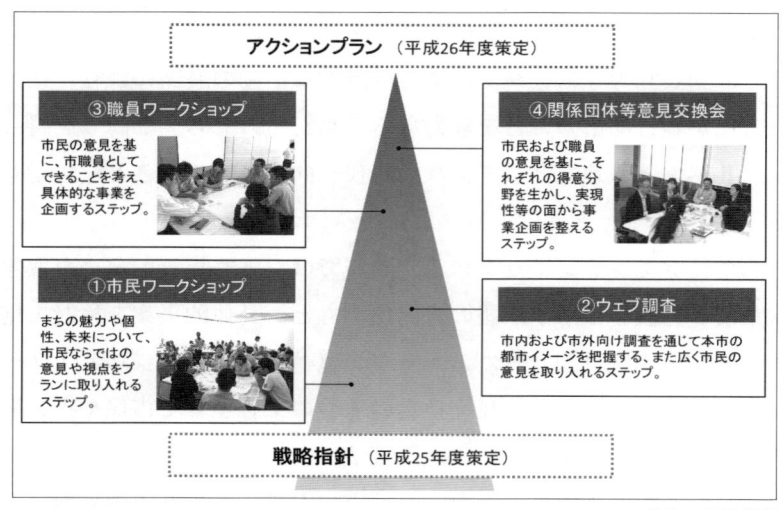

春日部市におけるシティセールスの効果と課題

　春日部市役所内においても、従来のように各部署がばらばらにPRするのではなく、事業実施課とシティセールス広報課が連携して全庁的にPRする体制が整いつつある。そのことにより、これまで以上にメディアに取り上げられる機会も増え、情報露出において大きな効果が生まれている。

　もう1つの効果として、市民意識調査における調査結果が挙げられる。アクションプランに係る取組は2015（平成27）年度から開始しているが、市民意識調査における「愛着・親しみ」や「定住意向」に係る調査において、2014（平成26）年度と2016（平成28）年度の結果を比較したところ、それぞれ増加傾向にあることが明確になった。

　「愛着・親しみ」については、「感じている」「どちらかといえば感じている」の回答を合わせた数値が73.6パーセントから75.9パーセントに、「定住意向」については、「住み続けたい」「事情が許せば住み続けたい」の回答を合わせた数値が、78.5パーセントから81.2パーセントに増加している。数字が改善した理由は、ターゲットを明確にし、ターゲットの持つ潜在的なニーズをシティセールスにより改善したからと考えられる。

　もちろん、数字がよくなった結果は、シティセールスだけではなく、同市として取り組んでいるその他の施策の効果や様々な背景が絡んでいる。シティセールスの活動が何かしら影響していると推測する。

　春日部市では、シティセールスは行政単独で結果を求めるものではなく、市民や事業者・企業等と一体となって、まち全体で進めることが何より大切と考えている。そして、シティセールスの取組が地域への愛着として根付き、まちのイメージアップにつながるものとするために、その骨子となる考え方がぶれないよう、信念を持って取り組み続けることが重要であると考えている。

　ただし、2015（平成27）年度以降、アクションプランに基づいて始まった新しい事業については、事業に協力する各担当課の負担が必然的

に増えてしまうため、その調整や進捗状況の把握などを適宜行う必要が出てきている。シティセールスの取組は、担当となる事業実施課の負担が増えてしまう懸念がある。そのような状況で推し進めていると、いつしか事業を実施すること自体が目的となってしまう悪循環に陥る可能性がある。そうなると関係者が疲弊してしまい、なかなかポジティブな動きとなりにくい傾向がある。それを避けるため、持続可能な形で、無理なく、関わる全ての主体が楽しみながら取り組めるものとしていくことが理想である。

春日部市においても、庁内での協力の意向は得られているものの、無理なく楽しみながら続けていくという点で課題があった。この課題への対処法は、第2次シティセールス戦略プラン策定時に、その他の課題とともに考えていく必要がある。

もう1つの課題は、効果測定のとり方である。春日部市では、行政評価の一環でシティセールスに係る事業の成果を示しているが、その成果指標を主にメディアに報道された結果（記事や番組）を広告費として算出する「広告費換算」を起用している。また、各事業実施課向けの活動報告として、事業実施後の公式ホームページや公式SNSにおける反響の数を数値化している。

特に「広告費換算」については、企業広報においても広報・PR活動の成果を可視化するために用いられている主たる手法といえるが、シティセールスに係る事業の目的である「地域への愛着」や「まちのイメージアップ」について、なかなか数値化できていない現状が課題となっている。

5 ＞ シティプロモーションの実効性を高める視点

戸田市や春日部市の参与的観察に加え、既存のシティプロモーションを観察し、実効性を高める視点を言及する。シティプロモーションを展開し、様々な数値を確実に向上している自治体には、ある程度、共通点

が見いだせる。今回は、問題提起を込めて３点に限定して言及する（読者が行政関係者と想定し、自治体職員や議会議員への知見の提示という意味もある。）。

政策目標の明確化

　自治体がシティプロモーションを推進するときは、「政策目標のどれを達成するのか」を明確にしなくてはいけない。既存のシティプロモーションを観察すると、達成したい政策目標が不明瞭であることが多い。その理由は、シティプロモーションそのものが政策目標（目的）となっているからである。シティプロモーションは、あくまでも手段である。

　シティプロモーションを実施するときは、手段と目標の関係を間違わないことが大事である。自治体の中には、「少子高齢化の進展や人口減少などの社会情勢に対応するためにシティプロモーションを推進します」や「地域の魅力発信を進めシティプロモーションを実現します」と記している場合がある。これらは、シティプロモーションが完全に目標化している悪い事例である。さらに、もし定住人口の獲得が政策目標であるならば、それを達成する手段は多々あることを知るべきである（道は１つではない。）。シティプロモーションだけに固執するのは危険である。

　特に町村といった小規模自治体においては、ヒト・モノ・カネといった行政資源が限られている。そこで、「あれもこれも」という考えではなく、「あれかこれか」という発想が求められる。もちろん、幾つかの政策目標を設定してもよい。その場合は、均等に行政資源を配分するのではなく、優先順位をつけていく必要がある。限られた行政資源を戦略的（選択と集中）に活用していかなくては、成果は導出されない。

ターゲットの厳密化

　不特定多数を意図したシティプロモーションは、効果が上がらない傾

向がある。ここで言う「効果が上がらない」とは、設定した政策目標が達成できないことを意味する。確実に効果を上げるためには、対象となる「誰に」を明確にしなくてはいけない。そして、対象である「誰に」へ直接的に働きかける取組が求められる。

　図表8は、ターゲットを設定するイメージ図である。全てを対象としたシティプロモーションでは効果はない（①になる）。そこで、セグメント化する必要がある（②になる）。民間企業は、商品やサービスをどの消費者をターゲットにして売り込んでいくのかを細かく分けている。消費者をターゲットに分けることを「セグメント化」（市場の細分化）と言う。例えば、年齢別や性別、所得別、ライフステージ別などがある。また、職業別や地域別もあるだろう。

　セグメント化したら、次はターゲットとして対象（「誰に」）を絞り込んでいく（③になる）。そして、設定したターゲットに直接的に届くように働きかけることが大事である（直接的に働きかける手段は、本書の事例紹介で言及する。）。

　しばしばシティプロモーションに取り組む自治体から、「わが市は『子育て世帯』に絞り込んでいる」との回答がある。これは失敗が約束されたようなものである。「子育て世帯」では対象が不明確である。「子育て世帯」ではなく「0〜3歳児を抱える世帯」とか「小学校低学年の家庭」と、より限定する必要がある。

　1つ注意してほしいのは、設定したターゲット以外は無視するのではない。自治体の行政サービス（政策）の前提は「全てを対象とする」ことである。全てを対象としつつ、その中で特に対象層を絞り込むことがシティプロモーションを成功させる秘訣である。その意味では、メイン・ターゲット戦略といえるだろう。

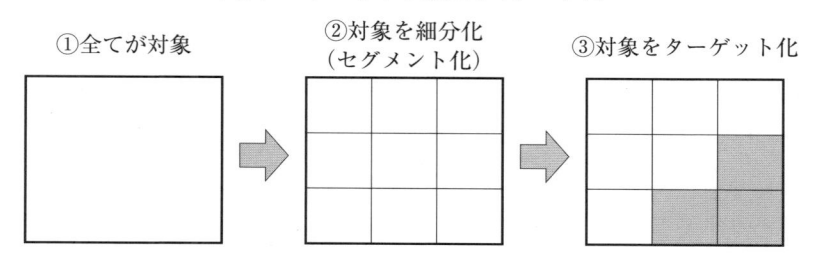

図表8　ターゲット設定のイメージ図

①全てが対象　②対象を細分化（セグメント化）　③対象をターゲット化

住民ウォンツの把握

　自治体政策において、しばしば「住民ニーズを満たすことが大切」と言われる。この住民ニーズは3類型される。それは「住民ニーズ（citizen needs）」、「住民ミーズ（citizen meeds）」、「住民ウォンツ（citizen wants）」である。

　最初の住民ニーズとは、「人間生活の上で、ある充足状況が奪われている状態」と定義できる。全ての住民の住民ニーズを満たしていくことに自治体の1つの存在意義がある。

　次に、住民ミーズを説明する。ミーズとは、「Ｉ」「My」「Me」の「Me」である。つまり、「社会や地域の福祉の増進を考えていない、その人だけの一方的な欲求」と捉えることができる。例えば、「私の家の前の道路を一方通行にしてほしい」という要望や「私の通勤路に信号機を設置してほしい」という無謀な要求である。この住民ミーズは、社会や地域にとってほとんど有益とならない。住民の福祉の増進という観点から、実施しなくても構わないだろう。

　最後に、住民ウォンツがある。ウォンツとは、文字どおり「欲求」のことである。その意味は、「ニーズを満たした上で、特定のものを欲しいという欲望」である。シティプロモーションを成功させるためには、住民ウォンツを提供することが求められる。住民ウォンツが満たされるからこそ、住民の転出が止まったり、地域外から住民が引っ越してきたりするのである。そして、魅力あるまちへと変貌していく。

しかし、全ての住民のウォンツを満たしていくと、自治体は破綻してしまう。そこで、メイン・ターゲットを設定し、対象とする「誰に」のウォンツを充実させていくことが大切である。シティプロモーションにおいては、自治体は幅広く全ての住民を対象として、住民ニーズを充足させていく。そして、その中でもメイン・ターゲット（誰に）に焦点を合わせて住民ウォンツを提供していく思考が求められる。

6 ＞ おわりに

イノベーションと共創の土壌

　今日、成果の上がっている自治体を観察すると、大きく２つが実現されている。筆者はシティプロモーションに、この２点を期待している。

　第１に「イノベーション」である。本章で使用しているイノベーションとは、新結合や新機軸という意味であり、簡単に言うと新しいアイデアや新しい価値観という意味である。シティプロモーションは、自治体にイノベーションを起こす能動的な取組である。

　一般的にイノベーションの背後には、実は多くの失敗がある。ことわざに「失敗は成功のもと」がある。この意味は、「失敗しても、その原因を追究し、欠点を反省して改善していくことで、次の成功に近付くことができる」である。この失敗を許容できないと、イノベーションは生まれてこない。

　シティプロモーションを成功の軌道に乗せたいのならば、失敗を恐れないことである。もちろん、失敗することを前提としてシティプロモーションに取り組むことはナンセンスである。一生懸命に取り組んだ結果、失敗してしまったのならば、それは仕方がないだろう。失敗の要因をしっかりと把握して、同じ轍を踏まないことが大切である。

　第２に「共創」というキーワードも言及したい。シティプロモーションは、単一の地方自治体だけでは実現できない取組であるし、成功もしない。様々な主体とのネットワークにより、成功の軌道に乗っていく。

様々な主体とのネットワークと連携・協力することを「共創」と言う（戸田市の「共感」と類似概念である。）。

　昨今、自治体間競争がトピックスとなることが多い。そして、自治体間競争に勝ち抜くためにシティプロモーションを活用する自治体も少なくない。その中では筆者は、シティプロモーションは自治体間共創にも結び付くと考えている。そして、自治体間共創の行きつくところは、新しい価値観の提示である。

　一般的に共創とは、「co-creation」と英訳されることが多い。「co」とは、「共に」という意味がある。「creation」は、「創造、創作物」などの意味がある。様々な主体が共同し、何かを創造する未来志向の取組が共創である。

　繰り返すが、シティプロモーションの取組は、単一の自治体だけでは実現できない。近隣自治体や民間企業や地域住民などの関係主体と連携・協力しながら取り組んだほうが効果的である。あるいは、シティプロモーションは、地方自治体と様々な主体を結び付けるのにいい要素として働く（シティプロモーションは合意形成しやすい。）。実際、シティプロモーションを合言葉に、様々な主体の連携・協力が始まっている。今日のシティプロモーションは「競争」にばかり目がいくが、「共創」という役割も持っている。この共創という概念の定着化をシティプロモーションに期待している。

　なお、「イノベーション」と「共創」は相互に影響し合っている。シティプロモーションを正しい努力で進めていけば、イノベーションと共創が創出されることは間違いないだろう（少なくとも、過去筆者が取り組んできた経験から間違いないことと考えている。）。

縮小時代のシティプロモーションへの模索

　本章は、現在自治体において注目を集めつつあるシティプロモーションを取り上げた。自治体が取り組むシティプロモーションの過去を振り

返り、戸田市と春日部市に限定して事例を紹介した。また、両市をはじめ成果の上げているシティプロモーションから成功要因を3点に限定し言及した。

今日、シティプロモーションを実施している自治体に、ほぼ共通していることは「拡大都市」を目指している点があげられる。自治体は、未来の政策展開を考えるときに「拡大都市」と「縮小都市」という考えがある。

拡大都市とは、「人口減少時代においても、積極的によい行政サービスを提供することで、今までどおりに人口の拡大を目指す」ことである。あるいは、「周りが人口を減少させる中で、人口の維持を達成しようとする自治体」も拡大都市と捉えることができる。国は2060年に1億人程度を目標人口と掲げている。この数字は、2010（平成22）年から17パーセント減の数字である。2060年の時点で人口を17パーセント減以内でとどめようとする自治体も拡大都市として捉えることができるかもしれない。

一方で縮小都市は、「人口減少の事実を受け入れ、人口が減少しても元気な自治体をつくっていく取組」である。2060年の時点で、人口減が17パーセント以上を是認する場合は縮小都市かもしれない。一般的に、人口が減少すれば税収も低下する可能性がある。その結果として、行政サービスの縮小や職員数の減少等も余儀なくされるかもしれない。そのような理由から、現時点において明確に「縮小都市を採用している」と公式に説明している自治体は（あまり）聞かない。[15]

なお、自治体を拡大都市に走らせる1つの要因に「消滅可能性都市」

---

[15] これから10年も経過すれば、時代の背景も大きく変わり、国民の意識も変化する。その結果、明確に縮小都市を掲げる自治体も多く登場してくると思われる。しかし、現時点では、国民の意識はまだ拡大都市路線であり、時期尚早のような気がする。筆者の感覚では、国民は「人口減少を受け入れることは頭では分かっているけど、気持ち的に納得できない」という状況と思われる。

の議論があると思われる。2014（平成26）年5月、民間研究機関「日本創成会議」（座長・増田寛也元総務相）が発表した調査結果が多くの自治体に衝撃を与えた。同調査は、2040年までに20〜39歳の女性が半減する自治体を「消滅可能性都市」と表現した。消滅可能性都市は、全国の49.8パーセントに当たる896自治体となっている。このうち、523自治体は2040年に人口が1万人を切る。そして、その多くが地方圏に位置する自治体である。消滅可能性都市が、今では「消滅自治体リスト」と称されている。

　人口減少時代に、何とか人口を維持しようとする思考がシティプロモーションに向かわせる。多くの自治体が拡大都市を採用することは、結果として自治体間競争を招くことになる。自治体間競争は、「地方自治体がそれぞれの地域性や空間的特徴などの個性（特色）を活かすことで、創意工夫を凝らした政策を開発し、他地域から住民等を獲得すること」と定義できる。この定義は、やや言い過ぎた感があるものの、既にこのような取組は少しずつ起きつつある。自治体間競争がいいか悪いかは読者の価値判断であるが、実際に起こりつつある事実である。

　しかし、拡大都市から縮小都市への価値観が転換すれば、シティプロモーションは大きく変わることになる。少しずつであるが、その萌芽が見えつつある。それがシビックプライドや関係人口という概念の登場である。これらの概念の根底にあるのは、「縮小しても元気な地域（自治体）をつくっていく」という思想が少なからずあると考える。

　次章は、シビックプライドに関して、筆者の見解を述べる。

第3章 シビックプライドの現状と展望

　第1章は、本書におけるシティプロモーションとシビックプライドを検討する視点を述べた。そして、第2章ではシティプロモーションに特化し、その現状と展望を記した。それらを受けて、第3章ではシビックプライドの歴史や現状、展望を検討していく。

　ただし、本章はシビックプライドを斜めに見ることになるかもしれない。今日、シビックプライドが注目を集めつつあるが、ややバブルの様相が強い（これは、シティプロモーションも同様である。）。本章で考察する筆者（牧瀬）の視点は、共著者の読売広告社や第Ⅲ部の事例を記している各自治体と異なるだろう。その意味では、本章も問題提起という意味がある。

1 ＞ 注目を集める「シビックプライド」

　近年、「シビックプライド」（Civic Pride）という言葉が注目を集めている。例えば、北橋健治・北九州市長は、2018（平成30）年度の施政方針で「子どもたちの学力・体力の向上はもとより、優れた芸術や伝統文化などに直接触れる体験を通し、子どもたちの豊かな感性や心の育ちを促し、シビックプライドの醸成を図る」と明言している。また、篠田昭・新潟市長も2018（平成30）年度の施政方針において「『新潟暮らし創造運動』を展開し、シビックプライドの醸成につなげるとともに、人口の流出抑制・流入促進にもつながる『選択される新潟』を目指す」と言及している。

　シビックプライドを取り上げるのは、政令市だけではない。阿部裕行・多摩市長（東京都）の2018（平成30）年度の施政方針には「住み続けたいまち。子育てしたいまち。老いを迎えても幸せを実感できるまち。いつまでも自分らしく、いきいきと暮らしていける多摩市を全国に発信し、市民の皆さんの「まちを愛する心＝シビックプライド」を大切にし

たまちづくりを進めます」と、シビックプライドの重要性を強調している（多摩市については、本書第Ⅲ部で紹介している。）。

さらに、広瀬栄・養父市長（兵庫県）の2018（平成30）年度の施政方針では「養父市において、まちづくりの基礎となった農業を守ることは、地域の伝統を守り、地域への愛着と誇り（シビックプライド）を守ることとなり、地域の安らぎと安定感を醸し出すことにつながり、そして、移住・定住、企業進出を促すこととなります」と述べている。

ここで紹介した自治体以外にも、施政方針に「シビックプライド」を取り上げる傾向が強くなっている。施政方針とは、首長が議会でその年一年間の基本方針や政策についての姿勢を示すために行われる位置付けの重い演説である。そこで、これらの事例から理解できることは、シビックプライドが自治体の重要な柱になりつつある事実である。なお、今回紹介したのは2018（平成30）年度の施政方針に限定しているが、シビックプライドを書き込む傾向は、数年前から多くなりつつある。

本章は、注目を集めつつある「シビックプライド」を対象とする。具体的には、シビックプライドの歴史や現状、展望などを考える。これらを明らかにすることにより、シビックプライドを検討している自治体の政策に資することが目的である[(1)]。

2 シティプロモーションとシビックプライド

本書のテーマであるシビックプライドを定義する。シビックプライド

---

(1) 三菱UFJリサーチ＆コンサルティング株式会社は、「市民のプライド」という言葉を使用している。市民のプライドとは「自分が暮らしているまちに対して感じている愛着や誇り、お勧め度合い、イメージなど」を意味する。市民のプライドもシビックプライドに近い概念と思われる。

なお、あまり浸透していないが「地域プライド」という概念もある。地域プライドは、2005（平成17）年に国土交通省と文部科学省、文化庁が共同でまとめた『地域プライド創発による地域づくりのあり方に関する調査』に記されている。同報告書で地域プライドを「数ある地域の歴史的事象の中で、地域の人々によって受け継ぎ、守り育てられてきた「地域固有の精神文化」」と定義している。

は、「都市に対する市民の誇り」という概念で使われることが多い。日本の「郷土愛」といった言葉と似ているが、単に地域に対する愛着を示すだけではない。「シビック（市民の／都市の）」には、権利と義務を持って活動する主体としての市民性という意味がある。つまり、シビックプライドには、自分自身が関わって地域を良くしていこうとする、当事者意識に基づく自負心を指す[2]。

　シビックプライドという概念は、近年自治体が注目している。しかし、その歴史は古い。シビックプライドという言葉は、産業革命後に栄えた都市において、既に使われていたそうだ。当時は、20〜30年の間に人口が2倍になるような急激な成長が起きていた。多くの都市が勃興する中で、都市間競争が激しくなり、市民自らのアイデンティティとして、シビックプライドという概念が大事にされるようになったといわれている[3]。

　今日、自治体が使用している「シビックプライド」の老舗は、株式会社読売広告社である。

　近年では、シティプロモーションと関連付けてシビックプライドが使われる傾向が強い。例えば、羽村市（東京都）の「羽村市シティプロモーション基本方針」には「若い子育て世帯の定住人口の増加につなげていくため、「ブランド化の推進」「戦略的・継続的な情報発信」「シビックプライドの醸成」の3つを、各施策に取り入れ推進していく」と明記している。

　また、那須塩原市（栃木県）の「那須塩原市シティプロモーション指針」にも、シビックプライドの言及がある。同指針は、「シティプロモーションを推進するためには、「市民」が住んでいるまちに対して「誇り」や「愛着」をもって「推奨」すること、自分もこのまちの一員であるという認識をもって地域活動などに参画する「シビックプライ

(2)　伊藤香織他監修・読売広告社都市生活研究局著『シビックプライド——都市のコミュニケーションをデザインする』宣伝会議・2008
(3)　詳細は、(2)の文献を参照されたい。

ド」の醸成が重要であると考えます」と明記している。そして、「シティプロモーションを進めるにあたり、市民をはじめ様々な主体の参画や協力を得ることを目的に（同指針を）まとめた」と明記している。

さらに、伊賀市（三重県）の「伊賀市シティプロモーション指針」には、シビックプライドを醸成することにより、①定住・Uターン人口の増加、②参画意識の向上、③市民による情報発信の増加、の効果が期待されると指摘している。伊賀市におけるシティプロモーションは、「他の施策と連携しながら、地域のイメージを高め、交流人口や定住人口の増加を図り、シビックプライドを醸成していく取り組み」と定義している。

そして、廿日市市（広島県）の「廿日市市シティプロモーション戦略提案書」も、シビックプライドに力を入れている。同提案書には、「市民や企業が市に愛着と誇り、そして自負を抱けるまちづくり（シビックプライドの形成）に寄与するとともに、仕事（雇用・起業）、住環境、子育てなどの魅力的な環境づくりと、その情報を市内外に発信していくことで、人口流出の抑制と、人口誘致の推進を図る」と明記している。

このようにシティプロモーションに関連して、シビックプライドを政策目標の1つに掲げるケースが多い。なお、図表1の中で、シビックプライドを取り上げているのは、町田市、沼津市、各務原市、日光市、板橋区、白井市、吹田市、朝来市、和光市であり、シティプロモーションを手段として、シビックプライドを政策目標とする傾向は強くなりつつある。

今後しばらくの間は、シティプロモーションやシビックプライドは、自治体の中で重要な位置付けになっていく可能性がありそうだ。

図表1　シティプロモーションの定義及び政策目標等

自治体名	シティプロモーションの定義・シティプロモーションの目指す政策目標等
佐野市	交流人口や定住人口の拡大を図るため、まちの魅力を発掘・創出し、効果的に発信すること。
町田市	現状の町田の魅力、そして「まちだ未来づくりプラン」の推進で新たに生まれる魅力を、継続的に市内外にアピールすることで、市民に対しては、市民であることの誇りを醸成し、「自慢したいまち」意識を向上させる。また、市外からの来訪者に対する「おもてなしの心」を育む。市外居住者に対しては、まちに対する憧れを醸成し、来訪意欲を向上させ、魅力を体験してもらうことで定住意欲を高める。
東村山市	シティプロモーションは、定住人口・交流人口の増加を目指すため、東村山にある地域資源の魅力を市内外に発信し、東村山に魅力を感じ、愛着・好感を持つ人＝「東村山ファン」を増やす取組
小山市	人と企業を更に呼び込み、小山市に住み、働き、豊かな生活を送りたいという市民を増やし、小山市の持続的な発展に寄与する。
沼津市	市外へのPRを進めながら、最終的には、市民がこのまちに暮らすことに誇りや愛着を持てるまちづくりを目指す。
足立区	足立区の魅力を発掘・磨き・創造するとともに、戦略的に発信し、足立区を自慢できる、誇れる街へと進化させる。
各務原市	「選ばれる都市」の実現に向けて、各務原市のブランドイメージを確立し、移住定住人口の増加につなげる。市外からの移住者や観光客を増やすだけでなく、各務原市に住んでいる市民がまちに愛着や誇りを持つことにつながり、将来的な定住人口の増加が期待できる。
日光市	日光市の持つブランド力や自慢できる施策、地域資源の情報を効果的に発信するプロモーション活動を推進することにより、市民の愛着度・満足度の向上や市外から見た魅力度の向上を図り、日光市への愛着・誇り（シビックプライド）の醸成を目指す。これにより、定住人口の増加、交流人口の拡大による更なる発展や、地域経済の活性化による雇用の創出、さらには、東京オリンピック・パラリンピック時の外国人観光客の誘客につなげていくことを目的とする。
板橋区	区民の区に対する誇りと愛着の醸成や定住意向の向上を促すとともに、区外の住民からも板橋区に「住んでみたい」「訪れてみたい」と感じてもらえるよう、戦略的にコントロールされた

	魅力発信を展開していく。
白井市	若い世代を中心として、市民が市に愛着・誇り（シビックプライド）を抱き、住み続けたいと思い、そして、市外居住者が市を知り、興味や関心を抱き、その魅力に共感し、住んでみたいと思うことを目指す。最終的な目標である「白井の定住人口の増加・活性化を促し、持続可能なまちの実現」につなげていく。
吹田市	持続的なまちの発展を目指して、市が持つ魅力を積極的に発掘・発信し、「住み続けたい」・「離れても戻りたい」といった愛着や誇りを醸成するための取組
朝来市	朝来市で暮らす市民一人ひとりのまちへの愛着や誇り、主体的にまちに関わろうという前向きな気持ち「シビックプライド」を育み、市民と一緒に、朝来らしさや朝来にしかない多様な魅力を、届けたい人に届けるシティプロモーションを目指す。
和光市	市の魅力を市内外へ効果的に訴求し、市民が「愛着」や「誇り」を持てるように、また、市外の人が市に「訪れたい」、「住みたい」と思えるような取組

注：筆者が各自治体のホームページで調べた（2018（平成30）年3月31日時点）。
出典：筆者作成

3 ＞ シビックプライドの歴史

　シビックプライドは、どのような歴史をたどってきたのだろうか。特に、マスコミはシビックプライドをどのように捉えてきたのだろうか。図表2は、1年間において、朝日、産経、毎日、読売の各新聞に「シビックプライド」という言葉（記事）が登場した推移である。

　図表2から理解できるとおり、実はほとんど取り上げられていない。今日、自治体には「シビックプライド」という言葉が浸透しつつある。しかし、一般的には理解されない言葉である可能性が強い。現時点において、シビックプライドは市民権を得ていない。ただし、過去と比較すると、近年はシビックプライドの記事が多くなりつつある。

　図表2のとおり、2008（平成20）年が5回、2009（平成21）年は6回の記事がある。これらの記事は全て「今治シビックプライドセンター」

（ICPC）の活動を伝えている。組織名に「シビックプライド」が付いているため、記事としてカウントされている。2007（平成19）年度に策定された今治市（愛媛県）の「みなと再生構想」において、今治港を起点に中心市街地の活性化に取り組む市民・行政・民間企業などの協働組織として「今治シビックプライドセンター」が設立された。同センターは2015（平成27）年には、愛媛県からNPO法人としての認証を取得している。

　今治シビックプライドセンター関連以外で、シビックプライドに関する記事は、2010（平成22）年10月13日の毎日新聞（地方版）がある。見出しは「しこく編集学校：企業、地域の魅力発信へ　ウェブや求人広告学ぶ　高松で開講」となっている。

　同記事は、「企業や地域がその魅力を再認識し、発信する力をつけるため、四国経済産業局が「しこく編集学校」を高松市内で開講した。中小企業などから約90人が参加し、企業ウェブサイトや求人広告のポイントを学んだ。同局によると、ＥＵ諸国では地域活性化の原動力として「シビックプライド（住民や働く人の都市への誇りや自負）」が提唱されており、それを根づかせ、四国ならではの産業や街づくりを支援するのが目的という」とある。この記事の中で、「シビックプライド」が見受けられる。

　そして、2015（平成27）年が14回、2016（平成28）年が15回とシビックプライドの記事が多くなりつつある。傾向的には、シビックプライドの記事が増加しつつある。しかしながら、あくまでも自治体限定の言葉といえる。

　なお、既に記述しているが、2008（平成20）年11月に『シビックプライド——都市のコミュニケーションをデザインする』が出版されている。この図書がシビックプライドを広げる契機になったといえる。

図表2　全国紙における1年間に「シビックプライド」が登場した回数

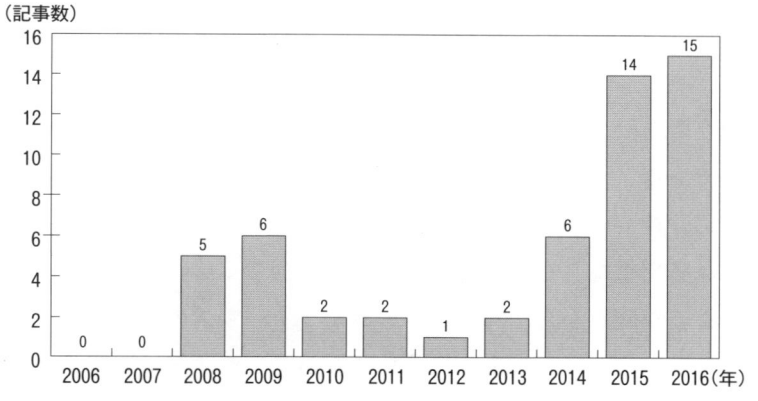

注：1985年から2007年までは0記事である。対象とした新聞は、朝日新聞、産経新聞、毎日新聞、読売新聞の4紙である。

4 シビックプライドに着目する自治体

　本書は第Ⅲ部において、各自治体が取り組むシビックプライドの事例を当事者の観点から詳述している。ここでは、第Ⅲ部で取り上げていないシビックプライドの取組を簡単に紹介する。

(1)　春日部市のシビックプライド

　春日部市（埼玉県）は、埼玉県東部に位置している。人口は約23万人である。同市は、2015（平成27）年から2017（平成29）年までの3年間、市民のシビックプライドの醸成を目的とした「第1次春日部市シティセールス戦略プラン」（以下、第1次プラン）を実行してきた（春日部市は「シティセールス」と称している。）。同プランでは、市民が考えた春日部市の8つの魅力（子育て、食育、藤、川・水辺、音楽、麦わら帽子、凧、地場野菜等）を磨き育てて発信することにより、市民に春日部市の魅力を発見してもらうことが主な事業である。

　過去3年間の取組により、8つの魅力は市民へ浸透し始めている。実

際に、以前まで微減していた市民の意識調査の「まちへの愛着・親しみ」と「定住意向」の項目が、いずれも2パーセントほど上昇した。

第1次プランのシティセールスは、春日部市にとってプラスとなる様々な要素を引き寄せ、まちが良くなっていくその可能性を高めるという認識である。シティセールスという考えは、従来の自治体広報の在り方を改め、社会の中にあって、その存在意義を生み出すために、周囲との関係構築を重視した企業広報の考え方に通じる。

このような観点から、春日部市のシティセールスのキーワードは「シティ・コミュニケーション」に集約される。シティ・コミュニケーションとは、企業（Corporation）におけるコーポレート・コミュニケーションの考え方と同様に、市（City）における「市が、その他主体と行う双方向的相互理解活動」を意味する。この言葉は、春日部市の造語である。

まちの魅力を高めるための新しい事業を生み出すだけでなく、日頃、業務として取り組んでいることの中で、「分かりやすく伝えることができているか」や「聴き手にとって良いタイミングで情報が届いているか」などを意識することにより、市民とのコミュニケーションをより深化（進化）させようとする取組である。今日では、少しずつ職員全体の広報意識が高まっている。

シティ・コミュニケーションは、市民に対し「私たちは（春日部市は）このような存在です」や「私たちはこのようなことに取り組んでいます」、さらに、「私たちの強み・魅力はこのようなところです」を、積極的に分かりやすく情報発信することを主眼としている。そうすることで、初めて市民にまちへの共感や愛着を持ってもらうベースができてくる。これは、シビックプライドに通じる考えである。

第1次プランでは、シティ・コミュニケーション力を「市民等周囲の人を巻き込む力」と定義した。このシティ・コミュニケーション力を自治体組織や職員レベルで身に付けていくことに取り組んできた。その結果が、既に言及した「まちへの愛着・親しみ」や「定住意向」における

数値の改善である。

　現在の春日部市のシティセールスは、「第2次春日部市シティセールス戦略プラン」（以下、第2次プラン）を展開している。第2次プランは、市外へのアピールに重きを置いている。第2次プランの詳細は、紙幅の都合上省略するが、その特長はカスタマージャーニーマップを活用している点である。

　カスタマージャーニーマップとは、企業におけるマーケティングの一手法である。顧客（カスタマー）が購買に至るまでの流れを旅（ジャーニー）に例えて図式化している。顧客がどのように商品やブランドと接点を持って認知し、関心を持ち、購入意欲を喚起されて購買や登録などに至るのか、という道筋を旅として考え顧客の行動や心理を時系列的に図式化している。新しい取組であるため、注目する価値はあると思う。

(2) 寝屋川市のシビックプライド

　寝屋川市（大阪府）は、大阪と京都の間に位置し、大阪市内から電車で約15分の位置にある。交通利便性が高い都市である。人口は、約23万人である。都市圏に多い「大都市圏近郊住宅都市」といえる。

　典型的な大都市圏近郊住宅都市ではあるが、全国よりも先行して1995（平成7）年から人口減少が始まっている。そして、人口の高齢化率も、近年は国や大阪府の率を上回っている。また、直近の住民基本台帳人口動態を見ても、特に20〜30歳代の若い世代の人口流出が目立っており、定住人口の維持が喫緊の課題である。

　2017（平成29）年度に策定した『寝屋川市人口ビジョン』では、2040年時点での人口20万人の維持を目標としている。この目標を達成するため、寝屋川市では市民の福祉の増進に資する様々な施策に取り組む中で、戦略的にシティプロモーションを推進する必要があると考えた。そこで、2018（平成30）年度に同市のシティプロモーションの方向性を示す「寝屋川市シティプロモーション戦略基本方針」を策定し、現在、具体的な

取組を進めている。

　同戦略基本方針では、寝屋川市のシティプロモーションの目標として、「認知度の拡大」「スタッフプライドの育成」「情報交流人口の増加」「協働人口の増加」を掲げている。これらの目標達成を下支えする重要な土台として、「関係人口の増加」を念頭に置いている。

　寝屋川市における「関係人口」とは、「市内に居住しているかどうかは問わず、寝屋川市や寝屋川市民に対して思い（関心・共感）を寄せ、多様な形で寝屋川市と関係している（又は関係を求めている）人口」と定義している。具体的には、市出身者、市内在勤者・通学者、市への来訪者、市内のイベントや行事の参加者、ふるさと納税者など、現在の居住地を問わず、寝屋川市に興味を持って関わる（関わろうとする）人を幅広く想定している。

　同市のシティプロモーションは、「まちの魅力等に共感・納得し、自身が行動する（＝住む、来訪する等）だけではなく、周りの人にも積極的に推奨する人たちを担い手として巻き込み、一体となって進める」ことの重要性を説いている。そして、この担い手たちの気持ちの根底に、「このまちは良いまちだ」「このまちを周りにオススメ（自慢）したい」というまちへの愛着や誇り（シビックプライド）があると、より効果が大きくなると捉えている。

　同市では、先述の考えに基づき、シビックプライドや関係人口の増加を目指す取組を推進している。2016（平成28）年度から実施している「サクラ☆プロジェクト」は、市内和菓子組合の企画した和菓子や小学生の考案した洋菓子が「桜スイーツ」として商品化・販売された。とても好評を得ており、シビックプライドの醸成につながっている。また、2018（平成30）年度は、市の魅力等を訴求するプロモーション動画の制作を予定しており、その中で市内外の人たちを巻き込み、市の魅力を再発見していただく仕掛けなどを企画している。これは、シビックプライドに加え、関係人口の増加を意図している。

ただし、シビックプライドや関係人口の増加は、一朝一夕には実現しない。地道な取組を積み重ねて、少しずつ増えると考えられる。例えば、市出身である、市に住んだことがある、市を訪れたことがあるなど、寝屋川市との「縁」をきっかけとして、寝屋川市のファンを増やしていく予定である。そして、これらのファンをシビックプライドや関係人口として巻き込み、寝屋川市を盛り上げていくことが効果的なシティプロモーションにつながると捉えている。

　株式会社ブランド総合研究所が発表する地域ブランド調査において、各指標が継続的に上昇している。これは、寝屋川市が取り組むシティプロモーションやシビックプライドの1つの成果といえる。

5 ＞ シビックプライドの効果

　今、日本において都市間競争が活発化しつつある。同時に、シビックプライドに耳目が集まりつつある。注目される理由は、シビックプライドに多くの利点が見いだせると考えられているからである。自治体はシビックプライドに可能性を抱き、政策に積極的に取り入れつつある。

　例えば、足利市（栃木県）の「足利シティプロモーション基本方針」によると、市民のシビックプライドの意識が高まれば、市外への転出も少なくなり、来訪者の中から定住を希望する人も出てくると指摘している。同市におけるシビックプライドは、「個人個人がまちに抱く誇りや愛着のこと」と定義している。そして、「市民の一人ひとりがまちを構成する一員であるという当事者意識を持って、自発的にまちづくりに参加することを大切にする考え方」と捉えている。

　習志野市（千葉県）の「習志野市シティセールスコンセプトBOOK」には、「積極的な『住みやすい！』をさらに増加していくために、『利便性＋α』のαの要素が必要です。それが習志野ブランドであり、シビックプライドです」と明記している。全体的に定住人口の維持のためには、シビックプライドが重要という趣旨でまとめられている。

伊賀市（三重県）の「伊賀市シティプロモーション指針」の中では、シビックプライドを「伊賀市民であること、伊賀出身であることを誇りに思うこと」と「伊賀がより良い地域になるために主体的に関わる意思を持つこと」と定義している。そして同指針では、シビックプライドの効果として、定住・Uターン人口の増加、参画意識の向上、市民による情報発信の増加と言及している。

　一方で、シティプロモーションとは別の観点からシビックプライドを取り上げる事例もある。神戸市は、「BE KOBE」という概念を提起している。神戸市のホームページによると、「BE KOBE」は阪神・淡路大震災から20年目の2015（平成27）年に、「人のために力を尽くす」という想いを集めて生まれたメッセージと明記している。

　続いて同ホームページでは、「BE KOBE」は直訳すると「神戸であれ」という意味になり、神戸市民一人ひとりの「神戸への想い」を「BE KOBE」に重ねて自由に解釈することで、市民であることを誇りに思う気持ちの合言葉として定着させることを目指しているとのことである。そして、「BE KOBE」の活動は、市民が神戸に愛着を抱くことや、市民であることを誇りに思うシビックプライドの醸成を目指している。

　そのほか、少なくない自治体がシビックプライドの効果に期待している。ここで紹介した足利市や習志野市、伊賀市に加え、既存の自治体の取組を観察すると、シビックプライドの効果として、定住の促進（転出抑制と転入促進）、市民の積極的なまちづくりへの参画、市民の積極的な魅力発信などを挙げる傾向が強い。

　このように、よく指摘されるシビックプライドのメリットとして、まずは定住人口の維持・増加がある。シビックプライドが高いほど、人口の流出が鈍化するといわれている。そして、シビックプライドを持つ人々の口コミ効果により、人口の流入も増えるとも指摘される。次に、シビックプライドが高いほど、住民の参画意欲が高いといわれている。それに関連して、犯罪の発生が抑制されると指摘する場合もある。その

ほか、多くのメリットが指摘されている。

　本当にシビックプライドが高まれば、定住の促進や市民の積極的なまちづくりへの参画、市民の積極的な魅力発信等が達成されるのだろうか。ここで指摘したシビックプライドのメリットの中には、筆者は都市伝説のたぐいもあるように感じている。都市伝説とは、「根拠が曖昧、不明なうわさ話」という意味である[4]。

　現時点において、シビックプライドの効果が科学的に立証されたわけではない（と筆者は考えている。）。そのため、シビックプライドを冷静に捉える必要はあるだろう。なお、読売広告社はシビックプライドのメリットやデメリットを明確にしようと（科学しようと）、現在取り組んでいる最中である[5]。

6 ⟩ シビックプライドの測定方法

　シビックプライドの効果は、完全に解明されたわけではない。しかし、自治体がシビックプライドの有無を測定する方法（指標）は、現時点において、大きく2手法が明確になっている。それは、①居住意向調査、

[4]　これに関連して、「マジックワード」（Magic Word）という言葉も紹介しておく。直訳すれば、「魔法の言葉」という意味になる。あたかも魔法のように思うように他人を動かすことができる不思議な言葉を意味する。シビックプライドも、マジックワード化しつつあるように思う。マジックワードは、多くの場合は意味や効果が不明確である。そのため言葉を使用する者の考えにより、我田引水的に活用することができる。しばしばマジックワードは、具体的な中身を伴わないと批判される。

[5]　例えば、2018（平成30）年1月25日に読売広告社と戸田市は、「戸田市と株式会社読売広告社の共同研究に関する協定書」を締結している。同研究は、読売広告社が保有するシビックプライドに関する知見と、戸田市が保有する市民アンケートデータほか各種調査データをかけあわせて、「シビックプライド向上がもたらす効果」や「シビックプライド向上の手段・方法」の分析を進めている。なお、同協定書の第1条には「シビックプライド分野での共同研究により、社会に貢献し、地域社会の発展及び市民サービスの向上に寄与する」ことが目的と記されている。

②住民推奨度調査である。これらを紹介する。

(1) 居住意向調査

　居住意向調査は、多くの自治体で実施されている。住民に対して、「今後も市に住み続けたいか」や「市に愛着を持っているか」などの設問の数値を集計して算出する手法である。これらにより、住民が住んでいる自治体に持つ愛着や誇りが明らかになるといわれている。シビックプライドを測定する指標として、一般的に使用されている。

　例えば、2014（平成26）年に実施した戸田市の「戸田市市民意識調査報告書」には、問18に「あなたは、戸田市にこれからも住みたいと思いますか（〇は１つ）」という設問がある。この問は、住民の居住意向を確認している。同調査の結果は、「住み続ける」と「たぶん住み続ける」を合わせると76.2パーセントである。一方で、「たぶん移転する」と「移転する」を合わせると9.6パーセントである。ここで記した76.2パーセントが高いか低いかは、他の自治体と比較や経年比較をしないと分からない。

　そこで、継続居住意向を把握した時期が異なっていて申し訳ないが、参考として他自治体の数値を紹介する。相模原市は、「あなたは、これからも相模原市に住みたいですか（〇は１つ）」という質問を住民に尋ねている（2015（平成27）年「市政に関する世論調査」）。その結果は、「住みたいと思う」が72.5パーセントとなっている。八王子市（東京都）には、「あなたは、これからも八王子市に住み続けたいと思いますか（〇は１つだけ）」という設問がある（2015（平成27）年「市政世論調査結果報告書」）。その回答は、「ずっと住み続けたい」（42.9％）と「当分は住み続けたい」（45.7％）を合わせた「住み続けたい」は88.6パーセントとなっている。

　一方で、尾張旭市（愛知県）は「尾張旭市まちづくりアンケート」の問３に「あなたは、尾張旭市に「愛着」を感じますか」という設問があ

る。愛着を「感じている」の割合は64.3パーセントであり、「感じていない」は5.0パーセントという結果である。そして、よく指摘されることは「居住意向や愛着の数字が高いほどシビックプライドが強い」という説明である。

　上記の数字を見ても、読者は「いまいち理解できない」という状況だろう。参考までに、筆者が調べた事実を述べると、戸田市は76.2パーセントの継続居住意向がある。同市は、人口の転入率は極めて高く、転出率は継続的に低下してきている。一方で、戸田市よりも継続居住意向が高い自治体でも、人口転出率が高い事例は多数ある。限られたサンプルだけで結論付けるのは危険であるが、継続居住意向が高くても、人口の転出をとどまらせる要因とはならない。翻って、シビックプライドが高くても、人口転出の傾向が鈍くなるというわけでもないようである。[6]

　一方で、問題提起を込めて言及しておくと、継続居住意向の高い自治体は、ＵターンやＪターンという人口還流の傾向が強いという相関が見られる（ただし、サンプルは46自治体と少ない。）。その意味では、シビックプライドを高めることは、人口還流につながるといえるかもしれない。

⑵　住民推奨調査（ネットプロモータースコア）

　ネットプロモータースコア（Net Promoter Score）は、民間企業において使用される。例えば、「企業（あるいは製品やサービス等）を友人や同僚に勧める可能性はどのくらいありますか。 0 〜10点で評価してください」という設問がある。この設問に対する回答をもとに、点数（推奨度合）を導き出す。

---

[6]　都市圏の自治体においては、交通利便性（職場までの距離や時間、通勤経路）や雇用環境などが人口の転出率の逓減、転入率の増加に寄与している。一方で、地方圏においては、安全・安心や居住環境、自然環境などが継続居住意向に影響している相関が見られる。

ネットプロモータースコアを高めることは、「顧客ロイヤリティ」を強くするといわれている。顧客ロイヤリティとは、「継続的な商品の購入など、特定の企業や製品・サービスに対して持つ高い忠誠心のこと」を意味する。顧客ロイヤリティは、ウィンザー効果（口コミ）につながっていくとされる。口コミが新たな顧客を獲得することにつながる。その結果、顧客ロイヤリティの向上が企業の成長につながると主張される。

　民間企業のネットプロモータースコアを応用して、シビックプライドを測ろうとしているのが川崎市である。川崎市は、居住意向調査に加え、ネットプロモータースコアも活用している。居住意向調査は、現在住んでいる市民の愛着と誇りを測る指標である。そして、市民の市外への推奨度合を測る指標として「ネットプロモータースコア」を活用している。

　具体的には、川崎市への「居住」と「来訪」を友人・知人に勧めるかについて回答を求め、その結果を集計し得点化している。設問は、「あなたは川崎市に住むことを友人、知人に勧めたいですか」「あなたは川崎市に買い物・遊びなどで訪れることを友人・知人に勧めたいですか」などを用意している。

7　シビックプライドに類似する概念

　筆者は、シビックプライドに類似した概念は、自治体の現場において、以前から存在していたと考えている。それはコミュニティ論であり、市民参加論・協働論であり、更にはソーシャル・キャピタル論である。これらの諸概念を簡単に紹介する。

(1)　コミュニティ論

　コミュニティの定義は多義的である。その中で、アメリカの社会学者であるマッキーヴァーの定義を紹介する。マッキーヴァーは、コミュニティを「一定地域における共同生活の領域のことを指し、互いの間に共

通の社会意識や共属感情がみられることが要件である」と定義している（中久郎・松本通晴訳『コミュニティ』ミネルヴァ書房・1975）。通常「コミュニティ」といった場合は、マッキーヴァーの定義を思い浮かべることが多いだろう。

1969（昭和44）年9月に、経済企画庁に設置された国民生活審議会調査部会が『コミュニティ――生活の場における人間性の回復――』という報告書を発表している。同報告書は、コミュニティを「生活の場において、市民としての自主性と責任を自覚した個人および家庭を構成主体として、地域性と各種の共通目標をもった、開放的でしかも構成員相互に信頼感のある集団」と定義している。1960年代から、コミュニティに関する議論が活発化しつつある。

倉田和四生氏は、過去様々なコミュニティが形成されてきたと指摘している（倉田和四生『防災福祉コミュニティ』ミネルヴァ書房・1999）。1960年代から1970年代にかけては、重要な地域課題は公害であった。そのため、公害に対処したコミュニティが形成された。その後、高齢化や防災に対応したコミュニティがつくられてきたとしている。住民がその地域で抱えている課題を認識し、その解決に努めている地域共同社会がコミュニティの形成につながるとしている。倉田氏は、「地域が課されている課題に応じて個別的に形成される。課題が福祉であれば『福祉コミュニティ』となり防災が課題であれば『防災コミュニティ』となる」と言及している。

武蔵野市（東京都）は、「武蔵野市コミュニティ条例」（2001（平成13）年制定）を制定している。同条例は、コミュニティを3類型している。それは、①地域コミュニティ：居住地域における日常生活の中での出会い、多様な地域活動への参加等を通して形成される人と人とのつながり、②目的別コミュニティ：福祉、環境、教育、文化、スポーツ等に対する共通の関心に支えられた活動によって形成される人と人とのつながり、③電子コミュニティ：インターネット、その他高度情報通信ネッ

トワークを通して、時間的及び場所的に制約されることなく形成される人と人とのつながり、である。近年、コミュニティといった場合、この3類型から検討されることが多くなっている。

コミュニティのメリットも多く指摘されている。例えば、コミュニティの強い地域は市民の地域活動への参加が高まるという説明や、刑法犯認知件数が低下するといわれている。また、コミュニティの強い地域ほど震災時の被害が少ないことなども指摘されている。コミュニティのメリットも、シビックプライドでいわれる特長と共通する部分がある。

(2) 市民参加論・協働論

シビックプライドに近い考えとして、筆者は市民参加と協働も該当すると考えている。市民参加と協働も多くの定義がある。なお、市民参加と住民参加を分けて使う場合もあるが、本章では同じ意味として捉える。市民参加とは、「自治体の政策等の企画立案、実施、評価等の過程において市民が市政に関与すること」と定義する。具体的な取組として、ワークショップ、パブリックコメント、審議会、市民説明会などがある。

協働は、1990（平成2）年に発表された荒木昭次郎氏の『参加と協働』（ぎょうせい）から浸透してきた概念である。荒木氏は、協働という概念は1977（昭和52）年にアメリカのインディアナ大学のヴィンセント・オストロムが、「地域住民と地方自治体職員が対等の立場に立ち、共通の課題に互いが協力しあって取り組む」ことの意味を表現するために、「協働（coproduction）」という造語をつくったことがはじまりと言及している。なお、「co」は「共に」という意味があり、「production」は「つくる」という意味がある。この「共につくる」が語源であるといわれている。

荒木氏は協働の定義を、「地域住民と地方自治体職員とが、心を合わせ、力を合わせて、助け合って、地域住民の福祉の向上に有用であると地方自治体政府が住民の意思に基づいて判断した公共的性質をもつ財や

サービスを生産し、供給してゆく活動体系である」としている。しかし、「協働」という言葉の持つ意味は多義的であるということは、荒木氏自身も認めている。

　そして、市民参加と協働のメリットも、地域住民の意識が高まるボランティア活動を活発化することに加え、市民の意向を反映した事業の実施、自治体の財政難の改善など多々ある。市民参加と協働のメリットの一部分は、シビックプライドの特長と共通している。

(3)　ソーシャル・キャピタル論

　アメリカの政治学者であるパットナムは、ソーシャル・キャピタル（Social Capital）を「人々の協調行動を活発にすることによって、社会の効率性を高めることのできる『信頼』『規範』『ネットワーク』といった社会組織の特徴」と定義している（河田潤一訳『哲学する民主主義――伝統と改革の市民的構造』NTT出版・2001）。この定義を目にして、ソーシャル・キャピタルの本質を理解できる読者はどれだけいるだろうか。筆者は、この定義が何を言おうとしているのか明確には分からない。しかし、ソーシャル・キャピタルのメリットを聞くと、何を言おうとしているのかがおぼろげに理解できる。

　2003（平成15）年に内閣府が発表した報告書『ソーシャル・キャピタル：豊かな人間関係と市民活動の好循環を求めて』では、ソーシャル・キャピタルは失業率の抑制や合計特殊出生率の向上に貢献する可能性が高いと明記している（同報告書では、ソーシャル・キャピタルが高い都道府県ほど、失業率が低く、合計特殊出生率が高いという相関図が示されている。）。

　また同報告書は、ソーシャル・キャピタルが強い都道府県ほど、ボランティア活動が強くなる傾向があるとも指摘している。ボランティア活動の活発化が一理由となり、刑法犯認知件数が低いことにつながっているとも言及している。

2005（平成17）年には、内閣府経済社会総合研究所が『コミュニティ機能再生とソーシャル・キャピタルに関する研究調査報告書』を発表している。同報告書でも、ソーシャル・キャピタルと市民活動は正の相関関係にあると言及している。同報告書では、ソーシャル・キャピタルが豊かならば、市民活動への参加が促進される可能性が高く、市民活動の活性化を通じて、更にソーシャル・キャピタルが醸成される可能性も強いと指摘している。つまり、ソーシャル・キャピタルと市民活動は相互に関係しており、相乗効果があると明記している。

　ソーシャル・キャピタル論でいわれるメリットは、今日シビックプライドでいわれている特長と多くの共通点がある。

⑷　シビックプライドと諸概念の相違

　現在、シビックプライドは注目を集めている。これに類似した概念として、ソーシャル・キャピタル論は1990年代から2000年代に議論の対象となっていた。遡ると、協働論は1980年代から1990年代にトピックスとなり、市民参加論は1970年代から1980年代に取り上げられることが多かった。そして、1960年代から1970年代はコミュニティ論が議論の中心であった。

　シビックプライドと本章で紹介した諸概念は、基本的に目指す方向は近いと考えている。その中で大きな違いは、「学問領域」（アプローチ方法）である（図表３）。

　シビックプライドは建築学から登場している。その意味で、シビックプライドは「見える」のである。これが他の諸概念と異なる。コミュニティ論からソーシャル・キャピタル論までは、目に見ることができない。しかし、建築物としてシビックプライドは目で確認することができる（まちのシンボルだったりする。）。ここに大きな違いがある。現実的に見えるため、対象者の意識が集約され「愛着」や「誇り」が形成されていく。

さらに、シビックプライドを経営学の観点から考えると「顧客ロイヤリティ」にも類似した概念と考えられる。顧客ロイヤリティとは、顧客があるブランドや商品、またはサービスに対して感じる「信頼」や「愛着」のことを意味する。顧客満足を超えた企業に対する信頼や愛着、高い忠誠心である。この顧客ロイヤリティを確立した企業は、持続的に発展していくといわれている。

図表3　シビックプライドと類似した諸概念

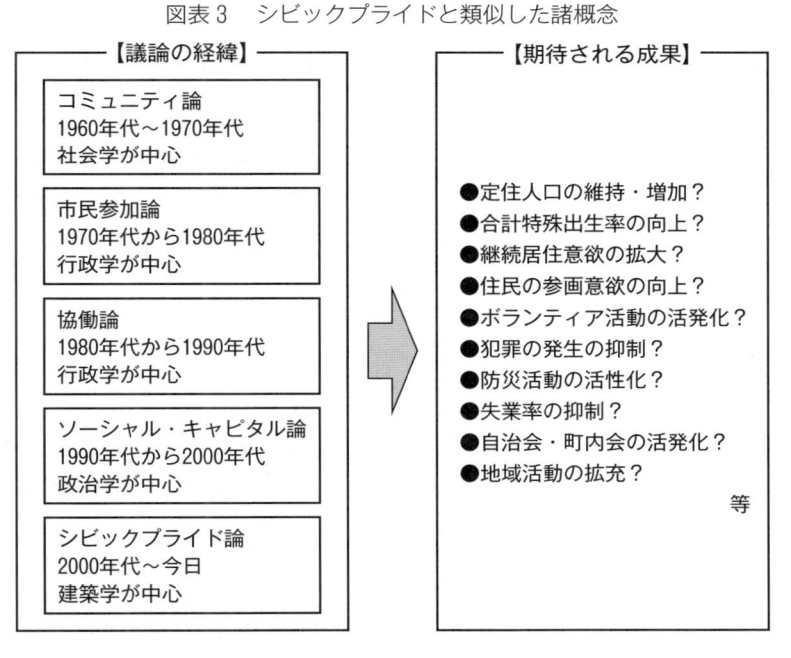

注：「期待される成果」は、コミュニティ論や市民参加論など全ての論に共通するわけではない。

8 ＞ シビックプライドの注意点

今日、シビックプライドがバブル化しているように感じる。多くの自治体が、シビックプライドの可能性に期待しすぎている感がある。そこで、ここではシビックプライドをやや批判的な観点から言及する。

(1) 消極的シビックプライドと積極的シビックプライド

　今日、多くの自治体がシビックプライドに注目している。その理由は、シビックプライドを高めることは一定の効果があると思われているからである。一定の効果とは、定住の促進（転出抑制と転入促進）、市民の積極的なまちづくりへの参画、市民の積極的な魅力発信等である（これらの点は本章において言及しているが、理論化されているわけではない。）。

　現在、自治体が策定するシティプロモーションに関する行政計画を見ると、「シビックプライドは定住人口の維持（増加）に寄与する」という趣旨で記されているケースが少なくない。これを示したのが、図表4になる。図表4のように図化すると、明らかに論理的におかしいことが理解できるだろう。普通に考えれば、「何でシビックプライドの醸成が定住人口の維持につながるのか」という疑問が湧く。シビックプライドの醸成と定住人口維持の間には、もっと多くの段階が潜んでいるはずである。

　図表4ではなくて、実は図表5がいえそうだ。図表5は、単純化して記している。また、図表5だけではなく、様々な形態があると考える。

　読者に質問である。図表5の真ん中にある「？？？？？？」には何が入るだろうか。回答の1つは「住宅購入」と考えられる。シビックプライドを醸成することにより、住んでいる地域に愛着が湧いてくる。その結果、地元に根付く意思が強くなり、住宅を購入する傾向が強くなる。

　一般的に、住宅を購入すると数十年のローンを組むことになる。住宅購入とともに、その地域で生活することの腹が決まり、地域に愛着がでてくる様子も少なからず見られる。それが口コミへとつながっていく（この住宅購入が「口コミにつながる」は、ヒアリング等の定性的調査に依拠している。そのため、まだ完全に確証が得られていない。そこで、問題提起として記しておく。）。さらに住宅を購入すれば、引っ越しは難しくなるだろう。

この観点で考えると、定住人口維持を進めるためには、シビックプライドも1つの視点としてあるかもしれないが、最も効果的なのは「住宅購入」となるかもしれない。特に、転出抑制に関しては、シビックプライドの醸成ではなく、住宅購入の施策を推進したほうがいいかもしれない（だからといって、筆者はシビックプライドを軽んじているわけではない。）。

図表4　シビックプライドと定住人口の表面的関係

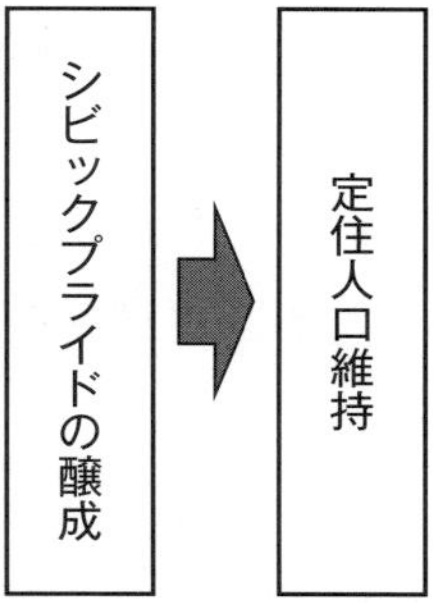

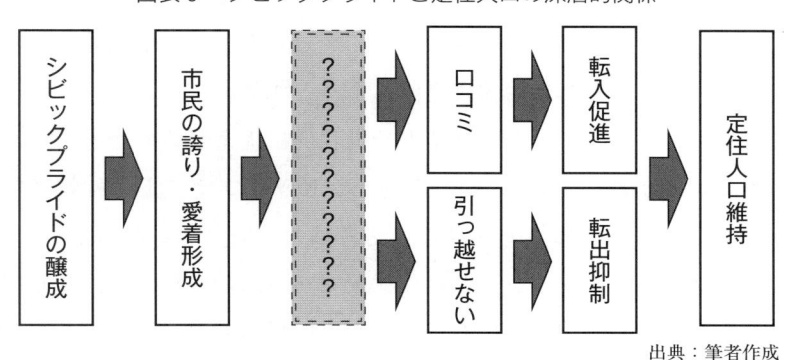

出典：筆者作成

図表5　シビックプライドと定住人口の深層的関係

出典：筆者作成

　図表5で記したシビックプライドは、「消極的シビックプライド」ということができそうである。すなわち、「住宅を購入してしまったから……」という理由から生じたシビックプライドである。一方で、読売広

告社のシビックプライド・リサーチを観察すると、「積極的シビックプライド」も存在するように思える。すなわち、シビックプライドにも「消極的シビックプライド」と「積極的シビックプライド」の2通りがあると筆者は考えている。

　筆者は消極的であろうと、積極的であろうと、「定住人口維持」という結果には変わりはないため、どちらでもよいと考えている（あくまでも、目標が「定住人口維持であるならば」という前提になる。）。

　繰り返しになるが、シビックプライドは大きく2類型であると考えている。それは、消極的シビックプライドと積極的シビックプライドである。消極的シビックプライドの代表例は、「住んでいる自治体（地域）に家を購入したので、愛着が湧いてきた」というような行動である。あるいは、たまたま家を買ったため、シビックプライドが湧いてきたという感じである。

　一方で、積極的シビックプライドは、「当初から、その自治体（地域）に対する誇りや愛着を持っている」という内容である。積極的シビックプライドの場合も、多くがその自治体で住宅を購入する傾向を持つ。しかし、必ずしも住宅を購入しない層も一定数はいる。住宅を購入する、購入しないにしろ、その自治体に対してシビックプライドは強く持っているため、様々な形で自治体に貢献しようとする。

　ここでは、ややシビックプライドを批判的に捉えているかもしれない。その中で筆者が言いたいのは、「安易なシビックプライドの称賛は危険である」ということに集約される。読者は大丈夫と思われるが、「ただ何となくシビックプライド」という状況であったのならば、注意してほしい。なお、本章で紹介した春日部市や寝屋川市や第Ⅲ部で記されている各自治体は、シビックプライドを安易に考えているわけではない。科学的根拠を持って、様々な施策に取り組んでいる。

(2) 結果的住民と意識的住民

　シビックプライドの議論とは、やや話がそれるが、結果的住民と意識的住民という考えも言及しておく。定住促進のシティプロモーションを考えたとき、大きく結果的住民と意識的住民があると筆者は考えている。

　結果的住民とは、「その自治体に「住みたい」や「住み続けたい」と決めたのではなく、たまたま結果的にその自治体に住んでいる（移ってきた）住民」のことを意味する。一方で、意識的住民とは、「その自治体に「住みたい」や「住み続けたい」と決めており、意識的にその自治体に住んでいる（移ってきた）住民」になる。後者の意識的住民は、積極的シビックプライドを持っている。

　今日では、多くの自治体は結果的住民が多いだろう。第Ⅲ部で紹介している戸田市も、以前は結果的住民が多かった。戸田市に住みたいのではなく、埼京線沿線に住みたいと考える人が多かった。そして、結果的に戸田市を生活の場として選択した人がほとんどであった。しかし、昨今は意識的住民が多くなりつつある。

　戸田市内でマンション開発した民間ディベロッパーのチラシには、戸田市を選択した人のコメントが掲載されている。それは、「（戸田市は）周りの人から子育て環境がいいと聞いて（引っ越してきました）」や「（戸田市の）うわさを聞きつけて、引っ越しされている方が多い」など、最初から戸田市を意識して、かつ、目指して引っ越してきた様子が理解できる。

　結果的住民の特性は、少しの理由で転出していく可能性がある。自治体内の様々な協働活動にはそれほど熱心ではない。一方で意識的住民は、自ら選んでその自治体を選択したため、居住歴も長くなり、協働活動にも参加しようとする意向がある。特に意識的住民は、自らその自治体（地域）をつくり上げていくという意思が強い。

　戸田市のシティセールスは、結果的住民から意識的住民をつくり出す取組であったともいえる。シティプロモーションは、意識的住民をつく

り出す取組ともいえる。そして意識的住民は、当然、シビックプライド
も強くなる。消極的シビックプライドと積極的シビックプライドと、結
果的住民と意識的住民という存在を考えて戦略的に取り組んでいく時期
にきているかもしれない。

9 ＞ おわりに

　本章は、筆者の考えるシビックプライドについて述べてきた。今日、
シビックプライドが注目を集めているが、突如として登場した概念では
ない。少なくない自治体は、シビックプライドの効果を「定住人口の維
持」と記している。この観点で捉えると、社会学におけるコミュニティ
論や行政学での市民参加論や協働論という概念、更には政治学における
ソーシャル・キャピタル論などとも共通する考えのように思われる。そ
れらの諸概念を振り返った上で、シビックプライドを推進しなくてはい
けない。そうでなくては、シビックプライドも一過性の出来事で終わっ
てしまうだろう。

　しばしば学識者が、「これからの時代はシビックプライドが必要だ」
と指摘する。それを言われてしまうと、誰も反対できない。その意味で、
シビックプライドは合意形成しやすい言葉である。一方で、「では、ど
うすればシビックプライドを高めることができるのか」と質問されると、
明快な回答が見付からない。この点は注意しなくてはいけないだろう。

　本章の後半は、シビックプライドを批判的な視点で考察したかもしれ
ない。しかし、筆者はシビックプライドに可能性を抱いている。特に、
筆者はシビックプライドに取り組む自治体の担当者と意見交換すると、
次の感想を持つ。それは「シビックプライド（Civic Pride）をスパイラ
ルアップさせていくことにより、シビックプライドが市民権（Citizen
ship）の確立につながっていく」である。これを筆者は、「C to C」と
称している。筆者が関わった自治体の政策づくりに長く取り組んだ経験
から得られた経験値である。

また、近年はシビックプライドがシティプロモーションの中で語られる傾向が強い。しかし、筆者はシティプロモーションとシビックプライドは別次元として扱うべきと捉えている。いずれにしろ、本章で取り上げた内容の多くは読者に対する問題提起の意味もある。読者がシビックプライドを考えるための契機になれば幸いである。

　最後になるが、シビックプライドに最初に注目したのは読売広告社である。そして、同社が参画したシビックプライド研究会の伊藤香織・東京理科大学教授のメンバーでもある。シビックプライド研究会は、伊藤教授に加え、紫牟田伸子氏を中心に、2006（平成18）年から活動している研究会である。建築、都市再生、アート、ランドスケープなど産学の多彩な分野のメンバーが集まり、シビックプライドについて研究活動を進めてきた。本書は、それらの土台があってこそ成立する。シビックプライド研究会に感謝したい。

シティプロモーションと
シビックプライド事業の
実践事例

読売広告社 ひとまちみらい研究センター　**水本　宏毅**

＞シビックプライドとひとまちみらい研究センター

　本題に入る前に、読売広告社とシビックプライドとの関わりと、「ひとまちみらい研究センター」について簡単に紹介したい。

　読売広告社とシビックプライドとの関わりは、2005（平成17）年に遡る。東京理科大学理工学部建築学科の伊藤香織教授（当時、講師）らと、まちづくりの業務に取り組む中で、シビックプライドの概念と出会い、建築・都市空間デザインを専門とする伊藤香織教授、編集家・デザインプロデューサーの紫牟田伸子氏を中心として立ち上がった「シビックプライド研究会」にコミュニケーションの立場から参加したのが始まりである。

　同研究会は、海外のシビックプライド事例の収集、検討からスタートし、実際にオランダのアムステルダムやドイツのハンブルグ（ハーフェンシティ）などの取材を行った。こうした事例研究に加え、シビックプライドの構造を探るために実施したシビックプライド・プレリサーチ等の研究成果を取りまとめて、2008（平成20）年に『シビックプライド──都市のコミュニケーションをデザインする』（宣伝会議、編者＝シビックプライド研究会、監修：伊藤香織＋紫牟田伸子、企画制作＝読売広告社都市生活研究所）を出版。2015（平成27）年には国内のシビックプライド事例を紹介した『シビックプライド２──都市と市民のかかわりをデザインする』（宣伝会議、編者＝シビックプライド研究会、監修：伊藤香織＋紫牟田伸子、企画協力＝読売広告社都市生活研究所）を出版し、今日に至っている。

　「ひとまちみらい研究センター」は、地方創生の主要ニーズである「観光振興」、「産品開発（販売拡大）」、「移住定住（促進）」に対して独

自のソリューション（解決策）を提供するために2017（平成29）年に設立した、読売広告社内横断型のプロジェクト組織である。同センターは、シビックプライド研究会のメンバーである「都市生活研究所」をはじめ、商品開発に携わる組織である「次世代モノづくり研究所」やリサーチ、プロモーションなど、様々な分野で自治体の業務を行うメンバーが集結した組織となっている。

＞ シビックプライドに対する自治体の期待

　シビックプライドとは、市民が都市（まち）に対して持つ「誇り」や「愛着」や「共感」のことで、まちをより良い場所にするために関わっているという意識を伴う、ある種の当事者意識に基づく自負心のことである[1]。シビックプライドの基本思想は「まちは人」である。つまり、自分のまちに「誇り」や「愛着」を持つ人が、まちを良くする原動力となるという考え方である。まちを好きになる、まちをより良い場所にしていきたいと思う人が増えることによって、まちの様々な価値、「文化的価値（美術、芸術、音楽、スポーツ……）」、「社会的価値（地域交流、相互支援、治安維持……）」、「経済的価値（観光集客、産品販売、不動産地価……）」、「環境価値（生物多様性、環境汚染防止、資源の効率利用……）」、「イメージ価値（好感度、認知度……）」などが高まり、結果として、定住人口、流入人口、交流人口、関係人口の維持や増加をもたらすと考えられる。

　近年、多くの自治体でシビックプライドが注目されている理由もここにある。特に、人口減少局面における人口流出の抑制、定住人口の維持という課題に応える施策として、シビックプライドへの期待は大きい。シビックプライドの醸成が、人口流出の抑制という課題にどのくらい貢

[1]　編者＝シビックプライド研究会、監修：伊藤香織＋紫牟田伸子、企画制作＝読売広告社都市生活研究所『シビックプライド──都市のコミュニケーションをデザインする』宣伝会議・2008

献するのか、明確なデータは存在しない。人口の流出は、シビックプライドとは関係がない外的要因（就学、就職、転職、結婚など）の影響が多分にあるのがその理由である。そうは言うものの、まちに「誇り」や「愛着」や「共感」を持つ人が、外的要因のない状況下で、自らの意思でまちを離れる可能性は低いので、シビックプライドの醸成が人口流出の抑制に少なからず貢献するのは間違いないと言えるだろう。

　少子高齢化による人口減少が進み、都市間競争が激しさを増す中、人口流出をできるだけ抑え、持続可能なまちづくりを目指す自治体において、シビックプライドへの期待はますます高まる傾向にある。

＞ シビックプライドとシティプロモーションの特徴と違い

　自治体共通の課題である「活力のあるまちづくり」を目指すために、シビックプライドの醸成を政策目標として掲げ、シティプロモーションに取り組む自治体が増えている。自治体の中には、観光客誘致や産品販売の促進と同様に、まちが注目を集め、認知度を上げることが、シビックプライドの醸成に寄与するのではないか……との思いで、ロゴマークやキャラクター、バズ（口コミによる拡散）を狙ったユニークなPR動画などを作り、話題性を喚起するための広告やキャンペーンを仕掛ける取組を行っているところが数多く見受けられる。認知度を上げることが政策目標であるならば、もちろん、その方法は間違ってはいないし、否定はしないが、果たして、思惑どおり、認知度を上げることができた自治体は、シビックプライドが醸成されたと感じることができただろうか。感じることができなかったとしたら、何が原因なのだろうか。

　そもそも、シビックプライドとシティプロモーションは図表1のように、対象や目的など異なる点が多い。シビックプライドは、内側（市内住民）を対象とした働きかけであり、市民が自分のまちに積極的に関わっていこうとする意識（まちの自分事化）を高めることによって、まちの価値の向上や定住人口を維持することを目的としているが、シティ

プロモーションは、主に外側（市外住民）を対象とした情報発信であり、まちの魅力に対する認知度・理解度を向上させることによって、流入人口、交流人口、関係人口を増加させることを目的としている場合が多い。

　さらに、コミュニケーションの特徴として、シビックプライドが「まちと市民との関わり合い」を念頭に置いた、継続的な「対話型コミュニケーション」であるのに対し、シティプロモーションは情報提供に重点を置いた、一方向の「広報型コミュニケーション」である点も異なる。

　また、シビックプライドとシティプロモーションは、それぞれの効果の発現や継続する時間軸も異なる。ほとんど無名の自治体が、キャラクターやユニークなPR動画を作り、シティプロモーションを実施した結果、認知度が向上すれば、短期間で交流人口、関係人口が増加する可能性は高いが、長く続く事例は少ない。知名度を上げるための「カンフル剤」としてのシティプロモーション施策は、効果が出るのは早いが、一過性である場合が多い。

　一方、シビックプライドは短期間で醸成されるものではない。まちに積極的に関わっていこうとする小さな活動や種が、対話型のコミュニケーションを通じて、時間をかけて醸成され、じわじわとまちや市民の体質を改善していく、言わば「漢方薬」のようなものである。効果の発現に時間がかかるので、自治体の中長期ビジョンにしっかりと組み入れて、PDCAを回しながら、継続的に取り組むことが求められる。

	シビックプライド	シティプロモーション
対象	内側(市内住民)への働きかけ	主に外側(市外住民)への情報発信
目的	まちの自分事化 ⇒まちの価値向上、定住人口の維持	認知・理解度向上 ⇒流入・交流・関係人口の増加
コミュニケーションの特徴	継続的な「対話型コミュニケーション」	一方向の「広報型コミュニケーション」
効果の発現	時間をかけて醸成され、じわじわと体質が改善される「漢方薬」のようなもの	短期間で刺激を与える「カンフル剤」的な役割。成果が出ても、一過性の場合が多い。

図表1　シビックプライドとシティプロモーションの特徴と違い

活力のあるまちづくりに取り組む際には、シビックプライドとシティプロモーションの特徴と違いを理解したうえで、それぞれを表裏一体で運営する必要がある。なぜなら、活力のあるまちづくりを実現するためには、内側（市内住民）の巻き込みと、外側（市外住民）の認知獲得の両方を連携させて取り組むことが有効だからである。

　シビックプライドとシティプロモーションを連携させ、表裏一体で運営する施策については、後ほど言及することとし、まずは、「シビックプライドの醸成」に取り組む際のポイントや考え方について述べることとする。

＞シビックプライドの醸成とコミュニケーションポイント

　シビックプライドの醸成に取り組む際に考慮すべき点として、①「まちの中や外の人たちと話したくなる自慢の種をまちの人たちと一緒に探し出す」、②「一人ひとりがまちの一員であることに気付いてもらう」、③「まちのビジョンを共有できるようにする」、④「誰もが、一緒にまちを創り上げていこうという"気分"を盛り立てる」などが挙げられる。これらの点に考慮したうえで、シビックプライドの醸成に取り組むには、まちに関わる多様な主体の気持ちに届く、コミュニケーションのデザインが不可欠である。

　シビックプライド研究会では、まちと市民の接点となるモノやコトを「コミュニケーションポイント」と呼び、2008（平成20）年に代表的な9つのポイントを整理している[2]。その後、10年を経た今、Facebook、Twitter、LINE、InstagramなどのSNS（ソーシャル・ネットワーキング・サービス）が、市民とのコミュニケーションをデザインする際には外せない重要なポイントとなっている。SNSは自治体の情報発信ツール

---

(2)　(1)の書籍の「ケーススタディに見る都市のコミュニケーションポイント」12頁参照

である以上に、市民自らが発信者となって情報を拡散する「市民ベースのコミュニケーションツール」であることに着目する必要がある。

　市民がどのような情報に触れたときに、まちを自分事として受け取り、周囲と情報をシェアしたくなるのか。9つのコミュニケーションポイントをデザインする際には、SNSを活用した「市民ベースのコミュニケーション」を活性化する統合的な体験デザインを意識する必要が出てきているのである。SNSの活用は、どのコミュニケーションポイントをデザインするうえでも意識すべきポイントであると位置付け、新たに「SNS等によるシェア」を図表2のように加えて整理し直した。これらのコミュニケーションポイントを自治体の戦略に合わせて組み合わせながら、シビックプライドを醸成する施策を考えていくことが重要である。

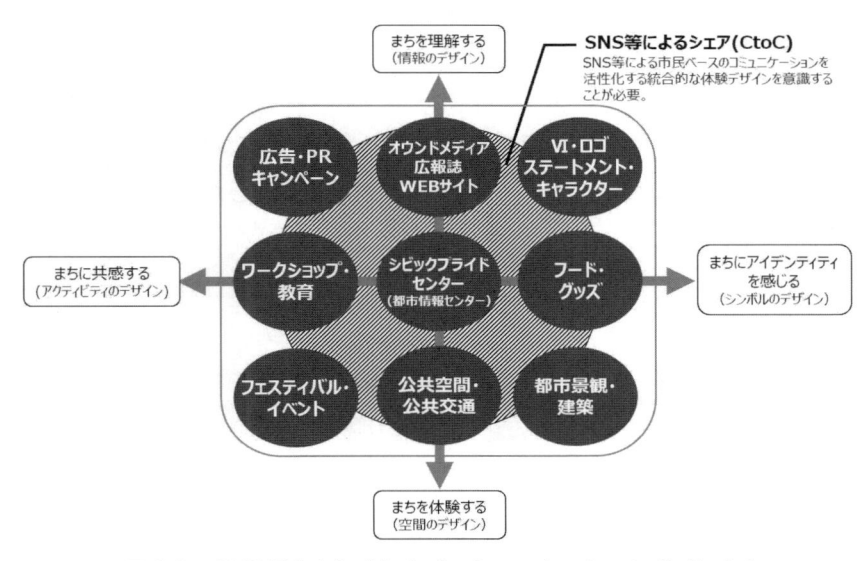

図表2　SNS視点を加味した「コミュニケーションポイント」

＞ コミュニケーションポイントのデザインにおける留意点

SNSを意識した、9つのコミュニケーションポイントをデザインする

に当たって留意すべき点がある。それは「まちと市民との関わり合いをデザインする」ことである。単に、自治体がつくったモノやコトを市民に提供する、あるいは、一方的に情報を伝えるだけではシビックプライドは醸成されにくい。「自分自身がまちに関わっているという当事者意識に基づく自負心」を醸成するために、それぞれのコミュニケーションポイントにおいて、「市民の参加、体験、共有を誘発する仕組み」をデザインすることに留意する必要がある。

＞ コミュニケーションポイントのデザインの考え方

コミュニケーションポイントをデザインする際の考え方について、「広告・PR・キャンペーン」以外の8つのポイントごとに提示する。

2008（平成20）年に出版された前出の『シビックプライド——都市のコミュニケーションをデザインする』にも、コミュニケーションポイントについて、シビックプライドを醸成するコミュニケーションの在り方が記述してあるので確認していただきたいが、ここでは、より「市民の参加、体験、共有」にフォーカスした考え方を提示したい。

ここで提示するのは、あくまでも考え方であるので、コミュニケーションポイントをデザインする際の参考にしていただければ幸いである。なお、「広告・PR・キャンペーン」の考え方については、シティプロモーションの実践と関わる部分なので、次の項目で言及することとする。

① 「オウンドメディア・広報誌・WEBサイト」

　自治体の広報と委託先の制作会社だけで作るのではなく、市民ライターの起用や市民を交えた編集会議を実施するなど、「制作過程に市民を巻き込むスキーム」をデザインする。

② 「VI・ロゴ・ステートメント・キャラクター」

　市民の気持ちに働きかけ、「SNS等を使って拡散したい、自分なりにカスタマイズして使ってみたい」と思わせるような、拡散性や可変性（余白）も意識してデザインする。

③「ワークショップ・教育」

　地元の人財を活用した地域資源の理解促進、多世代コミュニティの醸成、まちをフィールドとした体験型ワークショップなど、まちと市民とのコミュニケーションが図れるようにデザインする。

④「シビックプライドセンター（都市情報センター）」

　まちと市民が深く関わる場として、まちの将来像を提示するだけではなく、市民が憩い、交流できる場所やプログラムをデザインする。

⑤「フード・グッズ」

　単に、地元の特色を活かした商品を開発するのではなく、開発や生産に携わる人物の選定や開発に至るプロセスもデザインする。

⑥「フェスティバル・イベント」

　市民が自分なりの参加方法や楽しみ方を考えることができたり、市民同士が一緒にモノやコトをつくったり、まちや建物や地域資源の理解につながるなど、エンターテインメント性を付加しながら、まちやコミュニティとの関わり合いを深める仕掛けをデザインする。

⑦「公共空間・公共交通」

　遊具や設備などを整備したハードとしての空間を市民に提供して終わりではなく、多くの市民に使いこなしてもらうことを念頭にデザインする。

⑧「都市景観・建築」

　まちを市民の心象風景として残すために、オブジェを設置したり、景観を楽しむビューポイントをつくったり、建築や景観と市民との接点をデザインする。

　以上、８つのコミュニケーションポイントをデザインする際の考え方を提示した。繰り返しになるが、コミュニケーションポイントをデザインする際に留意すべきなのは、「市民の参加、体験、共有を誘発する仕組み」である。自治体側が隙間なくつくり込んで市民に渡すのではなく、市民が自ら考え、自分なりの関わり方ができるような「余白を残す」こ

とがシビックプライドの醸成のためには必要なのである。

シビックプライドとシティプロモーションの連携方法と手順

シビックプライドの醸成に取り組む際のポイントと考え方の説明に続き、シビックプライドとシティプロモーションを連携させ、表裏一体で運営する方法や手順について言及する。

活力のあるまちづくりに取り組む際には、まず、内側（市内住民）への働きかけであるシビックプライドの醸成に取り組むことから始める必要がある。例えば、地方創生の主要ニーズである「観光振興」、「産品開発（販売拡大）」、「移住定住（促進）」などの政策に取り組む場合、いきなりシティプロモーションを仕掛けても、一時的な盛り上がりで終わり、まちの活力につながらない可能性が高い。

まずは、シビックプライド醸成への取組で述べた「市民の参加、体験、共有を誘発する仕組み」をデザインし、自治体の政策に市民を巻き込むことが必要である。なぜなら、政策への市民の継続的な取組を通じて、まちの自分事化を進めることが、一過性で終わらないまちの活性化につながるからである。

なお、市民を巻き込む際には、「地元のキーマン」を発掘して巻き込み、育てることが肝心であることを付け加えておく。シビックプライドは、先に述べたように、時間をかけて醸成され、じわじわと広がっていくものである。自治体が主導する限り、延々とコストを費やすことになりかねないので、できるだけ市民に委ねる必要がある。「地元のキーマン」は、自治体の手が離れても、周りを巻き込みながら自走することができるため、自治体のコストを抑えることができるのが、その理由である。

シビックプライドの醸成に取り組み、市民の巻き込みが進んだ段階で、次に取り組むべきは、シティプロモーションを活用して、外側（市外住民）へ情報を発信することである。その際には、まちの政策に賛同し、

活力のあるまちづくりに参加している「ひとの物語」を発信することがポイントである。この考え方は、シビックプライド醸成のためのコミュニケーションポイントの1つである「広告・PR・キャンペーン」をデザインする際の考え方に当たる。

「ひとの物語」とは、図表3のように、シビックプライド醸成への取組により、まちに「愛着」や「誇り」を持つに至った市民の、「まちとの関わり」や「まちへの思い」、「観光振興や産品開発に取り組むプロセスや背景」などをコンテンツ化したものである。

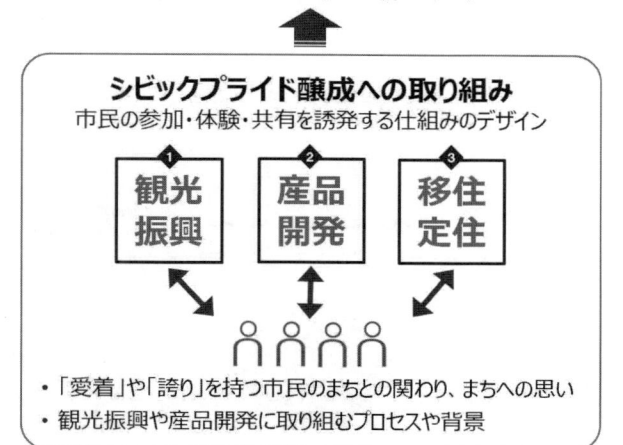

図表3　シビックプライド醸成と「ひとの物語」の相関図

　自分のまちに「愛着」や「誇り」を感じ、まちに積極的に関与している「ひとの物語」は、単純な「モノ・コト・場」の情報、例えば、「開発した商品やサービスそのものの価値」、「歴史的建造物や風光明媚な場所の魅力」、「自治体が提供する福利厚生や支援制度の内容」のような、まちに存在する客観的な情報よりも、市外住民の「共感」を得やすい。なぜなら、「ひとの物語」には、まちのパーソナリティが垣間見える、

市民のリアルな感情や息遣いが詰まっているからである。

　「ひとの物語」に共感し、そのまちのファンとなった市外住民は、「行きたい」、「買いたい」、「住んでみたい」という、まちの取組への参加や働きかけを通じて、まちに活力をもたらしてくれる存在となるだろう。

　また、市民も、自分たちの取組が引き金となって、市外住民がまちに関わりを持ってくれているのを認識することで、自分たちの取組やまちに対し「誇り」を感じるようになるだろう。なぜなら、「誇り」は他者の目を想定して自己の在り方が意識された際に生じる感情（自己意識的感情）の1つだからである。(3) そして、市民が感じた「誇り」は、まちに積極的に関わろうとする意識をより強くし、まちを良くする活動への参加や取組が更に活性化するという好循環につながるのである。

　これまで述べてきた、シビックプライドとシティプロモーションの連携と循環を図式化すると、図表4のようになる。

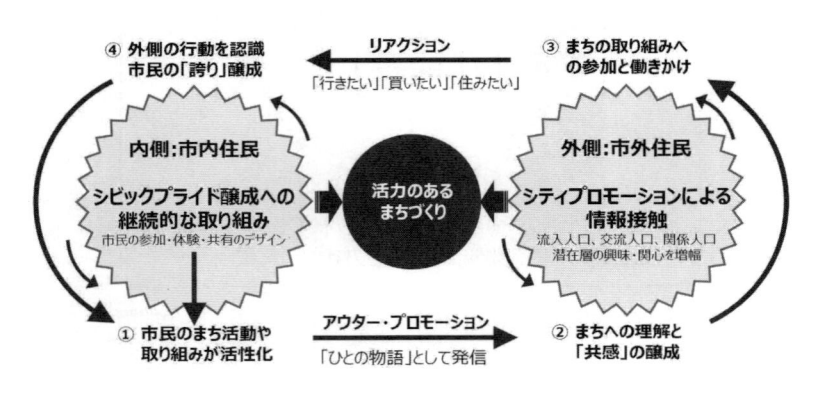

図表4　シビックプライドとシティプロモーションの連携・循環図

　繰り返しになるが、活力のあるまちづくりを目指すには、まず、シビックプライドの醸成に取り組むことから始め、シビックプライドとシ

---

(3)　有光興記／菊池章夫編著「自己意識的感情の心理学」北大路書房・2009

ティプロモーションを連携させながら、両輪で回す必要がある。なぜなら、シビックプライドの醸成に取り組むことなく、ただ認知度を上げるだけのシティプロモーションを実施しても、内側（市内住民）への働きかけが弱いうえに、一過性で終わる場合が多いため、まちの活力を長く維持するのは難しく、また、シビックプライドの醸成という内側だけの取組で完結するよりも、シティプロモーションをうまく活用して、内側（市内住民）の取組を外側（市外住民）へ発信する方が、まちへの賛同者が増え、シビックプライドとまちの活力を更に増幅させる効果が期待できるからである。

シビックプライドとシティプロモーションの連携と循環のカギは「ひとの物語」である。内側（市内住民）と外側（市外住民）が共鳴し合うような、魅力的な物語がつくれるように、まちと市民との接点となるコミュニケーションポイントのデザインに取り組むことが、シビックプライド醸成のためにシティプロモーションを行う上での必須事項なのである。

以上、この章では、シビックプライドの醸成に取り組む方法と合わせて、活力のあるまちづくりを進めるために、シビックプライドとシティプロモーションを連携させる方法と手順について、それぞれの特徴と違いを考察したうえで紹介した。次章では、ひとまちみらい研究センターが取り組んだ「まちと市民との関わり合い」をベースとしたシティプロモーションの事例を紹介する。本論考及び事例が、シティプロモーションとシビックプライド事業の実践に取り組もうとする自治体の参考になれば幸いである。

地元に愛され、多くの観光客と視察が訪れた南島原のプロモーション

読売広告社 ひとまちみらい研究センター　**和田　直也**

まちと地元の人の心を動かすものを

ここでご紹介するのは、私が2016（平成28）年度に取り組ませていただいた長崎県南島原市のシティプロモーションの事例についてである。

長崎県南島原市は島原半島の南側、雲仙岳の麓に位置し、島原湾と天草灘に面した風光明媚なまちだ。人口は約4万6,000人ほどで、温泉や海水浴場、イルカウォッチングなどのアクティビティを体験することができる。特産は全国2位の生産高を誇る島原手延そうめんをはじめ、ちゃんぽん、どぶろく、しいたけなどが名高い。現在でこそ、この事例で扱う南島原食堂の盛り上がりや、2018（平成30）年の世界文化遺産「長崎と天草地方の潜伏キリシタン関連遺産」に構成資産として原城跡も登録されたことから、長崎だけでなく県外からも注目される場所の1つとなっているが、当時は長崎市内や周辺地域と比較して大きな観光資源や特徴があるとはいえなかった。

テーマは観光誘致であったとしても、まず重要なのはそのまちに住む人々と意識、目線や足並みを合わせていくことである。シティプロモーションは、行政・自治体からの押し付けでは決していいものにはならない。そのための考え方の1つとして、まずは本書の重要なキーワードでもある「シビックプライド」について言及したい。

ここで取り上げるシビックプライドとは、有名な観光資源が生まれたり、観光地として成功していたりするものではない。シビックプライド

はあくまで市民とまちのコミュニケーションから生まれるものであり、市民が担い手であることが重要である。そこに住む人々自らの行動で動き、そのまちに誇りを持つためのアクションだ。南島原市のシティプロモーションに着手する際、まず重点的に意識したのもまさにこの視点、「住む人とまちとのコミュニケーション」だった。

南島原食堂の誕生とおかえりなさいの挨拶

南島原市でのシティプロモーションについて話を進めていきたい。

この取組で重要なことは、大きく２つあった。１つは観光情報を発信する拠点づくり、もう１つは「おかえりなさい」という挨拶、この２本の柱だ。

まず、１つ目の観光情報を発信する拠点づくりについて述べていく。

当時の南島原市には、前述のような観光スポットは散見しても、「南島原市を訪れたら必ず行っておきたい」という場所は見当たらなかった。また、公式の観光案内や市のHPにおいても、十分に情報はまとめられていなかった。この点をまず市役所の皆さんと共有し、必要性についてご理解をいただいた。情報拠点となる場所を設置し、その場所を通して南島原市について多種の発信を開始することを第一歩としたのだ。

その拠点は、南島原市が誇る名産「島原手延そうめん」を振る舞うという機能を果たすための場所だった。観光客が名産である南島原のそうめんを体験する場所がなかったことや、市の情報発信拠点でまず名産品を体験すべきと考えたからである。そこで振る舞うそうめんは、無料ではなく、お金をいただいて体験してもらうようにした。経済効果に貢献することも視野に入れた情報発信拠点だ。名産品は、自信を持って提供していくべきだと私は思う。この点については、後ほど詳述する。

私たちはその情報発信拠点を「南島原食堂」と名付けることにした。「食堂」という単語には、住民も来訪者も含めた共有のスペース、という認識がある。そして、南島原の人の温かみを出す言葉としての機能も

期待した。

　このように、南島原食堂は、観光客が来訪する場所という目的だけでなく、住民の人が集う場所という目的もあった。理想は、住民の方が日頃から訪れ、観光客がそこで地元の人から直接的にまちの魅力や見どころなどの情報を得ることができる、そのような拠点である。シティプロモーションを考える際、まずはどのような場所になると誰もが嬉しいと思うかについて議論することは一考すべきだと私は考える。行政・自治体、地元の人、プロモーションに関わる全ての関係者が同じ意識でいることはまれで、少しずつイメージが異なるからである。良いイメージも悪いイメージも共有していくことが重要だ。

　南島原食堂は、廃校を活用してつくられた。地元の建築業者の方に参加していただき、私たちの想いを説明しご意見を伺い、一緒になって考えていただいた。　小学校に対する地元の人たちの想いも伺い、極力小学校の雰囲気を残してリノベーションしていった。

　校庭や遊具、水飲み場などはそのまま利用し、教室内の黒板、壁掛けの時計、机、椅子も残した。大正元年に建設されたという歴史を持ったこの小学校は、地元の人たちの持つ財産の1つでもあったため、それらは最大限に活用することとした（写真①）。

写真①　小学校のブランコで遊ぶ子どもたち

　シティプロモーションにおいては、まず課題感を共有すること、いままちには何が必要かについて足並みや目線を合わせることが必要である。

何をするか、何をつくるかではなく、何が必要かを検討・議論するべきである。そこを乗り越えることで、目指す方向性はよりシンプルになってくるだろう。

次に、重要なことの2つ目「おかえりなさい」というキーワードについて詳述していく。

これは、南島原食堂を訪れた人を出迎える際に使用した言葉である。商業的な「いらっしゃいませ」でもなく、日常的すぎる「こんにちは」でもない、「おかえりなさい」という挨拶は、食堂としては違和感のある語感かもしれない。それでも、わざわざ南島原食堂に来てくれる人を出迎える想いや「いつでも来てもらいたい」という気持ちを伝えるために、この言葉を採用することに決めた。

食堂の営業開始当初こそ照れや戸惑いを見せる人もいたが、私たちが「おかえりなさい」という言葉で来訪者を迎えると、「ただいま」という返事も増えていった。また、各種メディアで「この食堂では初めて訪れたお客さんにも『おかえりなさい』の挨拶で迎える」と紹介されたり、お客さん同士の中でも話題になっていくという効果も生んだ。中には、私たちから声をかける前に「ただいま」と食堂に入って来てくれる人も出始めた。

なんでもない一言ではあるが、言い慣れた言葉であるからこそ、市民とお客さんが話すきっかけを生み、人と人との距離が縮まり、温かい気持ちになれるという役割もあった。

現在でも南島原食堂では、皆さんを「おかえりなさい」で出迎えている。この本を読まれている皆さんにも、一度この「おかえりなさい」を感じていただきたいと私は願う（写真②）。

このように、南島原に必要なことから生まれた情報発信拠点としての「場」づくりと、出迎える姿勢を表現し心理的な距離を縮める「言葉」は、南島原のシティプロモーションを語る上で重要な役割を果たしていった。

写真② 「おかえりなさい」と出迎えられ、学校の椅子に座るお客さん

＞ 体験以上の広がりが生まれるメニューの仕掛け

「南島原食堂」で提供するメニューは、独特のコシと滑らかな舌ざわりが特徴の南島原産の手延そうめんが中心だ。

ただ、名産ではあるが、食材としてはさほど特殊なものとはいえない。廃校を活用した食堂で話題にできたとしても、人々はそうめんのためにわざわざ食堂に足を運ぶか。その点が大きな課題だった。

差別化をつけにくい特産を扱っているまちのシティプロモーションにおいての手段の1つとして、付加価値を付ける手法がある。その付加価値は、来訪者の大きなモチベーションに昇華する。

南島原の場合、具体的には「そこでのみできる体験」や「そこでしか食べられないメニュー」だ。食堂では付加価値を付けるために、もともと地元にあったそうめんレシピを活かしつつ、「トマトソース」「めんたい」「焼きそうめんカリー風味」「すだち」「麻婆茄子」「パクチーどっさり」「そうめん入り生春巻」「そうめんヤムウンセン」など、100種類を超えるそうめんのアレンジを開発した。これらを全て南島原食堂のHPで公開しつつ、実際に食堂で提供するメニューを16種類に絞った（写真③）。ここで、16種類という数がポイントになってくる。16種類という数にしたのは、4×4の正方形に並べられることで、写真映えするメニューになるという理由が大きい。つまり、いま生活者が最も活用して

いるインスタグラムでの投稿に適しているということだ。おいしいそうめんを食べる体験だけでなく、体験を広げたくなるという視点から考えたからこそ生まれたものだった。

実際に16種類並べられたそうめんは、注文したほぼ全ての人が写真を撮り、友人・知人に見せたり、インスタグラムをはじめとするSNSで拡散されたりしていった。その結果、熊本県や佐賀県、福岡県など県外からの来訪や、首都圏から長崎に観光に来た人が、わざわざ南島原まで足を運んでくれることにもつながった。

おそらくインスタグラムの投稿で、日常のランチであるそうめんをポストする人は少ないだろう。それでも、「写真を撮りたくなる」や「人に言いたくなる」という視点に立ちメニューを仕掛けることで、体験した人を通して新しい人の流れを生むことができる。

多くの自治体のプロモーションでは、この仕組みづくりが重要になってくると私は考える。

写真③　16種類の「おかえりそうめんセット」

＞ 一人ひとりがそのまちの代表であるということ

食堂のオープンを迎え、現地スタッフとミーティングを重ねる中で幾度となく検討を重ねたのが価格の設定だ。

16種類のそうめんを食べられる「おかえりそうめんセット」は800円

（2016（平成28）年当時）だったが、事前に地元スタッフから挙がったのは「たかがそうめんなのにそこまで払う人がいるのか」という不安だった。

しかし、前述したように、経済的な視点にも立ってコミュニケーションを実施していかない限り、この視点を欠いた企画では一過性のものになることが多い。ほとんどのシティプロモーションには契約期間がある。当然、予算も存在する。その契約期間が終わり、予算が尽きて幕を閉じるような事例では、まちは決して活性化しないし、シビックプライドは望めない。

私はこれまで様々なプロモーションを企画・実施してきたが、そのほとんど全てで、プロモーション期間を終えても自走できる仕組みを試行錯誤してきた。近い将来の経済的な自立を考えたコミュニケーションを残す視点は、これからのシティプロモーションには、必ず検討すべき命題の1つと言えるだろう。

できるだけ地元の人々が主体となり、経済的にも自立した活動にしていけるように方向性を示していくこと。最終的には外部の人間ができるだけ関わらないようになっていくことが、私が描く1つのゴールでもある。

2016（平成28）年10月にオープンした南島原食堂は、隔週日曜営業ながら約6か月、16日間の営業日で1,200人の集客を記録し、旅行代理店が企画するバスツアーのスポットにも指定されるなど、盛況を見せた。22世帯（2018（平成30）年9月現在）の集落にこれだけの人が来てくれたことは、とても喜ばしいことだった。

「おかえりそうめんセット」の販売は1,000食を超えて人々の口に運ばれ、スマートフォンで写真が撮られ、口コミが生まれたりSNSで展開されたりした。「#南島原食堂」は、期待どおり拡散の一途をたどっていった。「おかえりそうめんセット」だけではなく、廃校の雰囲気もインスタグラムで紹介され、「撮りたくなるロケーション」としてのイメージ

も定着していった。

　そして、そのロケーションと「おかえりなさい」で来客を迎えるスタッフと「ただいま」と応じるお客様とのコミュニケーションは、廃校という日本人の原風景ともいえる借景も相乗し、予想以上の効果をもたらした。

　例えば、「#南島原食堂」のハッシュタグを付けたSNSには、以下のような文言が並ぶ。

　「そうめんはうまいし、雰囲気もいい」

　「子供が校庭で楽しそうに遊んでいるからなかなか帰れない」

　「おかえりなさい、と言われてなぜか泣いてしまった」

　「食堂のおばちゃんたちにまた会いにきます」

　地元スタッフが独特のイントネーションで「おかえりなさい」と迎え「ただいま」と応じる挨拶は、人と人の距離を縮める。その結果、その他の観光スポットや、市民が勧める見所など、観光客が求める情報を引き出しやすいコミュニケーションが構築されていく。

　食堂内には最低限のパンフレット類を設置したが、それを手に取る客は少数だ。多くの客は直接、地元スタッフに次の目的地のアドバイスを求める。そして、それに応じることで市民は無意識に自身が住むまちに愛着と、更なる興味を抱くことになる。言い換えれば、彼女らが既にまちの一部なのだ。

　観光客は名産を食し、旅の続きの情報を得る。地元の人々は、観光客が名産を喜んで食べ、情報を求める姿に誇りを持つ。南島原食堂は、地元の人々にとっても観光客にとっても、意味のある場所として機能していった。

＞ 市民の手で自走していく南島原食堂

　シビックプライドは、私たちが一方的に考えた企画やプロモーションを押し付けるものではない。地元の魅力を活かしつつ伸ばすことで、興味・関心を集めたり来訪モチベーションにつなげていくものだ。

市民が全て外部に委ねてしまうコミュニケーションでは、決してシビックプライドは生まれない。一時の話題はつくれても、本質的にまちのためになる資産の積み重ねにはならないだろう。

　ここで触れておきたいのが、行政・自治体のご担当者や地元のメディアとの連携もまた不可欠ということだ。

　行政・自治体側は、その役割や性格から外部に一任するということも多いが、シビックプライドに取り組むのであれば、一緒になって活動に参加する人がいなければ難しいだろう。南島原食堂においては、市役所秘書広報課（当時）の皆さんをはじめ、多くの方々が協力的に動いてくださった。今回、地元の方々とうまく連携し、想いを理解しながら取り組めたのも、こうしたご協力によるところが非常に大きい。

　また、メディアとの協力関係も重要である。地元のテレビ長崎には、メディアで取り上げていただくだけではなく、一緒に考え、企画を実施していくパートナーとして絶大なるご協力をいただいた。彼らは地元ならではのネットワークを活かし、深掘りしたニュースや話題をピンポイントで視聴者に届ける能力に長けているだけでなく、一緒に汗を流してくれて自らの意思で動いてくれる、今回の事例では欠かせないパートナーであった。具体的には、廃校のリノベーションをはじめ、メニュー選定や接客のオペレーションまで密着取材をし、ドキュメントとして記録してくれた。

　さらに、その放送を受けて、長崎新聞や地元のフリーペーパーなどが新たに取材に訪れ「地方活性化の好例」などと紹介された。

　まずは、ローカルメディアで放送することでシビックプライドの種を市民にまき、周辺市町村に「南島原で何かが始まっている」という興味を高めていったことも成功の要因だといえる。

　このように、企画の発案者は私たちだったとしても、自治体の方々、参加してくださる住民の方々、企画を広げてくれるメディアの方々、この4者のフラットな関係があったからこそ、話題性・集客・経済的にも、

うまくスタートできたといえるだろう。シビックプライドを形成するには、良きパートナーを見つける必要があるということだ。

　南島原食堂は、オープンから8か月ほどは市役所秘書広報課やテレビ長崎の共同経営だったが、2017（平成29）年春からは地域の住民や移住者が運営を担っている。現在も週末ごとに営業を重ね、看板メニューの「おかえりそうめんセット」も、季節ごとに改良が加えられ、独自性を増している。食堂では、落語やワークショップの開催など、多岐にわたるイベントも催されている。

　駐車場には県外ナンバーの自家用車が並ぶ。観光客の拠点基地としても機能し、観光客はここで南島原に触れ、情報を仕入れていく。

　観光客のみならず、その取組と経緯に興味を持った自治体、中には台湾や韓国の観光局が視察に訪れ、「低コストで長期的なPRが可能になったモデルケース」との見解を示すなど、食堂、観光拠点、文化交流など、多くの視点から成功といえる実績を残すコンテンツとなった。今後も多くの役割を担いながら自走し続けていくだろう。

　先日、半年ぶりに現地を訪れたが、パートの60代、70代の女性が「（食堂で働く）週末が楽しみで、1週間、待ちきらんのよ」と笑顔を見せてくれた。「おかえりなさい」と人々を迎える彼らのシビックプライドは、自走を始めた「南島原食堂」とともに、まだまだこれから強く大きく育っていくことを確信した（写真④）。

写真④　食堂で働く地元のお母さん

まちを愛する人たちを巻き込み、まちに新しい彩りを加える「手をつなぎたくなる街　湘南ひらつか」シティプロモーション

読売広告社 ひとまちみらい研究センター　中村　賢昭

「曖昧な湘南」、ひらつか

神奈川県平塚市のランドマークである、県内随一の夜景スポットとしても名高い、湘南平・高麗山公園。展望台から相模湾を東に望むと、江ノ島や烏帽子岩がある藤沢市や茅ヶ崎市が広がり、その奥には、鎌倉市、葉山町と湘南エリアの自治体が連なる。

一方で西側を見渡すと、眼下には大磯町、二宮町、小田原市と続き、その奥には、真鶴半島、伊豆半島まで視認できる。さらに晴れた日には、箱根山から足柄山地、そして富士山へ至る起伏が楽しめる。

いわゆる「湘南」という単語を耳にして多くの人々が想起するのが、前者の茅ヶ崎・鎌倉間のエリアではないだろうか。私自身もその一人だ。学生時代をこのエリアで過ごして、そのように予断していた。そして、茅ヶ崎以西に足を運ぶことは数えるほどだった。

しかし、平塚市のシティプロモーションのために改めて地図を開くと、東側のビーチカルチャーが確立されたエリアと、西側の温泉や史跡が点在するエリアに挟まれる格好で、どちらにもアクセスが良く、かつ、それぞれの魅力をバランスよく備えた立地だということがよく分かる。

ただ、その物理的な位置や、本拠地を平塚に置く湘南ベルマーレの存在などから「湘南はどこからどこまでを指すのか？　平塚は湘南なのか？」という議論がメディアやSNSなどで、長らく議論されている側面もある。つまり、平塚は人々から「曖昧なまち」として捉えられていたのである。

そして、実際にプランニングを進めると、本著の主題でもある「シビックプライド」の主役となる平塚市民も同様に、自身のまちに「曖昧さ」を抱いていることが判明した。

　第一歩として平塚市民に加え、藤沢や茅ヶ崎といった周辺市も対象にインターネット調査を実施したが、「住みたいまち・訪れたいまちの魅力度」では周辺市と比較しても低い。

　特に、「平塚市のイメージ」においては「はっきりとしたイメージがない」という回答が最も多く、かつ、周辺市と比べてもイメージ総量自体が少ないという結果が出た。中でも、市内在住の20〜30代の方々のイメージの希薄さが際立つ。

　まずは中長期を見据え、平塚市が掲げる「選ばれるまち・住み続けるまち」の実現を叶えるためにも、こうした市内外に根付く「曖昧」で「希薄」なまちのイメージから、平塚本来の魅力や隠れがちな価値に基づく新しいまちのイメージをつくり、打ち出す必要があると考えた。

市民が挙げる魅力から、明快な「まちの未来像」を示す

　では、どのような新しいまちのイメージをつくり、打ち出していくのか。

　ここで私たちが注力したのは、「市民の声」だ。前述の調査の結果から、ある2つの項目に比重を置いた。

① 平塚を高く評価する人が持っていて、低く評価する人が知らないイメージ

② 20〜30代が描く理想のまちの輪郭

　上記を、平塚市にまず関心を示す人を増やすため、ポテンシャルが高いイメージ＝シティプロモーションやシビックプライド醸成において大切な「重点イメージ」として選定する。

　言い換えれば、シティプロモーションを一貫性をもって展開していく

上での指針となる「ブランディング・テーマ」だ。これらをベースに平塚が「選ばれるまち・住み続けるまち」と成長曲線を描く中で、「どんなまちを目指すのか」を導き出さないといけない。

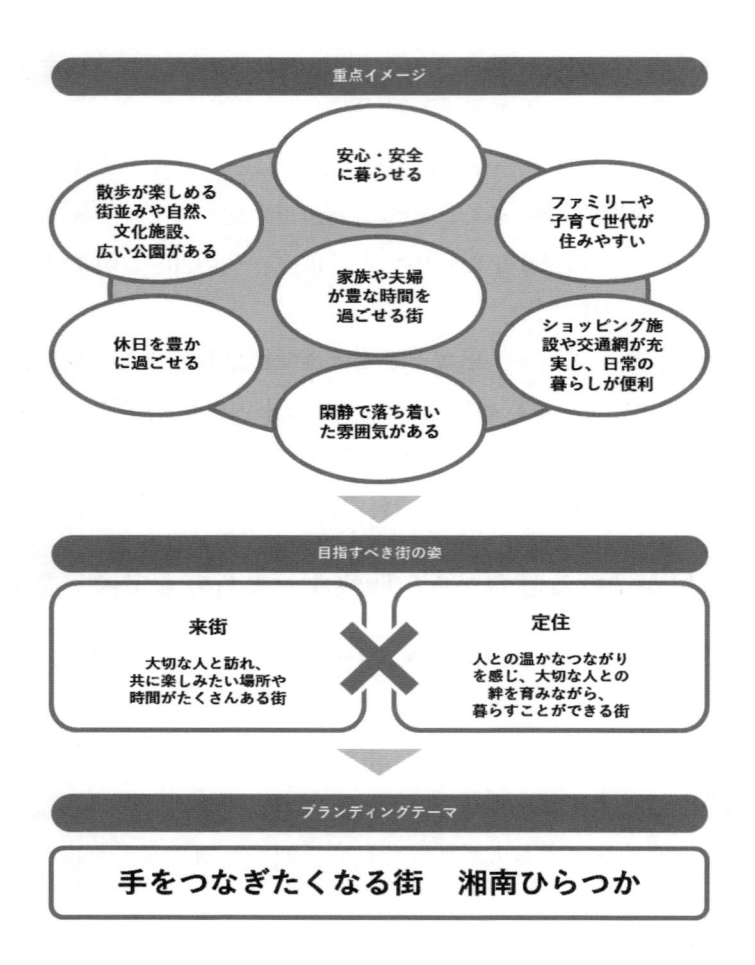

具体的には、イメージが「曖昧」「希薄」なこのまちを、改めて「手をつなぎたくなる街　湘南ひらつか」という単純明快な言葉で表現した。

子どもからお年寄りまで伝わり、分かりやすいこと。さらに、覚えてもらい、口にしてもらいやすいことを特に意識した。

その認知を強化し、市民への浸透を促すために、象徴的なロゴマークも併せて開発する。

「ギュッとつないだ手で、一つの輪をつくる」

　そのコンセプトに寄り添ったロゴマークは、リアルな人と人、人とまちのつながりが置き去りにされがちな現代の都市において、その輪と和が平塚で生まれ、続くことを具象したデザインを採用した。

「手をつなぎたくなる街 湘南ひらつか」
ロゴマーク

「手をつなぎたくなる街 湘南ひらつか」
宣言ポスター

　また、このロゴマークは、シティプロモーションのPRポスターだけではなく、市のHPや広報紙をはじめ、生活情報パンフレットやマンホールの蓋にも起用されたほか、ステッカーなどのノベルティとしても活用。市内外への発信も視野に入れ、市内の企業などに起用を促すためにも、ライツフリーとした。

　その結果、銘菓「都まんじゅう」や平塚八幡宮の「絵馬」に採用されるなど、徐々に市民の暮らしの中で浸透していった。

ロゴ入りの「都まんじゅう」　　　　　ロゴ入りの「平塚八幡宮絵馬」

市民の自分事化の契機となる「ステージ」をつくる

　ただ、スローガンやロゴマークの開発だけでは、シビックプライドを育てるための仕掛けは不十分だ。

　シビックプライドの主役であり、シティプロモーションのエンジンとなる平塚市民自らが、日々の暮らしの中から、まちの魅力や価値に気付き、実感し、自発的・自走的に発信と拡散を始めることが肝要だ。

　その装置の1つとして私たちが開始したのは、SNSを活用した情報発信だった。

　特に若年代層を中心に、比較的若い世代の利用者が飛躍的に増えていたインスタグラムを使った。平塚市公式インスタグラムアカウント「hiratsukagood」を開設し、まずは「手をつなぎたくなる街」をテーマに、平塚の日常で出会う景色、人々の集いや交流を、市役所の若手職員の手により紹介していく。2016（平成28）年7月末の運営開始から、市民を中心に、湘南へのアンテナを持ったユーザー、写真愛好家などの支持を集め、各投稿へのポジティブなコメントも散見するなど、フォロワー数は順調に伸びていった。

インスタグラムアカウント
「hiratsukagood」

「#hiratsukagoodフォトキャンペーン」
告知ポスター

　おって、フォトキャンペーン「#hiratsukagoodフォトキャンペーン」
を展開した。市民が積極的にまちの魅力を発掘・発見したくなると同時
に、「ギュッと手をつなぎたくなる平塚のGoodな景色や思い出」をテー
マにして発信できるステージだ。

　それまでも本格的な機材を持った、プロやセミプロが参加するような
フォトコンテストは市内で開催されていたが、本キャンペーンはより若
い世代に寄り添い、日常的に使うスマートフォンで気軽に参加できるこ
とが優先順位の最上位だった。シビックプライド醸成の初期段階ではな
るべく「ハードルを下げ、間口を広げる」ことも重要な要素である。

　実際に市民が参加した投稿を並べてみると、ひらつかビーチパークや
湘南平、七夕まつりといった、「平塚といえば」といった象徴的な観光
名所やイベントが目立つ。

　しかしその一方で、丹沢の山々を背景に疾走する東海道新幹線、市内
北西部の花菜ガーデン、相模川や花水川などの河川沿いの桜並木、富士
山の絶景ポイントといった、新鮮でまだ広く知られていない、ここで暮
らす市民だからこそ知っている平塚の景色も同様に集まった。

　それらはなにより、「手をつなぎたくなる街」というテーマに合致す
る、家族や恋人、友人など大切な人とつながり、過ごす、かけがえのな
いひとときを切り取ったものだった。

キャンペーン自体は 2 か月間で終了し、2,000件の応募を数えたが、2 年以上が経過した今もハッシュタグ「#hiratsukagood」は健在だ。2018（平成30）年11月時点で 3 万件近くの投稿が確認されている。

　同時に、現在もこの平塚市公式アカウントは引き続き、稼働している。こちらも2018（平成30）年11月時点で600件超の投稿を残し、3,500ものフォロワーも獲得する、市民と行政がつながり、交流するツールとして機能している。

　そして、これらの写真を平塚市の財産として、情報発信や体験提供のために二次活用する取組も活発だ。

　優秀作品を紹介する映像を制作して、市内の商業施設や都内主要駅などで上映したり、市役所や市内商業施設各所を会場にした写真展の開催など、良質の循環を見せている。市民の更なるシビックプライドを刺激し続ける存在になっているだろう。

「#hiratsukagoodフォトキャンペーン」
サイネージ広告（JR品川駅）

「#hiratsukagoodフォトキャンペーン」
サイネージ広告（三井ショッピングパーク
　　　　　ららぽーと湘南平塚）

「#hiratsukagood写真展」（平塚市役所）

地元出身のアーティストやインフルエンサーとの共創

　私は、広告会社のプランナーとして、生活者や社会に対して、クライアントの商品やブランドの魅力を伝えるコミュニケーション、プロモーションを考え、様々なプロフェッショナルとともにカタチにしてきた。

　その姿勢はこうした地域の仕事に携わる上でも同様だが、今回、特に意識したのは、「それぞれの地域にある独自のカルチャーやライフスタイルへの敬意を持つこと」である。

　"そのまちらしさ"をなすカルチャーやライフスタイルを発掘し、実際にそれぞれを実践している方、その周りに集まるファンに触れながら理解することなしに、"ふさわしい・らしい"コミュニケーションデザインは成り立たない。

　いわば"ヨソモノ"の広告会社や広告制作会社だけでつくるのではなく、地元で生まれ育ち、活動の幅を広げていった"ワカモノ"など様々な人を積極的に巻き込み、彼・彼女たちを介して、まち、市民へ共感の輪を広げていく。

　平塚市のシティプロモーションにおいても、まずこのことを念頭に置いて、様々なコミュニケーションの企画を、平塚で生まれ育った、平塚

で活動するアーティストやインフルエンサーとともに、つくり出すことにチャレンジした。

　まず「手をつなぎたくなる街　湘南ひらつか」のポスターには、湘南発、平塚発のセレクトショップとしても広く知られている「MAMUDS」の店長にお会いし、企画段階でオファーした。

　「平塚を盛り上げるためなら！」と快諾いただき、ご本人、ご家族、スタッフにも協力をいただいた。

　そして、「#hiratsukagoodフォトキャンペーン」や、集大成でもあった同名のブランディングムービー「hiratsukagood」では、平塚出身のアーティスト・ペインターのLUISE ONOさんとコラボレーション。フォトキャンペーンを活性化するため湘南ベルマーレひらつかビーチパークなどの市を代表する名所に「つい撮って、投稿したくなる」、いわゆる'インスタ映え'するアートを描いていただいたり、平塚の景色や人々を明るく彩るイラストアニメーションを手がけていただいた。

LUISE ONOさん「フォトスポットアート@湘南ベルマーレひらつかビーチパーク」
　　　　　　　（写真：Masashi Noda）

LUISE ONOさん「フォトスポットアート
　制作風景」
　　　　　　　（写真：Masashi Noda）

ブランディングムービー
「#hiratsukagood」渋谷グリコ
ビジョン放映

ブランディングムービー
「#hiratsukagood」

ブランディングムービー
「#hiratsukagood」

　特に、LUISEさんとの共創は、当時盛り上がりを見せていた"フォト
ジェニック"という社会的文脈とうまくマッチさせることに成功し、市
民は当然ながら、湘南への観光客、ファミリーやペット連れの方など、
若い世代を中心に幅広い支持を得て、ソーシャルやリアルでの口コミ、
また、おでかけ情報誌やママファッション誌などのメディア露出へつな
がった。

 ## 自走化するコンテンツとシビックプライド

　平塚市のご担当者、平塚市で活動する様々なアーティストやインフル
エンサーとともに取り組んできたシティプロモーションが、2016（平成

28）年7月に始まって以来、約2年半が経過した。

　数々の施策は一旦落ち着きつつあるが、ハッシュタグ「#hiratsukagood」や、「手をつなぎたくなる街　湘南ひらつか」というテーマやロゴマークなど、まいてきたシビックプライドの種は、平塚市の至るところで開花した。

　フォトキャンペーンをきっかけにして始まった写真展イベントは、市役所だけでなく、市内の商業施設を年6回ほど巡回し、市民の目に触れる機会が多くなっている。また、キャンペーンで使用したハッシュタグ「#hiratsukagood」も、告知がなくともおのずと市に関連した投稿に付けられるものに昇華した。

　そして、そこから派生した形で、2018（平成30）年には、市役所や観光協会・商工会議所、ケーブルテレビ、タウン紙、大学、大型商業施設などが組み「#hiratsukagood　動画コンテスト」が募集され、100近くの力作が応募された。

動画コンテスト

　また、LUISEさんが手掛けたフォトスポットの1つである湘南平の展望台は、アートと湘南海岸が同時に映り込む貴重なスポットとして、地元のウェディング記念撮影のロケーションとして新たな派生を見せた。

　彼女自身も、市内の大型ショッピングモール「三井ショッピングパークららぽーと湘南平塚」のキャンペーンビジュアルや、館内のウォール

ペイントやフラッグ装飾を手掛けるアーティストとして指名され、平塚の新たなシビックプライドのコンテンツになりつつある。

LUISE ONOさん「ららぽーと湘南平塚　広告キービジュアル」
　　　　　　（写真：LUISE ONO）

LUISE ONOさん「ららぽーと湘南平塚　ウォールアート」
　　　　　　（写真：RiO YAMAMOTO）

　このように、それぞれのコンテンツは、自走を始めて、市民や市の関係団体の手に渡り、それぞれの想いが加わりながら、シビックプライドを大きく育てつつある。

　そこには、近年流行した"地方自治体によるバズ動画"のような派手さや即効性のある拡散はないかもしれない。

　しかし、こうした自走と循環を生み出す状況を想定しながら企てて、市民が自ら発信したくなるきっかけや発信し続けるためのステージを、「平塚のためなら協力したい！」という熱い想いを持った方々と共創していく。そうした地道ではあるが、着実に真のシビックプライドにつながっていくシティプロモーションやコミュニケーションを構築していかなければならない。

市民と共創する高付加価値商品開発
——三戸精品 PRIDE OF SANNOHE

読売広告社 ひとまちみらい研究センター　五十嵐 勇

1 ＞ 三戸という町

　三戸町は、青森県三戸郡の南端にある、人口１万人ほどの小さな城下町である。町のシンボルである三戸城跡は、鎌倉時代にやってきたと伝わる甲斐源氏・南部氏が、戦国時代に築いた居城。江戸時代に入って居城が盛岡に移ってからも、南部本家の御古城と呼ばれて大切にされてきた。江戸時代には奥州街道の宿場町としても栄え、明治以降は三戸郡の中心都市として、人口もピークの1955（昭和30）年には１万8,000人近くあったという。

　しかし、大都市への人口流出と少子高齢化の波には逆らえず、以来人口は減少の一途をたどっていく。2002（平成14）年の東北新幹線八戸延伸時には、新幹線は名久井岳の反対側を二戸から八戸まで直行するようになり、三戸駅は東北本線の特急停車駅から第三セクター青い森鉄道の一停車駅となってしまった。人口も今や１万人を割り込むかどうかの瀬戸際にある。

　今、三戸の中心市街地を歩くと、昭和の香りが色濃く残る商店街のあちこちに、『11ぴきのねこ』の姿が見られる。作者・馬場のぼるさんがこの町の出身で、町を挙げて『11ぴきのねこ』によるまちづくりに取り組んでいるのだ。しかし、空き店舗の増加は深刻で、今回のプロジェクトで出会った多くの皆さんから、昔のにぎわいと比べて寂しがる声を聞いた。

　町の産業の中心は農業である。多彩な野菜や果実類、米に加え、ホッ

プやたばこの栽培も盛んだ。これは明治から昭和にかけて、先人たちが「やませ」吹く寒冷な三戸の環境にふさわしい換金作物として導入したものだという。けれど、こうした個性ある農業も、高齢化と後継者不足で先行き不透明な状況にあった。

戦国時代の南部氏の居城、三戸城の跡地。現在は三戸城跡城山公園として整備されている。

2 〉地域商社のための商品開発がスタート

今回の事業の担当窓口となった、三戸町まちづくり推進課の佐々木さんによると、こうした状況を解決するための動きは何度かあったものの、どれも頓挫してきたようだ。いや、佐々木さんに限らず、商工会のメンバーほか、多くの方々がそう話されるのを聞いた。「もうこの先はない」と、大きな危機感があったのである。

そこに決然として起こったのが、国の地方創生推進交付金による地域商社機能の構築・強化事業だった。三戸町では、2017（平成29）年3月から2018（平成30）年3月までの13か月間で地域資源を使用した商品開発を行い、2019（平成31）年に設立を予定している地域商社がそれらの商品を製造し販売するという計画をたてた。——ひとことで言えば、町に地域商社を設立する前に、まず地域発の「売れる商品」を開発しておくということである。

そして、読売広告社がそのお手伝いをさせていただくことになった。

内容は、13か月の期間に、地域産品15品目程度を発掘・リストアップし、8種類程度の商品開発とテストマーケティングを行う、というものだった。

3 〉 産地調査による発見と驚き

まず、私たちは地域資源発掘のための産地調査を行った。三戸で生き続けている作物と生業の個性——風土という面で多くの発見と驚きがあった。ここで幾つかの例を紹介したい。

■ 百年紅玉

三戸では紅玉を大切に作り続けており、紅玉の栽培面積は、りんご大国青森県の中で第一位を誇っている。中でも、篤農家・山田敏実さんの「百年紅玉」は、明治時代に先代が植えたという樹齢百年を超える古木の実りである。たった20本しかないけれど、まろやかな酸味と深みのある甘みが素晴らしかった。

百年紅玉は、限定プレミアム商品への活用にふさわしいものと思われた。また、ストーリー重視の発信により、百年紅玉をシンボルにした三戸全体の地域ブランドの確立に期待が持てた。

■ がまずみ

がまずみは、全国の山野に自生する落葉低木で、小粒で真っ赤な実は非常に酸っぱいが、赤ワイン並みのポリフェノールとレモン以上のビタミンCを含み、とても機能性に優れる果実である。昔はマタギがエネルギー源にしていたという。三戸町で味噌・醤油の醸造元を営む小野寺昭夫さんは、この「和製スーパーフルーツ」の栽培化に全国で唯一成功、里山で計画的に栽培をしている。知名度は低いが、国内唯一の資源の活用に可能性を感じた。

■ 三戸せんべい

人口1万人の町に、7軒もの手焼きせんべい専門店があった。三戸せんべいは、南部せんべいに似た小麦せんべいだが、薄焼きでショリ

ショリと軽く、いくらでも食べられる。町の人たちの日常のおやつとして長年にわたって親しまれてきた。クラッカーのように、ワインやチーズなどと非常によく合うのも発見だった。

■ ホップ

夏場に涼しく、沿岸部に比べて風の影響が少ない三戸の気候が、ホップの生育に最適で、1965（昭和40）年頃に生産がピークとなった。ホップは、生産分を契約ビールメーカーが買い取る契約栽培であり、安定収入が見込めるメリットがある。その一方、高所作業に危険を伴う重労働な上に農家の高齢化と後継者不足により、産地調査の時点でわずか一戸の農家が生産している状況であった。

このほかにも、にんにく、トマト、赤紫蘇、山栗、すもも、ミニふじ、サンふじなどの生産者の方々や農産品加工センターに集まる農産加工の会の皆さん、自ら栽培した地豆で豆腐を作り伝統の寒ざらし製法で「凍み豆腐」を作る「貝守やまゆり会」の皆さんほか、多くの人たちにお会いした。現在、三戸の産直施設などで販売されている農産加工品や伝統食品などは、いずれも素朴なものばかりなのだが、原材料は地元産品、それも多くが在来種・伝統品種の野菜・果実や山野草だった。そして、それらを栽培し、あるいは加工する多くの人々が、誇りと愛着を持って仕事に取り組んでいた。それも、栽培専業・加工専業という人は少なく、大抵は両方を行っていた。三戸には日本古来の農業、自然と巧みに共生しながらいのちをつないでいた里山の営みが、しっかりと残されていたのである。

三戸のものづくりと生業の有様をつぶさに見るうち、ここから生まれる商品群は、必然的に1つのブランドになると強く思うようになった。

4 ＞ 地域の強み・資源・潜在力を活かした商品開発

これまでに筆者が関わってきた地域の商品開発は、3つのモデルに区

別して開発方法をパターン化している。1つ目のモデルは「新ブランド・新商品開発型」といっており、新しいブランドを策定して資源の選定から商品企画や製造加工、テストマーケティングまでを行う商品開発のパターンで、三戸町の商品開発はこのモデルに当てはまる。参考として、2つ目のモデルは「統一ブランド開発型」といい、統一商品ブランドをつくり、その傘の下で地域の事業者が参加して商品開発を行うパターン、3つ目は「フラッグシップ開発型」といい、地域の事業者にとって象徴的存在となる商品を目指してマーケティングや商品企画等を行うパターンである。

　そして、「新ブランド・新商品開発型」の商品開発は、時と場合によるものの基本的に下図の15ステップで進めてきている。三戸町でのケースでそれぞれの内容を紹介していきたい。

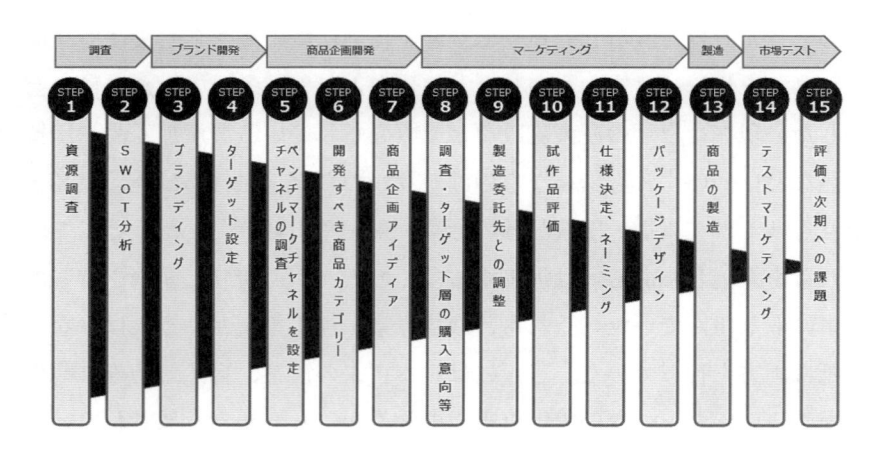

■ 資源調査、SWOT分析

　三戸町の産地調査では、前述の紅玉、百年紅玉、がまずみ、ホップなど21種類の地域資源について、生産者や製造者からの聞き取り、圃場や製造場所の取材を行い、産品の概要や生産体制、生産量、販売・消費状況をまとめた。これらの調査結果に加えて、市場の動向、競合

商品、参考事例などを考え合わせて、地域資源ごとのSWOT分析を行い、その後の商品開発の方向性を提示した。SWOT分析で評価の高かった上位商材は、紅玉・百年紅玉・サンふじ・すもも・がまずみ・ホップ・三戸せんべいの7商材であった。

■ ブランディング

これまで地域のブランドを考える際に用いてきた地域版ピラミッド型チャートにより、三戸町のブランドづくりの考えをまとめたのが、下図である。

三戸ブランド商品群を支える前述のようなリソースを、「ニッポン里山遺産」と命名した。そして、さらにそれを支えている三戸の人々を、「里山農産達人団」と命名した。基礎となっているのは、「南部の首都の志」である。これは、冒頭に述べた三戸町の南部城下としての古い歴史に基づくもの。大昔から代々住み続けているこの土地だからこそ、三戸の人々は愛着と誇りを持って、昔ながらのやり方を大切にしているのだと解釈したわけである。

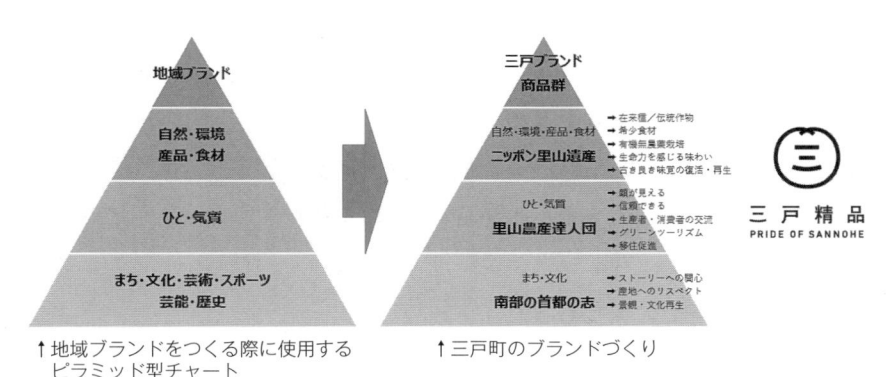

↑地域ブランドをつくる際に使用する
ピラミッド型チャート

↑三戸町のブランドづくり

このコンセプトは、改めて見直してみると、商品ブランドコンセプトであると同時に、三戸町のシティプロモーションコンセプトであり、また、シビックプライドコンセプトにもなっていた。このコンセプトに基づいて、三戸で生産に関わる人たちの思いを表現したネーミング

として「三戸精品——PRIDE OF SANNOHE」を考案させていただいた。

■ ターゲット設定

三戸町の産品をマーケティングの観点から見ると、ほとんどは生産量が限られていて、量産と全国流通は不可能である。逆に、現代の都市生活ではなかなか手に入らなくなった、純国産の伝統志向・自然志向商品として高級チャネルで販売するなら、可能性は高いのではないかと考えた。そこで、三戸精品のターゲットは、地方産品に注目し食への関心が高い高可処分所得層の女性とした。

■ チャネルの調査、ベンチマーク・チャネルの設定

このターゲットが、よく買い物に行くチャネルで三戸精品が販売されることを目標とし、出口を想定した上で商品開発を進めることにした。首都圏で地方産品を取り扱う代表的な小売店をリストアップし、5つの業態に区分した上で、それぞれの代表店を訪問し客層・購入のされ方・MDの特徴・陳列などの調査分析を行った。その結果から、価格帯が高額でアイテムのバリエーションが多く、産地や自然志向にこだわったMDを行っていた小売店を選定し、ベンチマーク・チャネルとした上で商品開発を進めていった。

■ 開発すべき商品カテゴリー、商品企画アイディア

ベンチマーク・チャネルの注目商品は、ドライフルーツ、おやつ、ジャム、ピュレ、ジュース、コーディアル、ハーブティー、クラフトビールの8ジャンルであった。

一方、三戸の産地調査に基づき地域資源ごとに行ったSWOT分析の結果、評価の高かった上位商材は、紅玉、百年紅玉、サンふじ、すもも、がまずみ、ホップ、三戸せんべいの7商材であり、これらの商材とベンチマーク・チャネルの注目商品8ジャンルとを掛け合わせて、商品企画アイディアを膨らませていった。この時点で浮かんだ商品アイディアは、三戸産ホップを使用したクラフトビール、三戸産果物を

使用したフルーツビール、百年紅玉を使用した無添加のストレート
ジュース、紅玉・サンふじ・すももを使用した無加糖のドライフルー
ツ、三戸産がまずみを使用したストレートタイプのコーディアルドリ
ンク、など20商品となった。これらの商品の市場・将来性・競合商品
などを調べ参考にしながら、詳細を詰めていった。

■ ターゲット層の購入意向等調査

　また並行して、首都圏在住の30代〜50代女性1,000人に対してアン
ケートを行い、ターゲットの食品購入実態や意識調査の傾向を把握し、
商品企画の参考にした。

■ 製造委託先との調整

　三戸精品全体の商品構成や各商品の開発コンセプト、ベンチマーク
商品の設定、容量・容器・価格など検討を重ねていったのだが、この
事業を進めていく上でずっと気掛かりであった製造委託先の選定には
とても悩まされた。三戸町には、今回の商品企画を実現する製造加工
所が見当たらないのである。本来であれば、地域の商材を地元で加工
するのが理想的なのだが、限られた設備と時間では実現性に乏しい。
半ばあきらめかけていたところに、ドライフルーツならチャレンジし
たいと地元で和洋菓子店を営む松尾さんが手を挙げてくれたのである。
地域の方々に親しまれながら長年にわたり菓子づくりに努めてこられ
たが、ドライフルーツは初めての経験。専用の乾燥機の代わりに菓子
用のオーブンを駆使し、何回も試作品づくりに苦労された。松尾さん
の応援団として有志で町役場の方々にも協力いただき、徹夜での乾燥
作業が繰り返し行われた。後先になるが、その甲斐があってテスト
マーケティングで首都圏の地域産品を扱うセレクトショップで実際に
販売したところ、三戸精品の中で最多販売数量となる結果をもたらし
た。ご苦労された松尾さんと町役場の方々にこの場を借りて感謝申し
上げたい。
　一方、残念なことに、ドライフルーツ以外の製造については域外の

青森県製造者に委託をせざるを得ず、今後の課題となっている。話は商品開発に戻るが、商品ごとに選定した製造委託先と商品仕様・原料・加工方法・容器形態・費用・スケジュールなどの調整をしていった結果、実際に製造できるのは11商品となった。

■ 仕様決定、ネーミング、プライシング、パッケージング、パッケージデザイン、PR計画

その後、試作品の評価を経て、味・製造方法・原材料・容量・容器・価格等の仕様を決定し、商品ごとのネーミング、プライシングパッケージデザイン、商品ごとのストーリーを表現にして、どのようなPRを行うかなどの検討を進めながら、テストマーケティング用の商品の準備をしていった。年度末も近づいた2月末に、クラフトビール「里山エール」、ストレートジュース「百年紅玉ジュース」「紅玉ジュース」「サンふじジュース」、コーディアルドリンク「がまずみ」、ドライフルーツ「里山干しりんご・紅玉」「里山りんごチップ・紅玉」、ジャム「皮ごと紅玉ジャム」「紅玉あっさりコンポート」「がまずみ里山スーパーフルーツソース」、菓子「三戸SENBEI」の11商品が完成した。

■ テストマーケティング

テストマーケティングは、ターゲットの受容性把握と次期への課題抽出を目的とし、地域商品を扱う小売店での販売を行う手法を選んだ。首都圏チャネルとしてベンチマーク・チャネルでもあった東京駅エキュート東京の「ニッコリーナ」、青森県内チャネルとして青森市の「A-FACTORY」、地元チャネルとして三戸町の「道の駅」、全国通販チャネルとして自遊人「オーガニックエクスプレス」の4か所において、2018（平成30）年3月、実際に販売を行った。

■ 評価と課題

評価手法は、①店舗ごとに商品別の販売状況を日販個数・日販金額で把握、②店長クラスへのアンケートとインタビュー、③バイヤーへ

のヒアリング、を用いた。特に②では、商品別に市場性・ニーズ・価格・量目・商品名・デザイン・内容表示・陳列や訴求のしやすさ・納品荷姿などを、またブランド全体の商品構成・市場性・ニーズ・価格帯・売り場での目立ち方・お客様の注目度などについてヒアリングを行い評価に役立てた。

　ブランド及び個別商品の評価を経て、次期に向けてブランドと商品構成・個別商品の改善点、新たな商品設計における課題を抽出し、三戸町の皆さんと共有した。

全国・世界に向けて「おいしさ・楽しさ・健康」をお届けしたいという想いを込めて、手づくりされ続けてきた産品に光を当て、安全・安心・ナチュラルな「三戸精品」として商品化した。

5 ＞ シビックプライドムーブメントが起こった

　これまで、「地域商社構築委員会」について触れずにきてしまった。町内の様々な職種から若手を中心に集められ、町長から直接委任状を渡された20名の皆さんである。２か月に１回の委員会と、必要に応じて開催された部会を通じて、三戸精品ブランド商品づくりとそのテストマーケティングに取り組んでこられた方々だ。当初は、皆さん手探り状態で、雰囲気も堅かったのだが、産地調査報告、ブランド提案、ブランドネーム採択と、グループワークを織り交ぜてステージが進んでいくうちに、どんどん熱気が高まって、１つの町おこしムーブメントのようになって

いった。

　いや、最初にムーブメントに巻き込まれたのは、実は筆者自身かもしれない。委員会開催の機会に三戸町まちづくり推進課の佐々木さんと食事したときのこと。普段は物静かで笑みを絶やさない佐々木さんが、次第に熱く語り始めたのである。

　——この町は放っておくとまずい。これが最後のチャンスかもしれない。そう思って自分は周りを必死に巻き込んできた。なのに、ついてきてくれる人が少なすぎる。とにかく、やれることは何でもやりたい……。三戸の土地と人のために本気でこの町をどうにかしたい、その熱意に胸をつかれる思いだった。筆者は以前よりも強く、「まずは売れる商品づくりを行い、その後に地域商社が羽ばたいていくために何をしたらいいのか」と考えるようになっていった。

　佐々木さんによると、三戸町役場のよさは人が少なくて風通しがいいところだという。やる気を示せば上司がやらせてくれるし、一担当でも町長と直接会って意思共有することができる。実際、町長も何度か委員会やその後の懇親会に参加して、自ら委員の皆さんの巻き込みに取り組まれていた。

　首都圏からやってきてレストランを経営している吉田さん。野菜・たばこ農家の乗上さん。和洋菓子店を営む松尾さん。りんご農家を営む山田さん……。委員の皆さんの三戸への愛着はすごい、と筆者は強く印象づけられた。それぞれに仕事があるので、これまでは「いったい自分は町のために何ができるだろう」と思い悩まれていたようなのだが、そこに舞い込んできたこのプロジェクトに、チャンス！　とばかり挑んでこられた感じである。

　「三戸精品——PRIDE OF SANNOHE」は、企画を進める委員や町の皆さんと、愛着を持ってものづくりに取り組む生産者の皆さんとの結束によって、売れる商品に結び付き、更にはシビックプライドを通じたシティプロモーションにつながっていこうとしている。皆さんが見せてく

ださった結束力は、大都市ではなかなかできない、人口1万人だからこそできたものだと思われた。

6 ＞ 当面の成果と今後の展望

多くの皆さんの結束力により、2017（平成29）年度に駆け足で開発したテストマーケティング用の11商品は、首都圏・県内・町内で行ったテスト販売の結果も良好だった。今後は商品のブラッシュアップや、町内での生産体制の確立に力を注ぎ、商品ラインナップも広げて2019（平成31）年の地域商社の設立を目指すという新たなステージに入る。ムーブメントをおこした委員の皆さんは、どんなことがあってもこの「三戸精品」を成功させ、近い将来設立されるはずの地域商社の中核メンバーになっていくはずだと、筆者は固く信じている。

ひとまち未来研究センターの活動は、少子高齢化と地方の疲弊が進む今こそ、大きな社会的意義を持っているのではないだろうか。広告会社がただ広告を扱っていればよかった時代はとうに終わった。代わりに、これからやれること、やるべきこともたくさんあるはずである。三戸町の人たちが「この町のために今やらなくては！」と立ち上がったように、私も「日本の地域のために今やらなくては！」という思いで、これからも地域おこし関連の仕事に取り組んでいきたいと考えている。

コラム「小さなタネを見つけて大きく育てる」——シビックプライドの育て方 from 青森県

読売広告社 ひとまちみらい研究センター　五十嵐　勇

1 ＞ 津軽百年食堂

このところ、メディアで青森県の話題が増えていることにお気付きだろうか。青森県が2004（平成16）年から実施している「まるごと青森」情報発信事業の力が大きいはずである。この事業は、県内の話題性ある「ネタ」を発掘・編集し、PR資料にして首都圏のマスメディアに提供し、パブリシティの獲得を目標としているもの。メディアでの露出は多大で、近年5年間の年平均では、テレビ番組62件、新聞記事264件、雑誌記事60件、ラジオ番組14件で露出されるという成功を収めている。

事業の主目的は、ねぶた祭や十和田・奥入瀬といったビッグヘッドコンテンツに偏ることなく、B級グルメなどロングテールコンテンツの認知を高めることにより、県の観光誘客力を高め、滞在時間を伸ばすことにある。「古川市場のっけ丼」「味噌カレー牛乳ラーメン」「八戸の横丁・朝市」など、「まるごと青森」発信情報の多くが、今や立派な観光コンテンツに育っている。

「津軽百年食堂」は、その代表例の1つである。発端は、「まるごと青森」のアドバイザー会議に提出された「大十食堂」という「ネタ」であった。「まるごと青森」のスキームは、毎月青森在勤の担当県職員の皆さんが「ネタ」について記した資料原案を作成し、それを東京の読売広告社で開かれるアドバイザー会議でどのような切り口でPR資料に編集したらよいかの検討を経て、東京駐在の県職員の皆さんがメディアに提案する、というものだ。そして、このときのアドバイザー会議は、笑

いの渦に包まれた。ただ「おいしい食堂です」というだけのネタだったので、とても取材誘致には結び付かないと思われたからである。

　しかし、担当の方があまりに熱心にそのおいしさを説くので、さらにネタはないかと追加取材をお願いしたところ、平川市にあるこの食堂は、３代・百年にもわたって町の人に愛され続けてきていることが判明した。料亭や専門店ならまだしも、単なる大衆食堂が百年続くというのはただ事ではない。さらに取材を広げてもらうと、津軽地方には３・４代、百年近く続く食堂が10軒もあることが分かったのである。

　読売広告社のアドバイザーチームでは、こうした食堂に「津軽百年食堂」と命名した。そして、商標管理のスキームを持たない県に代わって読売広告社が「百年食堂」の商標権を取得し、パブリシティプロモーションを行うことになった。商標に「津軽」を付けなかったのは、普通名詞的に全国に広げることで、津軽の元祖・本場としての価値を一層高めたかったからである。

　結果、まず作家・森沢明夫さんが津軽の大衆食文化の物語に大変興味を示してくださり、小学館から小説「津軽百年食堂」の出版が実現した。続いて、映画プロデューサーの川阪実由貴さんが作品に惚れ込んで、大森一樹監督のもと映画「津軽百年食堂」が製作され、全国ロードショーが実現した。この小説〜映画化の流れは、その後「青森ドロップ・キッカーズ」、「ライアの祈り」という「青森三部作」へと続く。

　この他にも、雑誌「自遊人」の連載企画として作家・椎名誠さんが「津軽百年食堂」を訪ね、その味と町の人々との触れ合いをエッセイにしてくださった。また、少年画報社のコミック「思い出食堂」では、「津軽百年食堂」をはじめ「百年食堂」を舞台にした物語の連載が続いている。

　一連のプロモーションは、津軽各地の町の小さな食堂を観光コンテンツ化しただけでなく、廃業を考えていた食堂の継続にもつながり、また、地元住民の皆さんのシビックプライドにも結び付いたのである。

市井の人々に愛されている百年食堂、TV番組などの取材で頻繁に取り上げられる。

2 風間浦鮟鱇

　風間浦村は、マグロで有名な大間町の東隣、津軽海峡に面した下北半島の村である。主産業は林業と漁業、そして歴史ある下風呂温泉を中心とした観光業だ。人口は最盛期から半減し、2,000人を割り込んでしまったが、まちおこし活動は活発で、「下北ゆかい村」と称して下風呂温泉で「烏賊様レース」をはじめ多彩なイベントを開催し、観光客や地域の皆さんに喜ばれていた。

　漁業はスルメイカやウニ、昆布などが中心で、アンコウもよく獲れるのだが、どちらかといえば下魚扱いだった。地元の食文化に「とも和え（身をあん肝で和えた料理）」程度しかなく、漁獲は単に「青森県産アンコウ」として、茨城や東京などの消費地に低価格で送られていたのである。

　このアンコウを「ネタ」として読売広告社で開かれる「まるごと青森」アドバイザー会議に持ち込んだのは、「下北ゆかい村」を担当している県職員の方だった。「つまらない小ネタですが」と遠慮がちに出てきたのは、「アンコウの雪中切り」という話題だった。風間浦ではアンコウを吊し切りせずに、生きたまま雪の上でさばくから珍しいかもしれない、というのだ。

　これを聞いた食いしん坊のアドバイザーメンバーは色めき立った。底生魚であるアンコウは、普通は底引き網で漁獲されるので、生きたまま

浜に揚げられることはない。ところが、風間浦では延縄漁、しかも餌をつけない空釣りなので、常に「活アンコウ」が水揚げされ、他所ではめったに食べられない刺身で楽しめるというのである。2009（平成21）年のことだった。

　ここからの動きはスピーディーだった。TV番組をきっかけに、東京神田からアンコウの名店・いせ源の若旦那を呼んで、活締めの方法を伝授してもらった。ブランド化に取り組み、（ゆるキャラが設定されそうだったのを直前に食い止め、高級魚にふさわしい筆書きのロゴデザインに変えてもらったという一幕もあったけれど）「風間浦鮟鱇」という統一名称・統一表示が決定した。「まるごと青森」のチームは、いせ源でマスメディア向けの試食会を開催し、風間浦鮟鱇の名前を知ってもらう絶好の機会として大成功を収めた。県の水産総合研究所と各漁協は協力して、未成魚の再放流ルールや、時化に備えての陸上蓄養手法を確立した。これら総合的な取組の結果、2014（平成26）年には地域団体商標に登録されたのである。

　風間浦鮟鱇ブランド化の効果は、大きく分けて３つある。まず、物産としてのマーケティングの成功だ。チャネルの要求仕様を満たす半加工品の開発に、地元水産会社が熱心に取り組んだ結果、「風間浦あんこう鍋セット」が都心の高級デパ地下の定番商品となるなどして、浜値が飛躍的に上昇した。

　第２に、観光コンテンツとしての成功がある。下風呂温泉では「風間浦鮟鱇まつり」と称して、全ホテル・旅館が希少な刺身・寿司などを含むコース料理を提供するようになり、冬場の集客に成功した。

　第３に、やはりシビックプライドキャンペーンとしての効果があったと考える。高級食材の特産地として知名度も上がり、都内の一流店や高級スーパー・百貨店に卸される魚を扱う生産者も、生業に一層の誇りが持てるようになったのだから。

活アンコウを吊さずに雪の上でさばき、新鮮な刺身や鍋料理が地元で提供される。

3 〉 津軽半島浜小屋仕込み

　2016（平成28）年、北海道新幹線の新函館駅とともに開業した奥津軽いまべつ駅は、平均乗降客数が1日たったの60人。全国の新幹線駅の中でも最少である。開業に先立って、青森県の東青地域県民局（東津軽郡と青森市を対象エリアとする支庁）では、なんとか開業効果を得ようと様々な取組を進めていたが、地元の機運醸成を高めることに苦労していた。というのも、津軽半島東部の上磯地区（今別町、外ヶ浜町、蓬田村）は、県内で最も人口減少率が高く、さらには急激な高齢化が進むエリアであり、生業の中心である漁業と農業の人手・担い手不足により、新幹線駅の開業チャンスを活かした新たな取組をする余裕がない状況だった。

　そんな中で「津軽半島浜小屋仕込み」は、新駅・奥津軽いまべつで買えるお土産品を開発しようというプロジェクトだった。この地域ならではの目立ったお土産品がなく、あっても多くが地元産の商品を「青森土産」として販売していたからである。

　2014（平成26）年夏、外ヶ浜町で開催された「上磯のお土産を考える会」のキックオフミーティングは、いかにもこの地域らしいものだった。参加表明していた6事業者のうち、定刻に着席していたのはなんとたった1人だけ。県民局の担当職員の方が必死で電話をかけまくり、やっと

5人が集まったのである。

　それでも、回を重ねて3回も会えば、お互い気心が知れて意見を言い合えるようになる。ターニングポイントは、ネーミングとブランドデザインの決定だった。

　津軽半島は、知名度が高い割にはその実体があまり知られていない。石川さゆりの歌謡曲「津軽海峡冬景色」から思い浮かぶ、寒風吹きすさぶ最果てのイメージがあるだけである。それを逆手に取って、「津軽半島浜小屋仕込み」のネーミングで、素朴な浜小屋をシンボルに、次のようなタグラインを付けたのである。

　「津軽海峡冬景色でしか知らない、夏でも寒々した津軽半島。でも、心は熱く、魚はめぇぞー。」

　木版調のモノトーンで、縦書きにレイアウトした商品コピーも、意識的にぶっきらぼうな津軽弁にした。

　地元意識としては、潮風にさらされて並ぶ浜小屋は田舎っぽさや貧しさの象徴のように思えて、どちらかといえば隠したいものだったようだ。でも、このコンセプト／デザインを面白いと考えた事業者の皆さんの気持ちは積極的になり、2015（平成27）年夏には4社から7アイテムの商品の試験販売にこぎ着けることができた。

　青森市の県内土産セレクトショップで行ったテスト販売では、流通マージンを考慮して各社が想定した価格より2〜5割も高い値づけをしたにもかかわらず、販売結果は良好で、各社の商品増強や、新規事業者の増加に結び付いた。そして、2016（平成28）年の奥津軽いまべつ駅開業時には、7社・14アイテムの商品を、県内17店舗で正式発売することができたのである。

　現在は、県の事業予算が終了したにもかかわらず販売継続中で、更に新商品開発の動きも進んでいる。津軽半島ならではのお土産を販売するという事業者の意識が高まったからである。県内のお土産店等に限らず首都圏の小売店などにも販路を広げ、自治体以外の公的助成も得て、事

業拡大を通じて着実に「津軽半島」のシビックプライドを高めている。

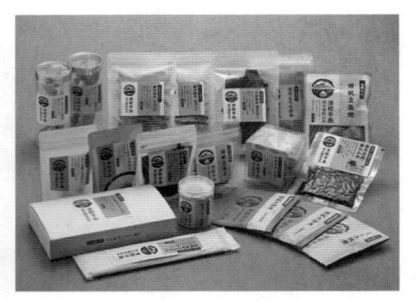

複数事業者の参加により既存商品を新しい統一ブランド「津軽半島浜小屋仕込み」により新商品化した。

4 ネブタ・スタイル

　ねぶたは、青森市のシビックプライドのシンボルであり、シティプロモーションのエンジンだ。ねぶた師は市民の尊敬を集め、子供たちのあこがれの的でもある。しかし現実には、決して恵まれた職業とはいえないのである。大型ねぶた作りは季節労働なので、一人前になるまで10年はかかるといわれる修行期間から、他に定職に就くことができない。一人前になってからも収入は限られ、かつては第一線のねぶた師でも、冬の間は出稼ぎに出たという。ネブタ・スタイルは、そんなねぶた師のお一人、竹浪比呂央さんとの出会いから生まれた、竹浪さんと読売広告社の共同事業である。

　竹浪さんは、2018（平成30）年、ねぶた大賞を受賞した第一線のねぶた師である。薬剤師として副収入を得ながら、2010（平成22）年に竹浪比呂央ねぶた研究所を設立。お弟子さんに給料を払って若手の育成に取り組み、国内外へのねぶた出陣や大学への出講なども積極的に行って、文化・芸術としてのねぶたの発展に取り組んでおられる。私たちは、そんな竹浪さんの情熱とお人柄に惚れ込み、何とかお手伝いはできないか

と考えた。そして、ねぶたから世界に通用するデザインプロジェクトを、という思いに至ったのである。

「紙と灯りの造形」としてのねぶたは、技術と感性の両面で、独自のデザインスタイルを持っている。これをプロダクトとして世界市場に展開していくことで、若手ねぶた師に生活基盤を提供しながら、ねぶたの魅力を世界に広められるはずだ。——志は大きく、でも、実行は一歩一歩の積み重ねで。

2014（平成26）年、最初に発売したのは、「KAKERA」と銘打ったインテリア照明シリーズだった。大型ねぶたは、祭りが終わると廃棄されてしまう運命にある。その彩色和紙「ねぶたのかけら」を切り取って、インテリア照明に作り込んだものだ。ねぶたの三大技法「墨跡」「蝋引」「彩色」が全てそろった美しいパートを厳選して手作りするため、1台の大型ねぶたから最大でも300個しか作れないのだが、第一線のデザイナーとのコラボ作品とした結果、市場で高い評価を受けることができた。これを受けて、同じインテリア照明でもねぶたのデザインパターンを活かすことで量産できる「ねぶたらんぷ」や、様々な地域デザイン雑貨へと商品ラインナップを広げ、2015（平成27）年には竹浪比呂央さんと読売広告社とで、ネブタ・スタイル有限責任事業組合（LLP）を立ち上げることができた。

2018（平成30）年で4期目を迎えたLLPは、幸いにも無事に成長を続けている。私たちはこのプロジェクトを通じて、通常、広告会社では経験することのできない、メーカーとしての楽しさや苦しさを経験することができた。そして、消費者ニーズを考えながらも、ねぶた師の皆さんを支えるという両輪での事業を続けることで、経済的価値だけでなく、新たな価値を生むことができる喜びと誇りを感じている。今後は、より多くのねぶた師さんや修行中の若手の参画を呼び込みながら、青森市から世界に発信するプロジェクトとして、大きく育てていきたいと考えている。

NEBUTA STYLE

実際に運行したねぶたから切り取った彩色和紙をアップサイクルしたインテリア照明「KAKERA」

読売広告社 ひとまちみらい研究センター　**上野 昭彦**

＞ はじめに

　近年「シビックプライド」という言葉が、シティプロモーションの文脈で使用されることが増えてきている。第1章で説明されているように、本来「シビックプライド」はシティプロモーションの範疇に収まらない大きな概念である。

　しかし、自治体同士の競争が激しくなり、人口の急速な減少や高齢人口比率の増加によって定住人口の維持拡大が難しくなってきている中で、シビックプライドがシティプロモーションの「目的」として便利に使用されているのが現状である。

　一方で、そのシビックプライドをどのように測定するか、シビックプライドの効果、自治体の施策との関係などについては明確な定義や説明はされていないことが多い。「シビックプライド」を一時の流行として終わらせるのではなく、シティプロモーション事業とともに今後もきちんと根付かせていくために、シビックプライド事業の推進と共に、シビックプライドという概念の解明や効果について明らかにしていく必要がある。

　本章では、読売広告社がシビックプライドについて初めて行った調査（2007（平成19）年）から最新のシビックプライド・ランキング調査（2018（平成30）年）まで、これまで取り組んできた調査の考え方や得られた知見の一部について紹介していく。

1 ＞ シビックプライドの「見える化」

1）シビックプライド・プレリサーチと基本指標

　シビックプライド研究会では、2008（平成20）年に「シビックプライ

ド——都市のコミュニケーションをデザインする」を出版する前に、テスト・マーケティング的なセミナーを行うなど、地方自治体やまちづくりに関係する人々の意見を聞きながら、「日本らしいシビックプライド」の形を模索していった。シビックプライドの事例が海外中心である中で、日本の自治体のシビックプライドの構造を探るために行われたのが、同書で紹介されている「シビックプライド・プレリサーチ」であり、これが今現在に至るシビックプライド調査の原型となっている。

　プレリサーチは函館市、高松市、新潟市、幕張ベイタウンの３自治体＋１エリアの居住者を対象として実施された（図１）。エリア選定に当たっては、実験調査ということもあり、それぞれのエリアに特徴があることと、シビックプライド研究会のメンバーが熟知していることを基準に函館市、高松市、新潟市を選定した。幕張ベイタウンは、千葉県千葉市美浜区内の集合住宅群であり、このエリアだけ自治体よりも狭い範囲で調査を行っている。1990年代半ばに埋立地に誕生した幕張ベイタウンは、美しい街並みや住民参加があるエリアとして2006（平成18）年当時、大変注目されていた。プレリサーチの解釈を容易にするために、こうした特徴のあるエリアを対象として加えたものである。

図1　シビックプライド・プレリサーチの調査概要

調査	シビックプライド・プレリサーチ
調査対象都市	函館市、高松市、新潟市、幕張ベイタウン
調査方法	インターネットを利用したアンケート調査
調査対象者	男女30〜59歳の個人
実査時期	2007年９月
主な分析手法	共分散構造分析／CHAIDによる決定木分析

出典：「シビックプライド——都市のコミュニケーションをデザインする」
（宣伝会議2008年　監修：伊藤香織＋紫牟田伸子）を基に作成

　この４地区を対象に行われたプレリサーチでは、それまでの議論を基に、シビックプライドを構成する人々の感情として、以下の指標を取り

上げている。

① （自分のまちに対する）「愛着」「誇り」「共感」

② 今後もこのまちに住み続けたい（継続居住意向）

③ このまちを人に勧めたい（他者推奨意向）

　シビックプライドの主要な概念である「愛着」「誇り」「共感」が、今後もまちに住み続けたいと思う「継続居住意向」や住むまちを人に勧めたいと思う「他者推奨意向」にどの程度の影響を及ぼすか、また、それぞれの指標を醸成する「街に対する評価やイメージ」（都市に存在する様々なモノ、都市が提供するサービスや喚起されるイメージといったコト）との関係について分析を行い、それぞれの指標がどのように結び付いているのか、図2のようなモデル化を行った。

図2　シビックプライド分析モデル（全体構造）

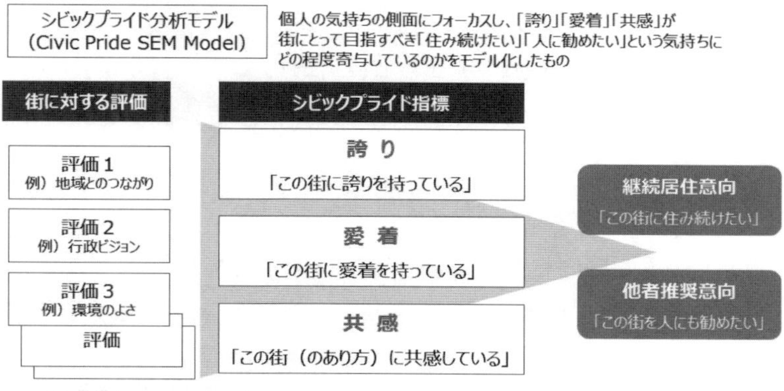

シビックプライド分析モデル（Civic Pride SEM Model）
個人の気持ちの側面にフォーカスし、「誇り」「愛着」「共感」が街にとって目指すべき「住み続けたい」「人に勧めたい」という気持ちにどの程度寄与しているのかをモデル化したもの

街に対する評価

評価1　例）地域とのつながり
評価2　例）行政ビジョン
評価3　例）環境のよさ
評価

シビックプライド指標

誇り　「この街に誇りを持っている」
愛着　「この街に愛着を持っている」
共感　「この街（のあり方）に共感している」

継続居住意向　「この街に住み続けたい」
他者推奨意向　「この街を人にも勧めたい」

共分散構造分析の結果を図式化

出典：プレリサーチ（2007）の結果を基に読売広告社作成

　この4地区の結果では、シビックプライドの構成要素である「誇り」「愛着」「共感」が直接的・間接的に『継続居住意向』『他者推奨意向』につながっているといった全体構造が見られた。この構造の中で重要なポイントとしては、図3のように、

① 特に「誇り」が「愛着」や「共感」を下支えする

② 「愛着」は「街に住み続けたい」ことへの影響が強い

③ 「誇り」は「人に勧めたい」ことへの影響が強い

という関係性が見られることが挙げられる。

図3　シビックプライド　主要な指標の関係

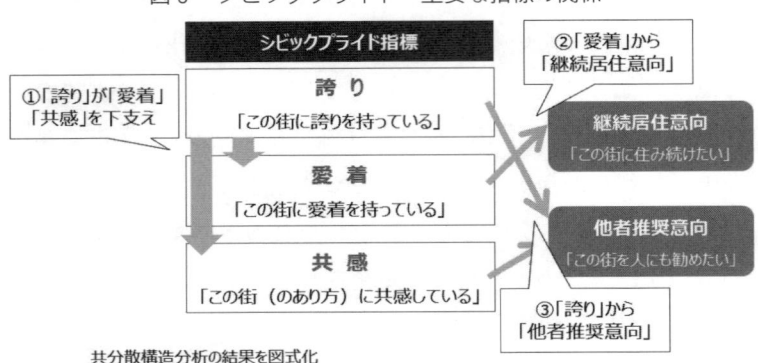

共分散構造分析の結果を図式化

出典：プレリサーチ（2007）の結果を基に読売広告社作成

　「誇り」が下支えするということは、自分のまちに誇りを持つことによって、まちに対する「愛着」「共感」の感情が更に高まる、ということである。住民のまちに対する「愛着」や「共感」だけを引き上げることに注力するのではなく、「誇り」の感情を引き上げることで、シビックプライドがより堅固になるという可能性を示している。一方で、自治体が指標とする定住人口の維持と直接的な関係のある「継続居住意向」は「愛着」と、口コミにつながる「他者推奨意向」については「共感」と、それぞれ強い結び付きがあり、これらの指標がシティプロモーションの観点から見ても非常に重要であることが分かる。

2）東京50キロ圏を対象としたCANVASS-ACR調査（2015（平成27）年）

　「シビックプライド（2008（平成20）年）」の出版以降、読売広告社はシビックプライド研究会への参加を軸に、主にデベロッパー（土地やま

ちを開発する不動産会社）など住関連マーケティングの領域にシビック
プライドの概念を活用してきた。指標づくりの相談など自治体からの問
合せも多数入ってきたものの、セミナー、ワークショップ、パネルディ
スカッションへの参加、若しくは調査に関する情報共有、アドバイスな
どの活動中心であり、自治体向けの提案・コンサルティングに積極的な
活用をする機会は限られていた。

　しかし、2015（平成27）年に改めて得意先（デベロッパー）からシ
ビックプライド・リサーチに関する相談が入り、大型開発の進むエリア
を中心に住民に対するシビックプライド調査を実施することになった。
この調査を契機に、社内外の関係者とシビックプライド（リサーチ）に
ついて意見交換を行ったところ、シビックプライドを測定、構造化する
リサーチに対する期待が大きいことを改めて感じた。そのため、読売広
告社内で自主調査・研究を担当するＲ＆Ｄ局を中心に、2015（平成27）
年に改めてシビックプライド・リサーチへの取組を本格再開することと
なった。

　シビックプライド・リサーチに新たに取り組むに当たり、調査の母体
としてビデオリサーチ社の実施する生活者調査ACR／ex（エーシーアー
ルエクス）を活用した。ACR／exはインターネットパネルによるウェ
ブ調査ではなく、調査員による訪問によって生活者を１年間パネル化す
る仕組みとなっており、全国７地区で調査を行っている。

図4　CANVASS-ACR調査（2015（平成27）年）　調査概要

調査	CANVASS-ACR
調査機関	ビデオリサーチ社 （同社の独自調査ACRのパネルに対する追加調査）
調査エリアおよび 標本数	東京50km圏：4,800 S （ACR／exは全国７地区実施　合計10,700 S ）
対象者抽出方法	ARS（エリア・ランダム・サンプリング） ※調査対象者の無作為抽出、インターネット非利用者も 　含む市場全体を母集団とする設計

調査方法	訪問による調査対象者説得、電子調査票による調査（回答専用端末を貸与）
調査対象者	男女12〜69歳の個人
調査依頼期間／実査時期	1年間のパネル化／2015年12月

出典：CANVASSニュースリリース

　読売広告社では、このパネルのうち東京50キロ圏の4,800名を対象として2015（平成27）年12月に「まち」と「住まい」に関する調査を実施した。その結果は、『都市生活者の居住エリアによる特性分析を可能とするCANVASS-ACR調査（略称：CANVASS-ACR調査）』という名称で発表している（図4）。

　本調査では、①プレリサーチで実施した「シビックプライド・モデル」を、より代表性のある調査設計（東京50キロ圏／訪問調査）で再確認すること、②実験的に各指標別の自治体ランキングを比較検討すること、の2つを目的とした。2007（平成19）年に実施したプレリサーチのモデルで示した「愛着」「共感」「誇り」は、それぞれの指標に関する幾つかの項目をまとめた概念であるが、今回のランキングについては「（あなたが現在住んでいるまちに）愛着を持っている／誇りを感じる／共感を感じる」の3項目＋「継続居住意向」「他者推奨意向」の5項目を得点化し、自治体別に並べ替えたものとなっている。

　調査設計上、自治体別の均等割付は行っていないため、人口が多いエリアのサンプルが多く、少ないエリアのサンプルは少ない構成となっている。また、性年代の割付については、各調査地点ごとに人口構成に近付けているが、回収サンプル数の問題で偏っているエリアも見られる。この調査は、地点別にランキング化する最初のトライアルとして、1地点20サンプル以上回収できているエリアのみをランキング対象とした。

3）調査からの発見、課題(1)ランキングから

　ランキングについては、各指標の上位10位までを掲載する（図5）。

初めて実際の自治体別のランキングを算出した結果、「愛着」と「推奨」では住みたいまちとして人気の高い吉祥寺を含む武蔵野市が第1位、「誇り」では歴史遺跡が多く古都とも称される鎌倉市が第1位、そして「継続居住意向」では平均所得が高く、高級物件も集中する港区が第1位になるなど、上位の顔ぶれは一般的にも評価の高いエリアが並んでおり、大きな違和感がないランキングの結果となった。

　一方で、解釈が難しい自治体の名前も幾つか見られた。例えば、「共感」第1位となった戸田市については、シビックプライド・リサーチ担当チーム内でも「東京に隣接しているベッドタウン」といった程度の認識しか持っていなかったため、戸田市が住民から高く評価される要素を持っているのか、発表前に議論の対象となった。しかし、上位にランキングしている自治体について改めて情報を集めてみると、一般的な評価が高いエリア以外でも住民向けの施策を活発に行っている自治体が多く、そのような活動がきちんと住民の評価につながっていると結論付けた。そうした分析を踏まえ、この調査の結果（ランキング）を2016（平成28）年にニュースリリースとして発表を行った。

図5　CANVASS-ACR　シビックプライド・ランキング（2015）

愛着

1	東京都	武蔵野市
2	東京都	渋谷区
3	千葉県	習志野市
3	埼玉県	さいたま市 緑区
5	神奈川県	鎌倉市
6	埼玉県	新座市
7	東京都	調布市
8	埼玉県	さいたま市 北区
9	東京都	中野区
9	神奈川県	川崎市 中原区

共感

1	埼玉県	戸田市
2	東京都	武蔵野市
3	神奈川県	横浜市 都筑区
4	神奈川県	横浜市 金沢区
5	東京都	調布市
6	東京都	杉並区
7	東京都	府中市
8	東京都	港区
9	東京都	世田谷区
10	埼玉県	さいたま市 緑区

誇り

1	神奈川県	鎌倉市
2	東京都	武蔵野市
3	神奈川県	藤沢市
4	埼玉県	戸田市
5	神奈川県	横浜市 都筑区
6	神奈川県	横浜市 金沢区
7	東京都	港区
8	神奈川県	茅ヶ崎市
9	神奈川県	横浜市 中区
10	東京都	渋谷区

継続居住意向

1	東京都	港区
2	神奈川県	鎌倉市
3	東京都	渋谷区
4	埼玉県	東松山市
5	埼玉県	さいたま市 緑区
6	東京都	中野区
7	東京都	武蔵野市
8	神奈川県	川崎市 中原区
9	神奈川県	茅ヶ崎市
10	神奈川県	横浜市 青葉区

他者推奨意向

1	東京都	武蔵野市
2	神奈川県	横浜市 都筑区
3	東京都	北区
4	埼玉県	戸田市
5	東京都	中野区
6	東京都	品川区
7	神奈川県	横浜市 金沢区
8	東京都	目黒区
9	神奈川県	鎌倉市
10	東京都	小金井市

東京50キロ圏対象
91市区町村内での順位

出典：CANVASSニュースリリース

結果発表後、戸田市政策秘書室に対してインタビューを行ったところ、戸田市は積極的なシティセールス施策実行により、人口増加率が全国第7位（2015年国勢調査）、埼玉県内で一番平均年齢が低いという、極めて優良な自治体であることが確認できた（図6）。また、調査当時は「市制施行50周年記念事業」の準備が行われていた時期でもあり、「市民がキャスト」を合言葉に、式典や祭りの準備はもちろん、事業の予算編成も含めて市民が参画していたという。こうした事業による戸田市に対する期待感や、まちづくりに参画している実感が、シビックプライドの各指標にダイレクトに反映されていた可能性もある。

図6　戸田市のポイント

【共感１位　戸田市のポイント】

人口増加率　全国第７位
2015年国勢調査では人口増加率10.6%
2035年まで推計予想を上回るペースで増加

埼玉県内の類似自治体を圧倒
人口増加、平均年齢の低さは県内一

市制施行50周年記念事業
「市民がキャスト」を合言葉に
公募による市民参画で企画・運営を推進

出典：CANVASS REPORT 2017を基に作成（一部抜粋、簡略化）

　この調査発表を契機として、読売広告社と戸田市は、2018（平成30）年1月25日に「シビックプライド領域における共同研究に関する協定書」を締結した。同協定では、「シビックプライド分野での共同研究により、社会に貢献し、地域社会の発展および市民サービスの向上に寄与する」ことが目的として記されている。同研究においては、シビックプライド・ランキングの上位に位置した戸田市をモデルに、読売広告社の

シビックプライドに関する知見と戸田市が保有するデータ、施策などの情報を持ち寄り、「シビックプライド向上がもたらす効果」「シビックプライド向上の手段・方法」を研究することになっている（詳細は、本章「シビックプライド・共同研究への取組から——戸田市・シビックプライド共感1位（2015）の背景——」の項を参照のこと。）。

　今回の調査は、あくまで「居住者」に対して行われているものである。そのため、認知度の高い自治体が上位になる各種の地域ランキングとは異なり、住民内での評価が高ければ知名度で劣る自治体が上位に入ることもあり得る。一方、本来のシビックプライドの定義にのっとれば、関係人口なども含めて評価が必要という考え方もある。ただし、関係人口など居住者以外も含めた場合、関係性の濃淡によって評価が大きく異なってくる可能性もあり、また、広範囲を対象とした調査では設計上限界が出てくる。今回のようなランキングや調査の結果を比較、参考材料としながら、理想としては各自治体ごとにシビックプライドの測定を行うべきであろう。

4）調査からの発見、課題(2)シビックプライド分析モデルから

　調査のもう1つの目的は、プレリサーチで作成した「シビックプライド分析モデル（図2）」が、東京50キロ圏という広域かつ大規模な調査結果で再現できるか（同じような結果になるか）、というものである。今回の調査（2015（平成27）年12月）のデータで改めてモデルの再確認をしたところ、全体の構造（指標や項目の関係性）は、ほぼ同様の結果であることが確認された。すなわち、「誇り」「愛着」「共感」といったようなシビックプライド指標と「継続居住意向」「他者推奨意向」は、東京50キロ圏においてもプレリサーチで見られたような関係性にあることが分かった。

　一方で、東京50キロ圏には多様な自治体が含まれていることから、地域の固まり別にモデルの比較をしたところ、50キロ圏全体のモデルより

も、例えば東京城南周辺エリア（渋谷・世田谷・目黒・品川・大田区）といった地域別のモデルの方が安定するという結果が得られた。これは、東京50キロ圏という多様なエリアを包括的に見るよりも、城南エリア、城西エリアなど、近接する（＝特徴が比較的類似している）地域別に分析する方がシビックプライド構造が明確になる、という可能性を示している。すなわち、シビックプライドの関係の強弱が「エリア特性（地域、自治体）」「居住者特性」によって違いがあることが考えられるため、図2で示したような基本的なモデルを基にしながらも、地域特性や自治体の特性を踏まえた上で調査分析することが求められる。

　今回は、ビデオリサーチ社が実施しているACR／exへの追加調査ということで、調査項目数の制約もあった。こうした調査で得られた発見、疑問点をより深く分析するために、読売広告社では2016（平成28）年9月の自主調査において、自治体の特性（人口、エリア等）を意識した分析を行った。

2 ＞ 都市の人口増加率と居住年数によるシビックプライドの差違

1）自治体の特性別のシビックプライド

　CANVASS-ACR調査（2015（平成27）年）の発表後、自治体やシティプロモーションに携わる関係者からの問合せがあり、様々な議論をする機会が増加した。その過程で得られたことは、人口減少時代を迎える日本において「どのように人口維持・確保していくか」ということを各自治体とも主要なテーマとして真剣に考えている、という事実である。シビックプライドもその文脈の中で注目されている、ということを改めて認識した。

　人口が減少している自治体はもちろん、人口増自治体、例えば都心部やベッドタウンなど再開発で人口が増加しているエリアにしても、新しく入ってきた住民（新住民）と、従来から住んでいる住民（旧住民）との間ではまちへの関与度も大きな違いがあり、各自治体とも融合に苦労

しているという話を聞くことが多い。こうした旧住民と新住民の融合は、まちづくりに大きな影響を与えるポイントでもあり、人口減少を前提とした社会の中では、転入してくる新住民の定着、定住のためにも、当事者意識を持ってまちに関わるシビックプライドのような概念が更に重要になってくるといえる。

そのような議論をもとに、2016（平成28）年に実施した調査では「自治体の人口増減」と「住民の居住歴」を切り口にシビックプライド分析を実施した。

実施に当たっては、読売広告社が実施している首都圏を対象とした「生活者調査CANVASS」を利用している。生活者調査CANVASSは、読売広告社が「都市生活者データベースの拡充」のために1999（平成11）年から毎年実施しているオリジナル調査で、生活満足度から衣食住情報など生活の多岐にわたる分野についての意識、態度を聴取しているものである。調査実施エリアは首都圏30キロ圏、13歳から79歳までの幅広い年代を網羅し、訪問留置法で行っている（図7）。

図7　生活者調査CANVASS（2016（平成28）年）　調査概要

調査	生活者調査CANVASS
調査機関	行動科学研究所
調査エリアおよび標本数	東京30km圏：1,480Ｓ
対象者抽出方法	エリア・サンプリング
調査方法	留置法
調査対象者	男女13〜79歳の個人
調査依頼期間／実査時期	2016年9月〜10月

出典：読売広告社作成

2）エリアの人口減少率と住民の居住年数

前回の調査結果を踏まえ、自治体の特性（人口増減）、住民の特徴（居住歴）を分析に加えるために調査対象者全員（1,480人）を、

① 「住んでいるまちでの居住歴」

② 「住んでいるまちの人口の増減」

の2軸で分類した（図8）。人口増加率は、市区町村別2006（平成18）年人口をベースに2016（平成28）年の10年間での増加率を算出した（いずれも住民基本台帳ベース、1月1日付け）。今回の調査は東京30キロ圏対象のため、実査時期に人口が減少している自治体があまり多くなかった。そのため、増加率を機械的に分割した分類を作成し、便宜的に増加7パーセント未満を人口増加率の低いエリア（人口減エリア）、9パーセント以上を増加率の高いエリア（人口増エリア）、と定義している。

　居住年数についても同様に、質問項目からサンプルがほぼ均等になるバランスを勘案して、居住歴12年未満を居住歴の浅い「新住民」、居住歴30年以上を居住歴の長い「旧住民」として分類した。

図8　居住歴と人口増加率の2軸による分類

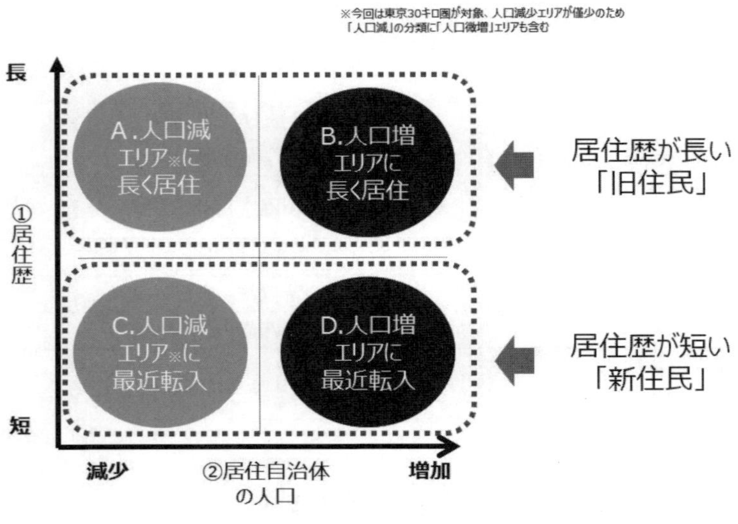

出典：CANVASS REPORT 2017を基に作成（一部抜粋、簡略化）

3）居住年数、居住エリアの人口増減とシビックプライド

　まず居住年数によってまちへの評価が変わるのか、について分析を行った。「自分が住んでいるまちについての評価（愛着、共感、親しみなど）」を聞いた設問のうち、幾つかの項目で居住年数別に特徴が見られた。居住歴の長い「旧住民」、居住歴の短い「新住民」がそれぞれ高く評価している項目を表したものが図9である。

図9　居住年数別のまちへの評価

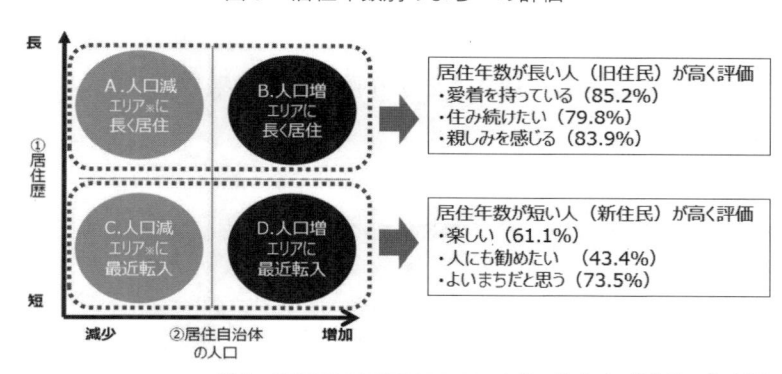

出典：CANVASS REPORT 2017を基に作成（一部抜粋、簡略化）

　古くからまちに住む「旧住民（A＋B）」は、「愛着を持っている」「住み続けたい」「親しみを感じる」など、まちに対する"愛着"と"継続居住意向"に関する項目のスコアが新住民と比較して高くなっている。一方で、居住年数が短い「新住民（C＋D）」では、「楽しい」「人に勧めたい」「よいまちだと思う」といったまちへの"共感"と"他者推奨意向"項目のスコアが旧住民よりやや高めとなっている。旧住民は住み続けることによってまちへの"愛着"が蓄積され、新住民はやや客観的な視点も備えたまちへの感情が高くなっている、という違いが見られた。

　次に、図8の「居住歴」×「人口増減」の分類（A〜D）別に同じく「まちへの意識」を比較したのが図10のグラフである。注目すべきポイントとしては、次の3点が挙げられる。

① 居住歴の長い旧住民では、人口増加率の高いエリアに住んでいる
　方が「まちへの評価」が高くなる（AとBの比較）

② 居住歴の短い新住民では、人口増加率が低いエリアの方が「まち
　への評価」が高くなる　（CとDの比較）

③ 人口増加率が低いエリア内で比較した場合、新旧住民の評価は大
　きく変わらない（AとCの比較）

　人口増エリア（BとD）では、新旧住民のまちへの評価（シビックプ
ライドの形成）に差が見られるのに対し、人口減エリア（AとC）では
新旧住民の評価の差は少なく、転入してきた居住歴の浅い新住民も旧住
民同様にまちを評価していることがうかがえる結果となった。

図10　人口増加率×居住年数による違い

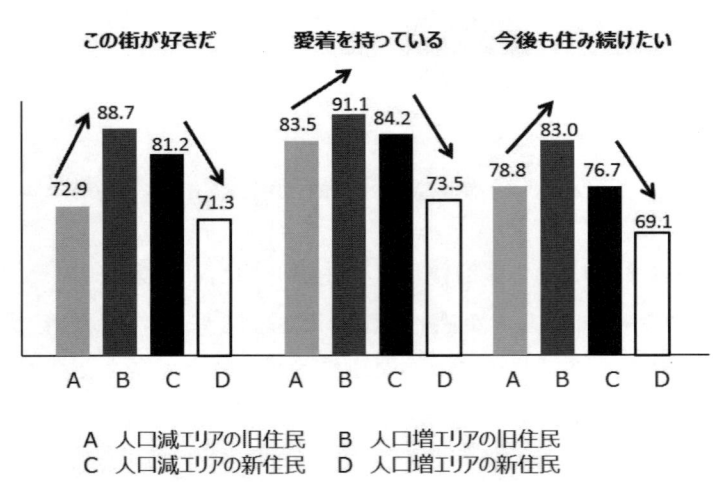

A　人口減エリアの旧住民　　B　人口増エリアの旧住民
C　人口減エリアの新住民　　D　人口増エリアの新住民

出典：CANVASS REPORT 2017を基に作成（一部抜粋、簡略化）

4）モデルで見るシビックプライド　首都圏全体と人口増エリア

　次に、第三章の冒頭で提示したシビックプライド・モデルをベースに
した分析について紹介する。今回の分析では、調査対象全体の分析結果
に加え、先ほどの「人口増加率×居住年数」の視点を加えた結果につい

ても紹介していく。モデルは多数の項目を使用しているため、本稿では要素を簡略化し、各図で関連の強いまちへの評価項目だけを示している。評価項目については、分析の結果、図11のような因子にまとめた。

図11　街への評価項目（因子）

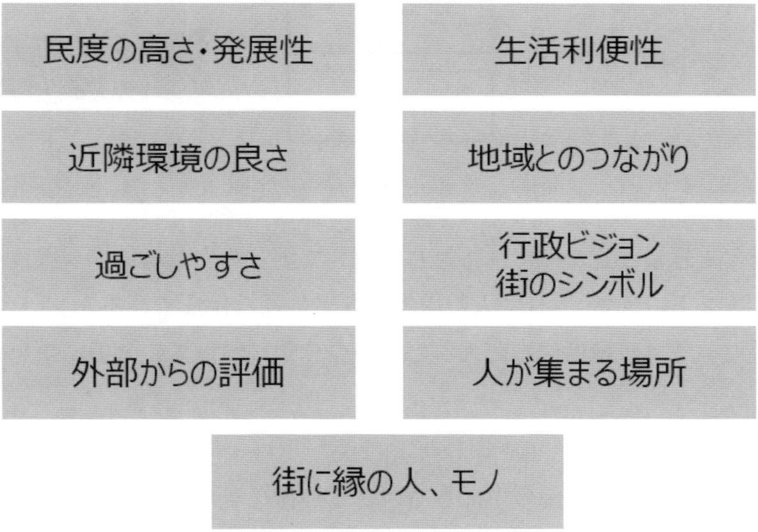

民度の高さ・発展性	生活利便性
近隣環境の良さ	地域とのつながり
過ごしやすさ	行政ビジョン 街のシンボル
外部からの評価	人が集まる場所
街に縁の人、モノ	

出典：CANVASS REPORT 2017を基に作成（一部抜粋、簡略化）

　まず東京30キロ圏の調査対象全体（ｎ＝1480）で分析した結果（図12）を見ると、まちに対する誇り・愛着・共感にプラスの影響が強いのは、まちに対する評価の中でも「過ごしやすさ」「地域とのつながり」や「近隣環境の良さ」といったイメージであった。東京30キロ圏全体で見ると、こうしたイメージが強ければまちに対する愛着なども強くなる、という関係を示している。また、まちに対する愛着は継続居住意向に、誇り・共感は他者推奨意向にそれぞれ影響している。自分の住んでいるまちの過ごしやすさ、地域とのつながりが「愛着」を生み、それが「住み続けたい」という気持ちにつながっている、という構造である。

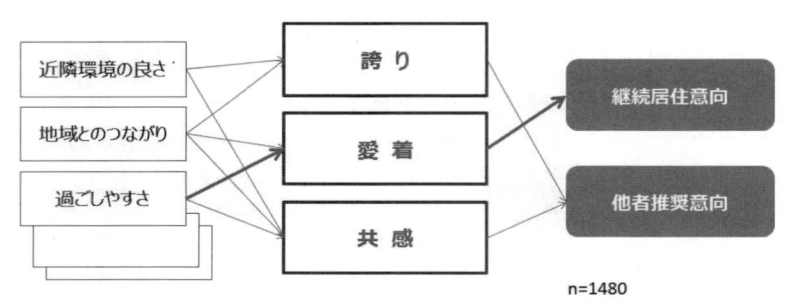

図12　シビックプライド・モデル

全対象者 モデル

出典：CANVASS REPORT 2017を基に作成（一部抜粋、簡略化）

　全体を対象としたモデルに対し、図8で示した人口増加率×居住歴の
セグメントのうち、「B：人口増加エリアに長く住んでいる人」「D：人
口増加エリアに最近住んだ人」の2つの分類についての分析結果を紹介
する。

　「B：人口増加エリア×旧住民」のモデルは、比較的人口が増加傾向
にあった東京30キロ圏の中でも特に新しい住民が増えているエリアの従
来からの住民の分類である。転入者が増える中で、新旧住民の融合が自
治体のテーマの1つとなっていると考えられるが、そうしたエリアに長
く住んでいる人（旧住民）のシビックプライド構造モデルは次のように
なる（図13）。全体モデルに比べると、「近隣環境の良さ」「地域とのつ
ながり」「過ごしやすさ」などが「誇り」「愛着」「共感」に強くプラス
に働いており、人口増エリアの旧住民は様々な要素から強くシビックプ
ライドを感じている、という関係性が見てとれる。一方で、「民度の高
さ・発展性」が「愛着」に対してマイナスに効いているのが特徴的であ
る。まちが便利に発展し、人口が増えていく（いろいろな人が転入して
くる）ことが、古くからの住民にとっては「自分のまち」という「愛
着」の希薄化につながっている、という可能性も考えられる結果となっ
ている。

図13　B：人口増エリア・旧住民モデル

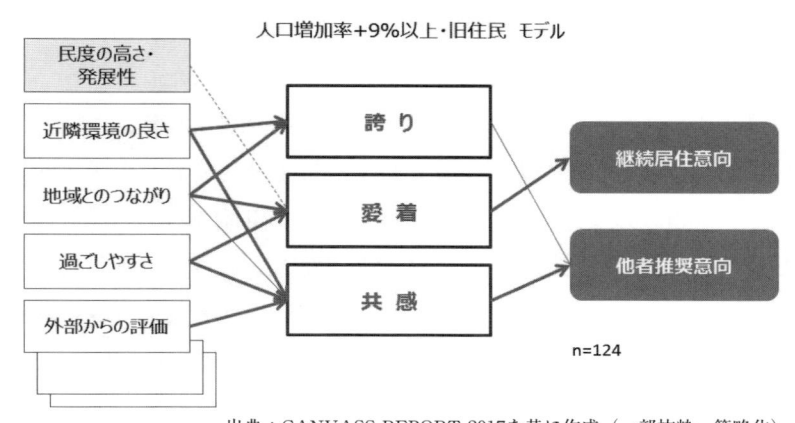

人口増加率+9%以上・旧住民　モデル

民度の高さ・発展性	
近隣環境の良さ	誇り
地域とのつながり	愛着
過ごしやすさ	共感
外部からの評価	

継続居住意向

他者推奨意向

n=124

出典：CANVASS REPORT 2017を基に作成（一部抜粋、簡略化）

図14　D：人口増エリア・新住民モデル

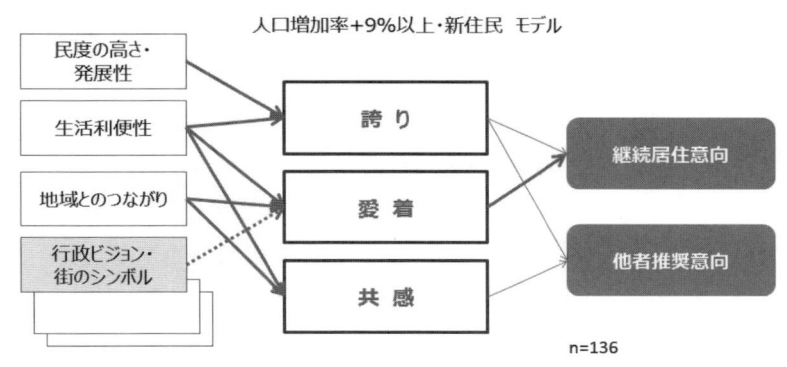

人口増加率+9%以上・新住民　モデル

民度の高さ・発展性	
生活利便性	誇り
地域とのつながり	愛着
行政ビジョン・街のシンボル	共感

継続居住意向

他者推奨意向

n=136

出典：CANVASS REPORT 2017を基に作成（一部抜粋、簡略化）

　「D：人口増加エリア×新住民」のモデルは、同じく人口増加エリアに比較的最近転入してきた人（新住民）だけを抜き出したモデル（図14）である。「生活利便性」「地域とのつながり」への評価がシビックプライド、特に愛着に強く結び付いている。一方で、同じ人口増加エリアの住民でも、旧住民のモデルとは異なり「行政ビジョン・街のシンボル」から「愛着」に対してマイナスの影響が見られた。まちが大きく発展している人口増加エリアであっても、比較的新しく移り住んできた住

民にとっては、行政ビジョンといった行政側の取組は響いておらず、まちそのものの利便性や地域とのつながりなど、民間や住民同士の取組がシビックプライドの醸成に影響している傾向が見られた。

　人口増加エリアにおいては、新住民はまちの発展（利便性）などに期待して転入しているものの、旧住民は発展によってまちへの愛着が薄れる、という逆転現象も生じている。一方で、新旧住民共に、「地域とのつながり」によってシビックプライドが高まるという関係も見られている。このような人口増エリアにおいては、行政自体のビジョンや直接的な情報発信よりも、いかに地域でのつながりを（新旧住民問わない形で）つくっていけるか、がポイントになるとも考えられる。

5）分析結果のまとめ

　居住歴や自治体の人口増減を切り口にしたこの調査の結果から、以下のようなポイントが挙げられる（図15）。

図15　シビックプライド向上に向けて注目したいキーファクター

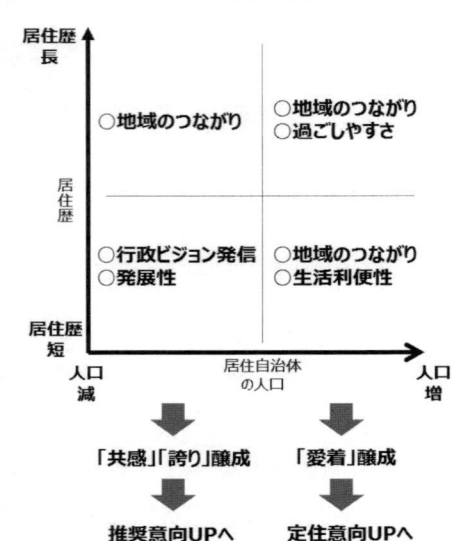

出典：CANVASS REPORT 2017

・「愛着」や「親しみ」、「住み続けたいと思う」といったまちに対する感情は、居住歴の長さによって醸成される傾向が強く、まちでの自らの関わりや地縁によるものと考えられる。

・一方で、「まちにいて楽しいと思う」ことや「よいまちだと思う」といったまちそのものに対する評価は、居住歴が浅い方が強い傾向にある。

・モデルの結果を見ると、旧住民においては、人口増加率の高低にかかわらず、地域とのつながりが濃い住民の方が誇りを醸成しやすいという傾向も見られた。

・新住民の傾向に人口増加率を掛け合わせると、新住民でも増加率が高くないエリアでは、行政のビジョンが伝わることでまちへの誇りや共感につながっていることが分かった。[※]

全体モデルにあるように、誇りや共感はまちを人に推奨する意向に大きく寄与しており、これからの人口自然減・都市間競争の時代に流入人口を維持・増加していくために不可欠な要素と考えられる。人口増加率がそれほど高くないエリアにおいては、行政が正しく情報発信をしてビジョンを伝えて住民を呼び込み、住民からも「良いまちだ」と勧めてもらうサイクルをつくり出していく努力をすることがポイントになるのではないか。また、住む人（住み続ける人）の誇りを醸成するためには、意図的に住民同士のつながりを増やす場所や機能を増やしていくということが必要ではないだろうか。

本章の調査は、読売広告社が定点調査として行っている「生活者調査

※　構成の都合上、基になった分析内容について本項では触れていない。本章の分析内容は、読売広告社発行の「CANVASS REPORT 2017　都市生活者のシビックプライドとシティプロモーション」（2018（平成30）年2月）を一部抜粋した内容となっている。詳しくは、同冊子をご覧いただきたい。
〈問合せ〉　株式会社読売広告社　R＆D局
　　　　　　Civic Pride Research チーム：上野、関、齋藤
　　　　　　メール：cpride-rg@yomiko.co.jp

CANVASS」にシビックプライド項目を加えて分析した結果であり、調査対象エリアはいまだ人口増加が続いている東京近郊を中心としたものである。分析軸として「人口減少」を設定しているものの、人口が減っているエリアの特徴を正確に表したものではない。自治体の実態に近い構造を分析するために、関東、関西の人口10万人以上の自治体を対象とした、より広範な調査を2018（平成30）年3月に実施した。

3 ＞ シビックプライド・リサーチ2018と自治体ランキング

1）人口10万人以上の自治体を対象とした最新調査

本項では、読売広告社が2018（平成30）年3月に実施した最新のシビックプライド・リサーチの結果を紹介していく。過去のリサーチの調査対象は、新潟など4都市（エリア）対象（2008（平成20）年）、東京50キロ圏（2015（平成27）年）、東京30キロ圏（2016（平成28）年）と、当初の実験的なプレリサーチを除くと「東京」エリア中心で実施されている。今回紹介する最新の調査では、より広域での調査を行うことで、「人口減少自治体」など様々な環境に置かれている自治体を広く分析できるよう想定して調査設計を行った。

対象とする都市は、関東（1都6県）及び関西（2府4県）の人口10万人以上の151自治体とした（図16）。これら自治体に居住する20〜50代の男女8,487名に対して2018（平成30）年3月にインターネットによる調査を行った（図17）。なお、今回の調査は生産年齢人口の中心となる年代を対象としている。

図16　シビックプライド・リサーチ2018　対象自治体

茨城県	東京都23区	東京都市部	埼玉県	千葉県	神奈川県	滋賀県	大阪府	兵庫県
水戸市	中央区	八王子市	さいたま市	千葉市	横浜市	大津市	大阪市	神戸市
つくば市	港区	町田市	川口市	船橋市	川崎市	草津市	堺市	姫路市
日立市	新宿区	府中市	川越市	松戸市	相模原市	長浜市	東大阪市	西宮市
ひたちなか	文京区	調布市	所沢市	市川市	藤沢市	東近江市	枚方市	尼崎市
古河市	台東区	西東京市	越谷市	柏市	横須賀市	彦根市	豊中市	明石市
土浦市	墨田区	小平市	草加市	市原市	平塚市	京都府	吹田市	加古川市
取手市	江東区	日野市	春日部市	八千代市	茅ヶ崎市	京都市	高槻市	宝塚市
筑西市	品川区	三鷹市	上尾市	流山市	厚木市	宇治市	茨木市	伊丹市
栃木県	目黒区	立川市	熊谷市	佐倉市	大和市		八尾市	川西市
宇都宮市	大田区	東村山市	新座市	習志野市	小田原市		寝屋川市	三田市
小山市	世田谷区	多摩市	狭山市	浦安市	秦野市		岸和田市	奈良県
栃木市	渋谷区	武蔵野市	久喜市	野田市	鎌倉市		和泉市	奈良市
足利市	中野区	青梅市	入間市	木更津市	海老名市		守口市	橿原市
佐野市	杉並区	国分寺市	深谷市	成田市	座間市		箕面市	生駒市
那須塩原市	豊島区	小金井市	朝霞市	我孫子市	伊勢原市		門真市	和歌山県
	北区	東久留米市	戸田市	鎌ケ谷市			大東市	和歌山市
	荒川区	昭島市	三郷市				松原市	
	板橋区	群馬県	鴻巣市				富田林市	
	練馬区	高崎市	加須市				羽曳野市	
	足立区	前橋市	ふじみ野市					
	葛飾区	太田市	富士見市					
	江戸川区	伊勢崎市	坂戸市					
		桐生市						

出典：シビックプライドリサーチ・ガイドブック（2018）

図17　シビックプライド・リサーチ2018調査設計

	シビックプライドリサーチ2018
対象都市	151自治体 人口10万人以上 関東（1都6県）、関西（2府4県）
調査対象	対象自治体に住む 20代〜50代の男女
回収数	8,487Ｓ （1自治体50Ｓ以上）
調査手法	インテージ社パネルを 使用したインターネット調査
実施時期	2018年3月

出典：読売広告社作成

　主な調査項目としては、現在居住している自治体に関する評価（「街に対する意識（愛着、誇り、共感など35指標）」「街の環境（インフラ、街並みなど55項目）」「街のイメージ（37項目）」「街の重視点（55項目）」）、現在の居住状況（「居住歴」「今後の居住予定」「転入のきっかけ」など）に関するものを中心に聴取した（図18）。

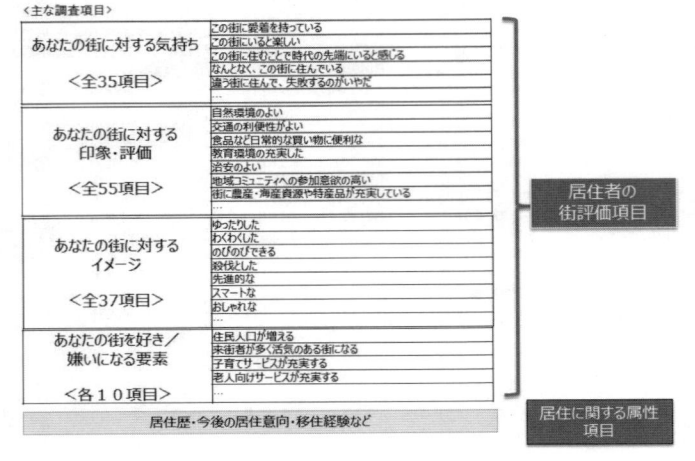

図18　主な調査項目

出典：シビックプライドリサーチ・ガイドブック（2018）

2）指標別ランキング

　これらの調査項目のうち、シビックプライドに深く関係している５つの指標「愛着」「誇り」「共感」「継続居住意向」「他者推奨意向」と、これらを足し上げて得点化した「総合得点」の６つについて、151自治体を対象としたランキングを算出した。これらは「現在自分が居住している自治体」に対する評価であり、交流人口等による評価は含まれない。ランキングのスコアは、「非常にあてはまる」～「全くあてはまらない」の７段階で聴取したものから７点スケール加重平均値として算出したものとなっている。また、総合得点については、５指標の得点足し上げを1,000点満点化して表示したものである（図19）。

図19　シビックプライド・ランキング2018

	愛着		共感		誇り
1	藤沢市	1	箕面市	1	港区
2	鎌倉市	2	文京区	2	鎌倉市
3	神戸市	3	港区	3	中央区
3	中央区	4	海老名市	4	文京区
5	港区	5	藤沢市	5	目黒区
6	八王子市	6	成田市	6	箕面市
7	箕面市	7	中央区	7	藤沢市
8	平塚市	8	武蔵野市	8	海老名市
9	江東区	9	目黒区	9	神戸市
9	宇治市	10	八王子市	10	渋谷区
11	文京区	11	鎌倉市	11	三鷹市
12	三鷹市	12	伊丹市	12	宇治市
13	長浜市	13	品川区	13	茨木市
14	茅ヶ崎市	14	三鷹市	14	横浜市
15	茨木市	15	神戸市	15	大津市
16	品川区	16	渋谷区	16	武蔵野市
17	横浜市	17	豊島区	17	吹田市
18	海老名市	18	豊中市	18	ひたちなか市
19	伊丹市	19	宇治市	19	八王子市
20	世田谷区	20	北区	20	杉並区
21	宝塚市	21	枚方市	21	台東区
22	目黒区	22	多摩市	22	立川市
23	吹田市	23	小金井市	23	高槻市
24	渋谷区	24	西宮市	24	川越市
25	大津市	25	吹田市	25	枚方市
26	豊島区	26	江東区	26	江東区
27	成田市	27	立川市	27	西宮市
28	桐生市	28	ひたちなか市	28	成田市
29	ひたちなか市	29	葛飾区	29	長浜市
30	東久留米市	30	佐倉市	30	つくば市
31	和歌山市	31	大津市	31	伊丹市
32	立川市	32	平塚市	32	葛飾区
33	武蔵野市	33	足立区	33	さいたま市
34	杉並区	34	府中市	34	宝塚市
35	調布市	35	日野市	35	茅ヶ崎市
36	台東区	36	浦安市	36	大阪市
37	国分寺市	37	流山市	37	品川区
38	佐倉市	38	調布市	38	桐生市
39	府中市	39	宝塚市	39	平塚市
40	墨田区	40	墨田区	40	墨田区

継続居住意向	他者推奨意向	総合	
1 藤沢市	1 港区	1 港区	731.4
2 中央区	2 文京区	2 文京区	720.3
3 港区	3 鎌倉市	3 中央区	716.0
4 文京区	4 神戸市	4 藤沢市	715.7
5 海老名市	5 藤沢市	5 鎌倉市	713.7
6 宇治市	6 箕面市	6 箕面市	708.0
7 八王子市	7 海老名市	7 海老名市	702.9
8 江東区	8 中央区	8 神戸市	701.7
9 鎌倉市	9 目黒区	9 目黒区	693.4
10 神戸市	10 武蔵野市	10 八王子市	686.3
11 箕面市	11 吹田市	11 宇治市	683.4
12 茅ヶ崎市	12 杉並区	12 三鷹市	682.0
13 宝塚市	13 台東区	13 武蔵野市	678.0
14 豊島区	14 三鷹市	14 成田市	676.0
15 目黒区	15 成田市	15 渋谷区	675.4
16 立川市	16 品川区	16 吹田市	674.9
17 平塚市	17 大津市	17 江東区	672.3
18 台東区	18 豊中市	18 大津市	670.6
19 茨木市	19 つくば市	19 品川区	670.3
20 伊丹市	20 西宮市	20 伊丹市	670.0
21 長浜市	21 佐倉市	21 茨木市	669.1
22 武蔵野市	22 ひたちなか市	22 豊島区	665.4
23 吹田市	23 八王子市	23 茅ヶ崎市	664.9
24 渋谷区	24 渋谷区	24 杉並区	664.9
25 杉並区	25 豊島区	25 立川市	664.9
26 枚方市	26 調布市	26 台東区	663.1
27 成田市	27 立川市	27 ひたちなか市	662.6
28 三鷹市	28 中野区	28 宝塚市	661.1
29 府中市	29 府中市	29 横浜市	658.0
30 高槻市	30 茅ヶ崎市	30 平塚市	658.0
31 世田谷区	31 茨木市	31 西宮市	657.7
32 木更津市	32 世田谷区	32 枚方市	655.4
33 横浜市	33 伊丹市	33 佐倉市	654.6
34 大津市	34 国分寺市	34 府中市	653.7
35 水戸市	35 宇治市	35 つくば市	652.3
36 品川区	36 和泉市	36 世田谷区	651.4
37 つくば市	37 川越市	37 長浜市	649.4
38 新宿区	38 江東区	38 豊中市	648.6
39 川崎市	39 葛飾区	39 高槻市	647.7
40 国分寺市	40 小金井市	40 調布市	646.6

出典：シビックプライド調査（2018）を基に読売広告社作成

・「愛着」ランキングより

　上位20自治体を見ると、神奈川県の人気エリア「湘南」の中心都市である「藤沢市」が第1位となっている。藤沢市には辻堂、鵠沼など人気

スポットがあり、学研パブリッシングが調査した「主婦が幸せに暮らせる街ランキング2014」でも同様に第1位となっている街である。以降、「鎌倉市」「神戸市」「中央区」「港区」と続く。また、愛着ランキングの上位5自治体は、奇しくも海に面している、という共通項が見られた。

・「共感」ランキングより

「共感」を見てみると、「住みよさランキング2017（東洋経済・都市データパック）」で8年連続大阪府内1位となった箕面市が今回の調査で共感1位となっている。箕面市は、大阪都市圏のベッドタウンとして発展した都市である。「子育てしやすさ日本一」というスローガンを掲げ、2008（平成20）年から2014（平成26）年の6年間で人口を6パーセント増加させており、2つのニュータウンの開発も進められているという、まさに発展中の自治体である。また、4位には「住みたい、住み続けたい街」をテーマに駅周辺開発で活発化、人口も増加している神奈川県海老名市がランクインしている。箕面市、海老名市の状況を見ると、「共感」はこうした自治体の活力・勢いにダイレクトに反応する評価項目、という可能性も考えられる。

・「誇り」ランキングより

「住みたい街ランキング2017（行政市区ランキング・SUUMO）」でも総合1位となった東京都港区がナンバーワンとなった。港区は商業地（赤坂など）、歓楽街（六本木など）、住宅地（白金台など）、そしてオフィス街（虎ノ門など）と、東京都の中でも多様な地域を包含するエリアである。近年の都心部の地価上昇の象徴的なエリアでもあり、居住者以外の交流人口も多い。第2位となった神奈川県鎌倉市も同様に交流人口の多いエリアであった。また、誇りランキングトップ10のうち、東京23区内の自治体が半数を占めている。特に以前から居住している住民にとっては、外部評価が誇りの醸成に強く影響するため、認知が高く交流人口の多いエリアの評価が高くなる傾向が見られる。

・「継続居住意向」ランキングより

「愛着」ランキングと同様に、神奈川県藤沢市がナンバーワンとなった。これまでのシビックプライド・モデルの説明において、「愛着」が「継続居住意向」に影響するという関係性を示していたが、このランキングの結果でも正に同様の傾向が示されている。都心部や神奈川県の湘南エリアといったブランド力のある自治体に並んで、海老名市（５位）、宇治市（６位）、八王子市（７位）といった自治体の名前も見られた。

・「他者推奨意向」ランキング

　こちらも同様に、シビックプライド・モデルで見られた「誇り」が「他者推奨意向」に影響するという関係性がランキングにも反映されている。１位の港区、２位の文京区、３位の鎌倉市共に「誇り」ランキングでも上位を占めている自治体である。

・総合ランキング

　これら５指標の得点を足し上げ、1000点満点化したものが「総合得点」ランキングである。「誇り」「推奨意向」の２つで１位を占めた港区が731.4ポイント（以下pt）で総合でもトップ、５指標全てでコンスタントに評価が高かった文京区（720.3pt）、中央区（716.0pt）が続いている。「愛着」「継続居住意向」で１位だった藤沢市は715.7ptで４位、「愛着」「誇り」で２位の鎌倉市が713.7ptで５位となっている。関西エリアからベストテン入りしたのは、前述した箕面市（708.0pt）と、兵庫県神戸市（701.7pt）の２自治体であった。また、海老名市が702.9ptで７位、八王子市が686.3ptで10位にランクインするという結果となった。

　ランキング上位の顔ぶれは、これまで東京圏で実施した調査の上位ランキングとも共通する自治体が多い結果となった。人口規模の差に関係なく、自治体ごとに一定数のサンプル数を確保することを考慮した結果、ある程度納得性の高いランキングになったと思われる。一方で、都心部や神奈川県の人気自治体に加え、箕面市、海老名市など現在発展中の自治体が上位に入っていることも重要なポイントである。2015（平成27）年調査の際に戸田市が共感１位となったように、シビックプライドの中

には、長く暮らすことで育まれるような指標と、自治体の状況がダイレクトに反応するような指標が共存しているのではないだろうか。

　中位のランキングには様々な自治体が含まれているため、一概には言えないが、例えば「子育て充実」の施策を実施しながらも、転入者が増加したことによって待機児童が生じたような自治体の名前も幾つか見られた。待機児童数や人口構成、転入者等とシビックプライド評価に関係があるのか、今後検討すべきポイントの1つである。

　今回のランキングで下位となった自治体を見ると、全般的には人口減少自治体や工場拠点、商業地域が含まれている自治体がやや多い。また、治安、騒音などの問題を自治体内に抱えているエリアも見受けられた。このような地域内の課題がある限り、シビックプライドが向上しにくいのか、それとも同様の地域特性、条件であってもシビックプライド評価が高い自治体があるのか、指標ごとの違いがあるのか。下位の自治体の評価についても、今後分析を進めていきたい。

3）自治体のイメージとの関係

　ランキングの上位自治体について、調査項目からそれぞれのイメージを比較したところ、それぞれの指標で同じようなランキングだとしても、持たれているイメージは自治体によって大きく異なることが明らかになった。次の図20は、コレスポンデンス分析によって上位10自治体とまちの評価イメージとの関係を表したものである。作成に当たっては、まちの評価項目の中から特徴の強いものを使用している。それぞれの自治体と近い項目の関係が強いと解釈できる。

図20　上位10自治体とまちの評価イメージの関係（コレスポンデンス分析）

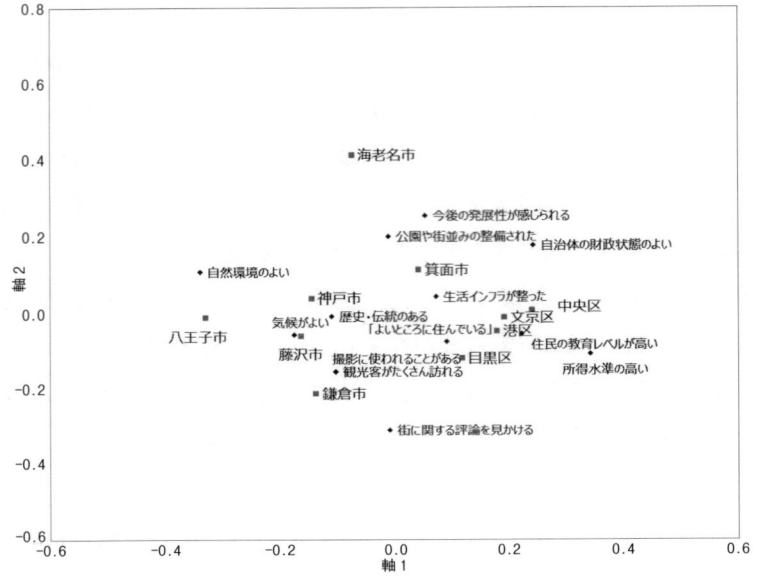

出典：シビックプライド調査（2018）を基に読売広告社作成

　港区、文京区、中央区など都心部のエリアは「住民の教育レベルが高い」「よいところに住んでいる（と言われる）」「生活インフラが整った」など、民度の高さ、利便性、外部から評価されるといったイメージが持たれている。鎌倉市、藤沢市など湘南エリア、神戸市は「自然環境のよい」「気候がよい」「観光客がたくさん訪れる」など、自然や観光イメージが強くなっている。一方で、箕面市や海老名市は「今後の発展性が感じられる」「公園や街並みの整備された」など、発展やインフラ整備イメージとの関係が強い結果となっている。今回示した図の分析には、イメージ項目のうち、都市のスペックに近い項目だけを取り上げているが、まちのイメージ項目で見ると、共感ランキング上位の箕面市は「のびのびできる」、海老名市は「楽しい」といった評価も極めて高い。また、共感を持っている人だけで見た場合、海老名市の場合、発展イメージに加え「自治体サービスが盛ん」「おしゃれ」「地域活動が盛ん」といった

項目も高く評価されており、様々な側面から市民に評価されている様子がうかがえる。ランク上位の自治体は、総じて強いイメージを持っている傾向にあった。

4）シビックプライド・モデルによる分析

図21　シビックプライド・モデル　セグメント別の特徴

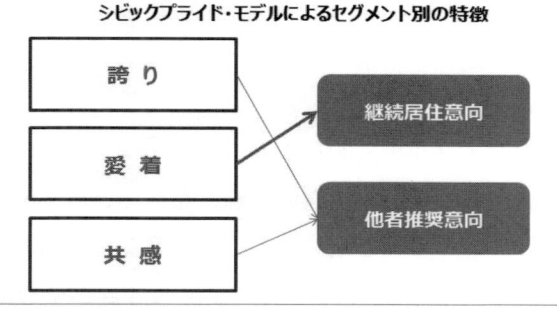

出典：シビックプライド調査（2018）を基に読売広告社作成

　今回の調査では、世代や世帯構造、居住歴など様々なセグメントによるシビックプライド・モデルの構造の違いにも着目し、分析を行った（図21）。改めてモデルを検証した結果、全体傾向はこれまで同様、「愛着」⇒「継続居住」と「共感」「誇り」⇒「他者推奨」の関係が強く出ている形となった。また、世代別のモデルも同様の結果となっており、今回の調査結果では世代の違いによる影響は少なかった。ただし、今回の調査は59歳までという幅で実施されているため、高齢化の実態を反映した形での検証は必要であろう。

　子供の有無別の比較では、子供有の対象者の方が「愛着」から「他者

推奨」への影響が強くなっているという結果であった。子供有世帯は子供を通じた人間関係が生まれることも多く、そのような地域のつながりが連想できる。

5）居住歴とシビックプライド

　次に、住民の居住歴でシビックプライドの評価が変わるのか、という視点で分析を行った。全体的な傾向としてまちに対する評価（シビックプライド）は、

① 　居住歴の短い住民（5年未満）

② 　居住歴の長い住民（30年以上）

③ 　それ以外の中間層（5年〜30年未満）

で異なっており、居住歴の長い方が高い評価となっている。図22のグラフは、「居住歴30年以上」「ずっと地元」と「居住歴5年未満」を抜き出して比較したものであるが、居住歴の長い住民の評価が全般的に高くなっており、長くまちに居住していることがまちへの評価につながっているということが再確認された。また、今回のグラフでは省略しているが、「居住歴5年〜30年未満」では項目によって多少の違いはあるものの、総じて居住歴による差はそれほど見られなかった（「全体」と同様の傾向）。一方で、「5年未満」住民の評価は極端に低くなっており、「5年〜10年未満」以上の住民と大きな差が見られた。評価の低い居住者が5年以内に転居しているという可能性とともに、5年以上居住した場合、まちに対する評価が肯定的に変化していくということも考えられる。様々な事情で5年以内に転居する住民がいる中で、この「5年の壁」を超えることができればまちの評価のアップにつながる、という可能性もある。自治体の施策によって「新住民」を定着させ、シビックプライド向上につなげる好循環を生み出すことができるのかもしれない。

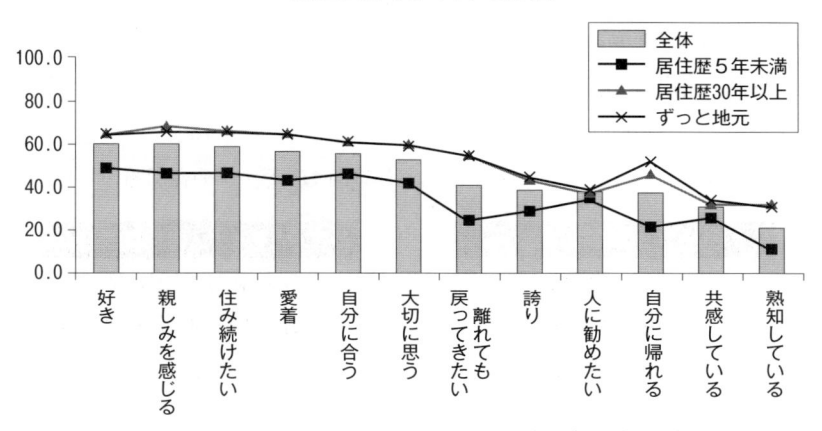

図22　居住歴とシビックプライド

居住歴別 街に対する評価

出典：シビックプライド調査（2018）を基に読売広告社作成

　一方、居住歴によってシビックプライドの関係性の違いも見られた。特に、「引っ越し経験なし」＋「居住歴長い」セグメントは、「愛着」⇒「他者推奨意向」の関係が弱くなる傾向にあった。また、「引っ越し経験なし」のセグメントは他のまちを知らないためか、「このまちをもっといいまちにしたい」という意識が低くなっていた。例えば、ある地域に長く住んでいると、「愛着」などは高くなるものの、あえてまちについて他人に話したり勧めたりするものではなく、他のまちをあまり知らないため、現状のままで満足してしまっている、といった旧住民の姿が想像できる。再開発などのまちの変化に消極的な可能性もあり、シティプロモーション事業を行う際は、こうした旧住民の意識のケアも必要と考えられる。

6）自治体データとの相関

　シビックプライドと各自治体のデータ、例えば人口の増減、人口構成、税収、労働力や失業率、住宅地地価、持ち家世帯比率といったものの間に関係はあるのだろうか。調査対象となった151自治体に関するデータ

を集め、今回の調査結果とどのような関係があるのか、について分析を行った。

151自治体のシビックプライド指標の結果と、各自治体に関するデータの関係（相関）を求めたところ、図23のような関係が明らかになった。

図23　シビックプライドと自治体に関するデータの相関関係

CPとプラスの相関あり	CPとマイナスの相関あり
・年少人口増減率	・労働力人口比率
・生産年齢人口	・労働力人口30〜40代女性
・住宅地地価	・持ち家世帯比率
・第三次産業	・1世帯あたり人員
・市民参加（NPO登録数）	・第二次産業
	・完全失業率

出典：シビックプライド調査（2018）と統計データを基に読売広告社作成

分析の結果、自治体に関するデータのうち、シビックプライドの各指標とプラスの関係が見られたのは「人口」「住宅地地価」「第三次産業」などであった。この結果を単純化して言うならば、「人口が増えていて住宅地の地価も上がっていて、サービス業への就業比率が高い地域では、シビックプライドが高い」ということになる。

逆に、マイナスの関係が見られたのは「労働力人口比率」「持ち家世帯比率」「1世帯あたり人員」「第二次産業」「完全失業率」などであった。こちらも単純化すると、「働く意思のある人（特に30〜40代女性）が多く、持ち家で、家族人数が多く、工業などへの就業比率が高いが失業者も多い地域では、シビックプライドが低い」ということになる。

また、「社会参加」などの要因も影響しているという仮説のもとに、NPO登録数について同じく相関を求めたところ、シビックプライドと一定の関係があることが分かった。因果関係については明確ではないが、

住民による社会参加が行われている地域のシビックプライドは高い傾向にあり、社会参加がシビックプライド向上の要素の1つだという可能性もある。

これら地域データとの関係については、まだ着手したばかりであるため、今後も分析を進めていきたい。

シビックプライド・共同研究への取組から

——戸田市・シビックプライド共感1位（2015）の背景——

読売広告社が2015（平成27）年に実施したシビックプライド調査（CANVASS-ACR調査）において、埼玉県戸田市が「共感1位」となったことで両者の縁が生まれた。戸田市のアドバイザーである関東学院大学牧瀬稔准教授がシビックプライド・リサーチに関心があったこともあり、牧瀬稔准教授の仲介により、読売広告社と戸田市は、2018（平成30）年1月25日に「シビックプライド領域における共同研究に関する協定書」を締結した。

人口10万人規模、特別な観光資源も特産物もあまりなく、上位にランクしている自治体と比べると知名度（人気度）でも劣る「居住地型」の戸田市。本項では、2015（平成27）年の調査時点で住民のシビックプライドが極めて高い水準となっていた同市について、その評価の要因となった取組について、仮説を含めて紹介していく。

1）戸田市の取組、ランキング躍進の背景

埼玉県戸田市は人口約14万人、新宿駅から埼京線で1本（20分）、車でも美女木ジャンクションから各高速道路にもアクセスしやすいという地の利を持ったベッドタウンである。埼京線開通時から人口が大幅に増え始め、2015年国勢調査のデータでは人口増加率全国で第7位、人口増加数で第15位となっている。東京周辺には、同様の地理的交通的条件を

持つ自治体も多いが、戸田市の人口増加は著しく多く、シティセールス上の成功例として全国から見学者が訪れるという。

　読売広告社が2015（平成27）年12月に実施したシビックプライド調査において、戸田市は「共感」評価で第1位、「誇り」「人に勧めたい」評価で第4位という非常に高い評価を得られている（「住み続けたい」評価で第15位、「愛着」評価で第21位）。関東学院大学の牧瀬稔准教授によれば、こうした結果は2011（平成23）年に策定した「戸田市シティセールス戦略」や、それ以前からシンクタンクを設立して取り組んでいた同市の取組が貢献しているという。

　そこで、今回の共同研究においては、シビックプライドの結果が極めてよかった2015（平成27）年を1つの基準として捉え、2015（平成27）年に向けて実行されていた取組、施策を見える化していくことからスタートしている。

　2015（平成27）年にかけて行われた戸田市の取組から、読売広告社が主な取組として抜き出したものが次の図である。

戸田市の主な取組

```
【戸田市の主な取り組み】
  2008  市長直轄シンクタンク「戸田市政策研究所」設立
  2011  戸田市シティセールス戦略　策定
  2014  スマートフォンアプリ「tocoぷり」開発
  2015  市制施行50周年記念事業準備（市民参加型協働イベント）
        子育て施設のリニューアル、市内施設の新規開設
        イルミネーション開始（こどもの国）
        ※住みよさランキング快適度・全国4位（東洋経済）
```

出典：戸田市へのヒアリングを基に読売広告社作成

　戸田市は2008（平成20）年に市長直轄のシンクタンクとして「戸田市

政策研究所」を設立。様々な調査、データ分析から課題発見、打ち手の明確化を行い、さらに市全体の政策形成力の向上、若手職員の人材育成を目指してきたという。

　また、2011（平成23）年には戸田市シティセールス戦略を策定。「認知度と都市イメージの向上」「市民の誇り、愛着心の向上」を目指し、様々な取組を行っている。

　2014（平成26）年に開発したスマートフォンアプリ「tocoぷり（Toda City Community Application）」は、まちの情報をアプリ上で共有し合うことで、市民の「共感」を高めるためのツールである。このアプリは、戸田市が一方的に開発したものではなく、市民や市民活動団体が参加した会議体を設立、開発段階から市民の声を聞いて議論を行いながら開発したという。通常のソーシャルメディアで使用される「いいね」ボタンの代わりに「共感」ボタンを設定していることが特徴的で、戸田市（戸田市民）が当時から「共感」を重視していたことがうかがえる。

　特に2015（平成27）年は市制施行50周年（2016（平成28）年）の前年ということもあり、多くの活動が行われていた。市制施行50周年記念事業に向けて、公募による市民参画を行い、企画・運営段階から「市民がキャスト」を合言葉に20名以上の戸田市民が運営に携わっている。活動内容はイベントだけではなく、事業の予算編成まで市民と行う、極めて珍しい内容であった。また、キャッチコピー、ロゴマーク策定に当たっても一般公募を行い、駅やお祭り、イベント開催の場で職員や市民が呼び掛けを行うなど、様々な形で市民を巻き込んだ市民参加型協働イベントとして取り組まれていた。

　同時期には、「児童センターこどもの国」のリニューアルや「さくらパル」「あいパル」が開設されるなど、市内の子育て施設、多世代施設のリニューアル、新規開設が相次いでいた。「こどもの国」では、イルミネーションの点灯が行われるなど、まち全体のにぎわいが非常に高まっていたという。

また、2014、2015（平成26、27）年の住みよさランキング（東洋経済）では快適度が全国4位となっており、そうした情報が建築中のマンションの外壁（目隠し）に大きく告知されるなど、住民が外からの評価の高まりを自覚できるような要素もあった。

　本章のこれまでの分析にあるように、戸田市のような「人口増エリア」では新旧住民共に「地域のつながり」がシビックプライド醸成に重要だとされている（図13、14）。2015（平成27）年当時の戸田市は、定住促進の施策や施設開設、そしてイベントの開催など様々なアプローチが従来からの住民と転入してきた（若い）家族の双方に刺さることで、まち全体のシビックプライド（特に共感）が最高潮に達していたのではないか。戸田市は転出入人口が年間約2万人と極めて出入りが激しい自治体であるが、こうした周年事業などがこの時期の戸田市住民にうまくフィットし、地域のつながり形成が行われていた可能性がある。また、これまでの分析の中で、新住民にとっては「生活利便性」がシビックプライドに大きく影響する、という関係も見られる（図14）。転入してきた（主として）若い家族にとっては、この時期に行われた公共施設の充実も大きく影響しているかもしれない。また、人口増エリアでは、「外部評価」が居住歴の長い旧住民のシビックプライド「共感」醸成に影響する、という関係も見られる。戸田市で考えると、「住みよさランキング」に代表される外部からの評価が市内に浸透し始めた時期であり、以前からの住民にとってもシビックプライドが高まる要素があった。

2）今後

　現在、戸田市で行われている事業や催し物について、改めて洗い出したところ、2015（平成27）年は、市制施行50周年という特別な時期として様々なイベントが行われていたものの、以降は民間の活動や通常の催し物に委ねられているものが多い。ネットワークのある旧住民はともかく、毎年戸田市に転入してくる新住民にとって、新たなつながりをつ

くっていく機会は限られているようである。

　戸田市は決してブランド力のある地域とはいえず、転出入も多いだけに、転入してきた新住民を地域の中に取り込む試みを継続していかない限り、まち全体の意識（シビックプライド）を維持向上させることは難しいとも考えられる。

　戸田市においては、こうした新旧住民のつながり、意識の差を踏まえながら、地域住民の関係づくり（地域のつながり）をうまくサポートしていくような仕組みをどのように構築していくのか、今後も戸田市との共同研究の中で検討を行っていく。

＞　おわりに

　本章では、2015（平成27）年に限定的な地域について行った調査から、2018（平成30）年3月に実施した最新の調査の結果まで、それぞれの調査で得られた結果と可能性について紹介を行ってきた。調査ごとに発見があり、同時に次の調査への課題も出てきている。また、自治体向けに調査結果を紹介する機会も増えているが、そのような場においても毎回新たな要望が出てきている。シビックプライド・リサーチについては自治体からの期待も大きいため、今後も継続して取り組むことを検討している。また、本章で出てきた課題の多くについては、個別自治体と組んで研究を行う必要があると強く感じているため、自治体との共同研究などの取組についても継続していきたい。調査研究の結果については、今後も様々な形で対外発表を続けていく予定である。

シビックプライドに懸ける自治体の取組

第Ⅲ部

シビックプライドを軸とした総合的なプロモーション

北上市企画部都市プロモーション課

第1章　北上市の紹介

＞ 暮らしやすい産業集積都市

　北上市は、岩手県内陸中部に位置し、北上川と和賀川の合流地点にある自然豊かな人口約9万3,000人のまちである（写真1）。仙台藩と南部藩の境にあった当市は、南北を走る奥州街道、東西を走る平和街道の宿場町、北上川舟運の拠点として栄え、多くの人々が行き交う交通の要衝として栄えてきた歴史がある。

　市内には、1921（大正10）年に開園し、現在、青森県弘前市の「弘前公園」、秋田県仙北市の「角館」とともにみちのく三大桜名所である「市立公園展勝地」や5月のゴールデンウィークまで滑走可能な「夏油高原スキー場」といった自然を活かした観光スポットがあり、多くの観光客やレジャー客が国内外から訪れている。

写真1　男山から望む北上市の全景

また、農業も盛んで、米やリンゴといった農産物のほか、粘りが強くコクがあるブランド芋の「二子さといも」や県内一の生産量を誇る「アスパラガス」等が特産品となっている。

　当市はもともと自然豊かで農業を基幹産業とする都市であったが、農家の次男、三男が首都圏に働きに出る中で、人口流出による地域の衰退に危機感を感じ、昭和初期から地元での働く場の確保を目的とした工業振興に力を入れてきた。地元住民の寄附で県立の工業高校を誘致したほか、北上市単独で工業団地を整備するなど工業振興の基盤を整え企業誘致を進めてきた結果、半導体、自動車、金属加工、食品製造等の多種多様な企業が立地する、産業集積都市として市外からも多くの人が通勤している。

　また、企業誘致と並行して、新幹線駅の誘致等高速交通網の整備を進めてきた結果、東北自動車道、秋田自動車道、東北新幹線といった高速交通網の結節点となり、東京とは最短2時間17分、日本海側の秋田市とは約1時間50分で結ばれており、交通の便利な北東北の十字路として、多くの物流関連企業が進出し、岩手県内陸部で最大の物流拠点としても成長している。

　企業誘致を基軸としたまちづくりは、多くの雇用の場の創出と働き手やその家族の転入につながり、教育・福祉環境の充実や社会資本の整備にも力を入れてきた結果、東洋経済新報社が発表している「都市の住みよさランキング」で9期連続岩手県内1位となるなど、県内でも若者が多く暮らしやすいまちとして、市内外から一定の評価を得るまでとなっている。

＞ あじさい都市のまちづくり

　これまで、人口が増加基調にあった当市でも、2008（平成20）年のリーマンショック以降は、全国的な人口減も背景に、その増加が停滞しつつある。近年は大手半導体企業の立地により持ち直しつつあるものの、

「北上市まち・ひと・しごと創生人口ビジョン」における2060年の将来推計人口では、2015（平成27）年と比較し、約2万人の減少を見込んでいる。

　当市のまちづくりは、このような人口減少社会の到来を見越し、約20年前から市役所がまちづくりを主導する自治体運営から、市民自治のまちづくりへの転換を念頭にその仕組みの構築などに取り組んできた。2011（平成23）年度からは、「あじさい都市」という将来の都市のイメージ像を掲げたまちづくりを推進している（図表1）。

　「あじさい都市」とは、市内それぞれの地域コミュニティが、独自の資源を活かしながら、活力ある地域として自立し、商業施設や官公署が立地する都市拠点と相互に連携しながら、都市としての機能を保つ未来の持続可能な都市の姿であり、1991（平成3）年の新北上市誕生以降、旧市町村（北上市、和賀町、江釣子村）の特色を活かすまちづくりを進めてきた流れを踏まえ、地域があじさいの花のように色とりどりの花を咲き誇らせる姿をイメージして命名したものである。

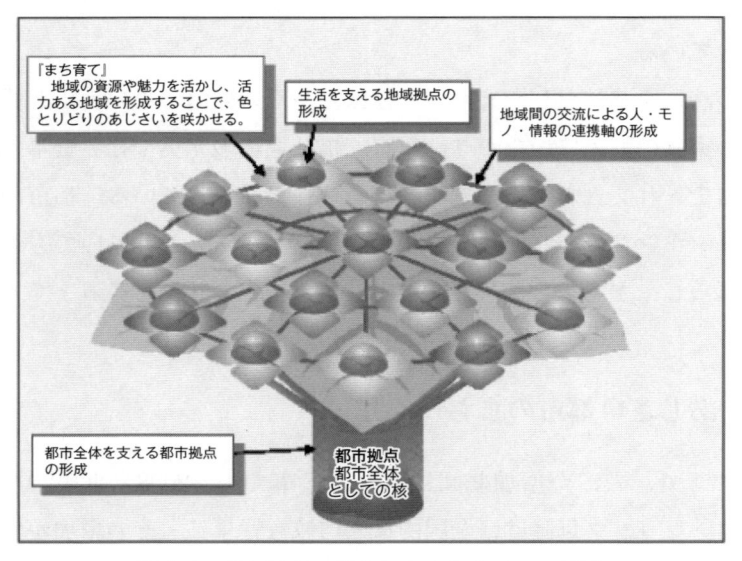

図表1　「あじさい都市」きたかみイメージ図

総合計画や総合戦略に基づくまちづくりにおいては、このあじさい都市を実現する「拠点戦略」「ネットワーク戦略」「まち育て戦略」という３つの基本戦略に基づき、各種施策を推進している。

　また、中長期を展望した精度の高い政策形成により、効果的にまちづくりを推進するため、2017(平成29)年度には、自治体シンクタンクである「北上市近未来政策研究所」を設置し、研究活動にも取り組み始めた。

第2章　シティプロモーションの推進

　当市では、あじさい都市の基本戦略の１つとして掲げている「まち育て戦略」をより効果的に推進するため、2015（平成27）年度からシティプロモーション（当市では「都市プロモーション」と呼んでいる。）に取り組み始めた。あじさい都市の「まち育て戦略」とは、弘前大学の北原啓司教授が提唱していた「まち育て」を当市が取り入れ実践してきたものであり、市民や北上市に関係する人たちが身近な地域資源を発見し、守り育て、発信する活動を通じて魅力ある地域形成につなげるものである。

　シビックプライドとは地域の「誇り」と捉えており、その誇りは、このまち育てを通じて醸成されるものと考えている。様々なまち育てを通じて醸成された市民の地域への誇りが、新たなまちの価値を創出する活動（まち育て活動への自主的・積極的な参画）を生み出し、北上市の魅力を高める力になっている。

　当市のシティプロモーションは、このまち育てが更に活性化していくプロセスを実現しようとするものであり、その源泉となるシビックプライドが醸成される情報発信や、まちづくりへの市民参画等様々な取組を進めているものである。

「都市ブランド推進行動計画」の策定

　北上市は首都圏からは「自然が豊かなまち」というイメージを強く持たれているが、市内には様々な魅力があり、この魅力を北上市の良質な都市のイメージにつなげて都市ブランドを確立していくため、市民共通の取組指針として「北上市都市ブランド推進行動計画」を2017（平成29）年に策定した。計画では、まちが持っている力や今後のありたい姿を表現した都市ブランドメッセージ「Kita Coming！北上市」とそのロゴマークを旗印に、都市のブランド力向上に向けた具体的な取組を定めている（図表2）。

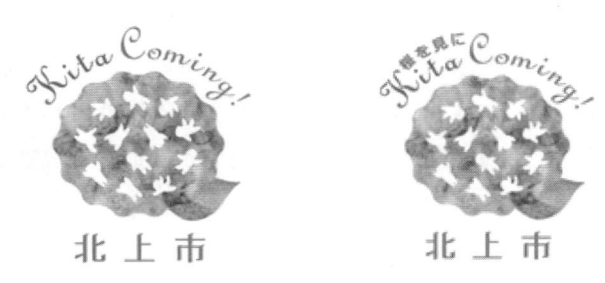

図表2　都市ブランドメッセージロゴ（左）とコピーを添えた使い方（右）

　都市ブランドメッセージには、北上市がこれまで歴史的に培ってきた「ヨソモノを受け入れる文化」と「前に進み続ける精神」を活かし、来訪者がもたらす多様な文化を受け入れ、共に力を合わせて前に進み続けるまちを実現していく意思が込められている。

　メッセージは、未来のまちの中心的担い手となるであろう、45歳以下の市民委員と市の若手職員を中心に組織した「きたかみ都市ブランド推進市民会議」が中心となり、当市のシティプロモーションアドバイザーである河井孝仁東海大学教授のサポートを受けながら素案を策定し、市長をはじめとする市の幹部職員で構成する「あじさい都市推進本部」で

の協議を経て、最終的には市民投票（メッセージ総選挙には5,509票、ロゴマーク総選挙には6,421票の投票があった。）により決定したものである。策定経過等については、河井教授の著書に詳しく紹介されているため、ここでは詳細には触れないが、策定作業自体がブランド策定に対する市民の当事者化につながったとともに、メッセージにより統一的な視点ができたことで、情報発信においても、一貫性のあるイメージを発信できるようになってきている。

　ブランド力向上に向けた取組は、初期の取組として、魅力づくり・魅力発信の担い手である「市民及び来訪者」を大きなターゲットとし、さらに総合戦略の4つの基本目標に応じた詳細ターゲットとして「若者子育て世代」「移住者・来訪者」「企業・就業者」「地域」にターゲットを絞り込んで、「認知獲得」「共感醸成・当事者化」「魅力拡散」というコミュニケーションプロセスを意識した取組を進めている。

都市ブランドメッセージの活用推進

　計画に基づく具体的な取組の1つとして、市民投票で定めた都市ブランドメッセージとロゴマークを市民や行政が、様々な場面で活用していくよう働きかけを行っている。メッセージとロゴマークの使用ガイドライン等を定め使用を促した結果、約1年間で50件以上の活用につながっている。

　北上市のロゴマークは、それぞれがPRしたいコピーを添えて活用できる形になっており、目的に応じて「遊びに」「桜を見に」「学びに」などのコピーをロゴの上部に添えて活用されている。市民の活用事例としては、企業の見学者用パンフレット、名刺、ホームページ、ブログ、イベントにおけるシンボル等があり、行政側も各種広報資料や業務ツールに表示し、市民と行政が一体となってまちのイメージ発信に活用している。

　徐々に市民にも浸透しつつあり、手作り子どもみこしなどにもロゴ

マークが活用されている（写真２）。

写真２　手作り子どもみこしに活用されたロゴマーク

広報活動の見直し

　都市ブランドメッセージとロゴマークの活用推進のほか、行政の主体的な取組としては「北上市都市ブランド推進行動計画」と連動して、情報発信で主要な役割を担う広報活動の見直しに取り組んでいる。

　これまでの広報活動は「行政情報」を市民にお知らせすることに注力し、市の「地域情報」を市内外に発信する意識が薄く、シティプロモーションを進めるためにはその考え方が支障になっていた。市民から、「市の情報が分からない」「情報発信ツールをうまく活用してもらいたい」「北上市の一押しを市民が誰でも言えるようになりたい」などの改善意見が寄せられていたこともあり、広報活動に求められる役割を再整理し、これからの広報活動の在り方を定めた基本指針を策定した。

　基本指針では、市民が誇れるまちを実現するため、戦略的視点を持った伝わる情報発信を推進することを運営方針に掲げるとともに、市内に向けた広報、市外に向けた広報、広報紙やホームページ等それぞれの広報媒体の役割を整理したほか、都市プロモーション課で全庁の動きを把握したうえで、情報発信を支援しコーディネートする体制のもと、アンケートや現状分析等を踏まえた広報活動を推進することを定めている。

2018（平成30）年度は、市民が参画し登場する魅力発信媒体として都市ブランドサイトの新規立ち上げを進めているとともに、魅力発信と連動した展開が可能となるよう、公式HPのリニューアルも進めている。

　広報紙においても、お知らせ記事主体の内容を見直し、特集等により市民に関心を持ってもらい、考え、行動してもらえる紙面づくりを進めているほか、まち育ての熱を多くの人に伝えるため、まちの話題や市民の活動を積極的に取り上げ始めたところである。2019（平成31）年度には、デザインも見直し全面リニューアルする予定にしている。

　そのほか、公式facebook・プレスリリースの運用改善等メディア活用の見直しを行っているほか、チラシや施策説明資料といった広報資料作成スキルの研修等を通じ、広報活動の担い手である職員のスキルアップにも取り組んでいる。

　また、2018（平成30）年7月には、シティプロモーションと災害情報の伝達を目的に市が整備したコミュニティFM局「きたかみE＆Be（いいあんべ）エフエム」が民間企業の運営により開局した。市は、「行政情報」のほかに「地域情報」の放送を局に委託し、各種地域コミュニティの事業などを発信しているほか、幅広い立場の市民等に出演してもらうことにより、多様な地域情報を盛り込んだ番組づくりを進めている。

　今後も、行政情報の発信や、地域の様々な魅力、話題の当事者の顔が見える発信等を進め、まちに対する共感と関心を高めていきたい。

第3章　市外をターゲットとしたシティプロモーション

　当市のシティプロモーションは、市民や来訪者をターゲットとした取組に加え、地域資源を活かしたコンテンツを市民と共創し、それを市外に発信する取組も積極的に進めている。

スポーツ資源を活かしたシティプロモーション

当市は、東北では唯一の国際陸上競技連盟規格「クラスⅡ」を取得している陸上競技場をはじめ、体育館、天然芝２面人工芝１面のラグビー・サッカーグラウンドなどを配置した「北上総合運動公園」（写真３）や、ナイター設備を完備した人工芝18面の和賀川グリーンパークテニスコートを有しており、2016（平成28）年には「希望郷いわて国体・希望郷いわて大会」の主会場地となり開閉会式や各種競技が行われた。

写真３　スポーツの拠点となる北上総合運動公園

両大会終了後には、これらの高規格スポーツ施設の有効活用施策としてスポーツツーリズムに着目し、スポーツ資源を活かしたシティプロモーションに取り組んでいる。この取組は、行政のほか、各種団体、宿泊業者等多様な主体と連携して推進する必要があることから、そのプラットホームとして「スポーツリンク北上」を官民協働で組織し、各種大会やスポーツ合宿の誘致の取組を推進している。

当市の立地条件やハード面のPRだけではなく、誘致相手先の利便性を考え、様々な面からスポーツ合宿を支えるワンストップ窓口として誘致活動を展開した結果、2017（平成29）年度には、2,062人の交流人口増加と約2,700万円の経済効果を地域にもたらしている。2018（平成30）年度には4,400人の交流人口と約6,000万円の経済効果を見込んでおり、

今後の拡大を期待させる活動につながっている。

「スポーツリンク北上」では、地域の特色を活かしたスポーツツーリズムにも取り組んでいる。当市は先に紹介した「市立公園展勝地」や「夏油高原スキー場」といった自然豊かな地域資源があることから、観光にスポーツを加えて人を呼び込み地域活性化を図るため、誰もが気軽に楽しめるランニング等アウトドアスポーツに着目した。国見山、展勝地周辺エリアの「トレイルランニングコース」をオリンピックマラソン銀メダリストの有森裕子氏に、JR岩沢駅から夏油高原スキー場に通じる林道の「トレイルコース」を日本人女性として初めてK2登頂に成功した登山家・写真家の小松由佳氏に、市内を巡る「サイクリングコース」をツール・ド・フランス出場レーサー新城幸也氏に監修していただき設置した。

この取組の成果として「市内にこんな景色がいい場所があるとは知らなかった」「ぜひコースを回ってみたい」という市民の声も多く、市民自らがまちの魅力を再発見する機会となった。まちの魅力を伝える一番の担い手は、そこに住んでいる人たちであり、アウトドアスポーツを楽しみながら地域への愛着や誇りを養い、市民一人ひとりがまちの魅力の発信者となって当市に人を呼び込み、まちに活力を生む機会になってほしいと考えている。

先般、当市は、ラグビーワールドカップ2019日本大会に出場するウルグアイ代表チームの公認チームキャンプ地に決定し、選手をはじめ、国内外から多くのお客様が訪れることが見込まれることから、この機会を捉えて市の魅力を広く発信し、地域の活性化につなげていきたいと考えている。

ふるさと納税を活用した地域の魅力発信

当市は2014（平成26）年度から、ふるさと納税の寄附者に対し、市の特産品を返礼品として贈呈する「ふるさと便PR事業」に取り組んでいる。

特産品の贈呈を通じて、農畜産物、物産、観光のPRのほか、北上市の
ファンづくりによる関係人口の増加を図っている。2015（平成27）年度
からは、事業を「一般社団法人北上観光コンベンション協会」に業務委
託し、民間視点による返礼品開発、多様な媒体や手法を活用した広告展
開を行っている。

　返礼品開発においては、市外から登用したプロジェクトリーダーが市
内の様々な事業者とのネットワークを形成し、ヨソモノから見た目線で
北上市の様々な魅力を掘り起こして行政職員では発想できないような返
礼品開発を行っているほか、返礼品提供事業者のマインドを高める取組
も行っている。

　その結果、農産物や工業製品など特色ある地元の返礼品が多くの方に
支持され、5年連続で寄附額岩手県1位となり、2017（平成29）年度に
は初めて寄附額10億円を達成した。寄附金は、小中学校の環境整備や子
育て、高齢者にやさしい環境整備、市民主体のまち育て活動の支援に活
用している。市外からの評価は、市民の誇りと自信につながり、北上市
のまち育ての原動力になっている。

第4章　おわりに

　当市は、まち育てを更に活性化させるプロセスを実現するため、シ
ティプロモーションに取り組み始めた。

　取組に当たっては、手段先行の一過性、消耗戦的なものではなく、
「今ある資源や事業を大事にし」「魅力や取組を市内外に効果的に伝え」
「都市ブランドを確立する」ことに重きを置いた。

　また、取組を進めるうえで、シティプロモーションという新しい分野
の知識に乏しい行政職員を補いながら外部目線で市の魅力を掘り起こし
てもらうため、外部専門家のサポートを受け、市民とも連携しながら進
めてきたことが、活動の成果につながっているものと考えている。

これからも市民のほか、市外からも多様な人々に参画していただく共創の視点で様々な取組を進め、シビックプライド醸成とまち育ての活性化につなげていきたい。

人と都市とのルーズコネクション
から生まれるシビックプライド

戸田市政策研究所

1 〉 首都東京に隣接する地理的優位性

埼玉県戸田市は、荒川を境に、世界最大のメガシティ東京に隣接する。1985（昭和60）年の埼京線開通や、1992（平成4）年の東京外かく環状道路開通は、更に首都東京との時間的距離を縮め、通勤・通学や流通に対しての地理的優位性を抜群に高めた。市域は18.19平方キロメートルでコンパクトであり都市化が進展する反面、住民一人当たりの都市公園面積は10.51平方メートルで、都市空間と自然空間が絶妙なバランスで共存し、都会の喧騒を忘れさせてくれている。

2 〉 人口減少社会に逆行する人口増加都市

好立地を活かし、利便性や快適性といった生活的魅力を更に磨くことで、人のムーブメントの誘発と定住化を実現している。平均年齢は、2018（平成30）年1月1日現在40.5歳で、埼玉県では23年連続して第1位の若さである。また、国立社会保障・人口問題研究所発表の2045年将来推計人口の増加率は、2015（平成27）年比15.8パーセントで、全国第13位、埼玉県では第1位である。このように、戸田市は将来にわたって人

---

(1) 国立社会保障・人口問題研究所「日本の地域別将来推計人口（平成30（2018）年推計）」(http://www.ipss.go.jp/pp-shicyoson/j/shicyoson18/t-page.asp)

口増加が続くと推計される全国的に見ても類いまれな都市の一つである。

　人口は2018（平成30）年12月１日現在13万9,604人で、2015（平成27）年国勢調査によると2010（平成22）年比の増加数は全国第15位の１万3,071人、増加率は全国第７位の10.6パーセントである。総務省統計局発表の人口増加数の多い市町村ランキングベスト20において、10万人都市でランクインしているのは、戸田市のほか、千葉県流山市のみとなっている。

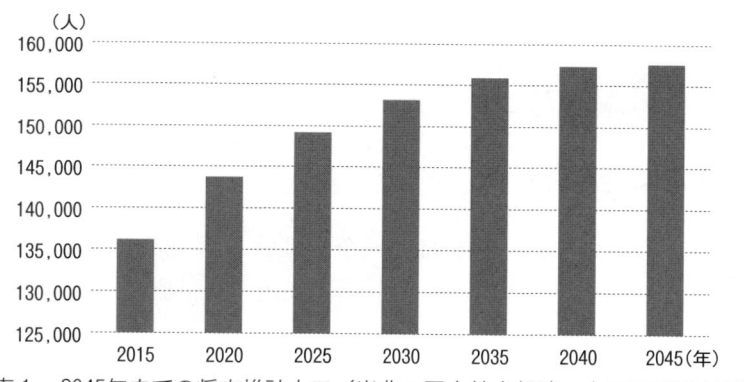

表１　2045年までの将来推計人口（出典：国立社会保障・人口問題研究所）

3 ＞ 高い人口流動性と短い居住期間

　このように市勢を概観すると、人口減少社会の中でも推計上は将来にわたって持続可能な都市と見てとれるが、不安要素も潜んでいる。それは、一年間に全人口の約10パーセントに相当する約１万人が転入し、約9,000人が転出するといった大都市近郊の都市に共通した激しい人口流動である。

　また、戸田市政策研究所が2010（平成22）年度に目白大学と共同で実

⑵　「戸田市政策研究所」とは、2008（平成20）年４月に市政に関する総合的な調査研究を行うため設置された自治体シンクタンク（http://www.city.toda.saitama.jp/life/7/67/）

施した「人口移動実態調査」において、25歳から39歳までの6割の居住期間が5年未満と極めて短く、特に25歳から29歳までが最多であることが明らかになった。

　これら高い人口流動性と短い居住期間は、人を地域資源としていかなければならない人口減少社会の中にあって、人と人とのつながりの希薄化に拍車を掛けるとともに、人と都市とのつながりを脆弱化させる要因になってしまうことが懸念される。

第2章　人口減少社会を勝ち抜く手順書「戸田市シティセールス戦略」

1　策定に至る背景

　人口減少社会の中、各都市は人口争奪戦とも言える競争にしのぎを削っている。その一つがシティプロモーション活動の激化として表面化している。国の地方創生と相まって、地域ブランドの創設やゆるキャラの誕生など、その手法は多様である。しかし、シティプロモーションが目的化し、明確なターゲティングもせずに、丸写し、面白いだけ、目立つだけのプロモーション事例も少なくない。されど、大半の最終的な目的は、定住人口や交流人口の増加によって、都市の活力維持や永続的な発展を実現することに集約される。

　この流れに先行して、戸田市では、「認知度が低く、都市イメージが希薄なまち」を払拭するため、政策研究所における約2年間の基礎調査を経て、2011（平成23）年6月にシティプロモーションの手順書である「戸田市シティセールス戦略」（以下、「前戦略」という。）を策定した。前戦略では、4つの重点プロジェクトと62のアクションプランに取り組むことにより、戸田市の魅力を市内外にアピールし、人や企業に関心を持ってもらうことで、誘致や定着を図り、将来にわたるまちの活力を得るための活動を戦略的に進めてきた。また、策定に当たってはコンサル

タントに託すことなく、政策研究所の牧瀬稔政策形成アドバイザー（関東学院大学法学部地域創生学科准教授）の支援を受けながら、自前で策定したものである。進行管理は、戸田市まちづくり戦略会議が担当する[3]ことで、計画終期の2016（平成28）年３月までには、ほぼ全ての事業が完了し、一定の成果が得られたものと評価できる。

2 改訂版戦略のポイント

　前戦略策定以降、2014（平成26）年11月に施行された「まち・ひと・しごと創生法」により、各都市のシティプロモーション活動は加速度的に激しさを増している。そのような中、前戦略の改訂に当たり、2015（平成27）年８月から半年間、公募市民２名、市内事業者等８名、市職員５名を構成員とする「戸田市シティセールス戦略市民会議」を設置した。ここでは、市民を巻き込んで、市の強みや弱みのほか、魅力の「なに」を「だれ」に対して「どのように」売り込んでいくのか具体的に議論し、2016（平成28）年２月に市長に対して提言書が提出された[4]。この提言書を受け、2016（平成28）年４月から５年間を計画期間とする「戸田市シティセールス戦略改訂版」[5]（以下、「改訂版戦略」という。）を策定した。

　改訂版戦略におけるポイントは、①インナープロモーションの更なる強化、②ターゲットの明確化、③選択と集中である。

---

(3) 「戸田市まちづくり戦略会議」とは、次長職の職員を構成員として、21世紀において戸田市が、自己決定及び自己責任を基本理念とする個性豊かな自立したまちであるために、新時代にふさわしい施策や行財政システム等を調査研究し、かつ、それらの結果を市政運営に活かすため設置された会議体

(4) 「戸田市シティセールス戦略市民会議提言書」（https://www.city.toda.saitama.jp/uploaded/attachment/15123.pdf）

(5) 「戸田市シティセールス戦略改訂版」（https://www.city.toda.saitama.jp/uploaded/attachment/16530.pdf）

3 インターネット広告による効果的な情報発信

　ここでは、改訂版戦略の重点プロジェクトの一例を紹介する。

　明確なターゲットを定めたら、次のステップは、人を呼び込む新機軸を打ち出す必要がある。戸田市では、2016（平成28）年10月から大手ポータルサイトを運営する企業とタイアップし、インターネットによるターゲティング広告を配信している。

写真1　インターネットを利用したバナー広告

　具体的には、居住地及び年齢層をターゲティングし、その中から不動産関連カテゴリを検索しているユーザーに対し、大手ポータルサイトのトップページをはじめタイムライン形式のページにバナー広告が掲載されるものである。そして、バナー広告をクリックすると、子育て特設ホームページにアクセスする仕組みとなっている。リリース1か月後の実績は、表示回数約860万回の中、クリック数が約7,500回で、特設ホームページへのアクセス数は、導入前に比べ約17倍と大幅に増加した。ターゲットユーザーに特定広告が表示されるインターネット広告の仕組

みを利用し、戸田市のコアコンピタンスを売り込むことで、情報交流人口の増加に大きな影響を与え、人を呼び込むための原動力になっている。

このように、ニュース性や共感・好感を意識した取組は、目立った産物のない戸田市においても、新たなブランド価値の創出を可能にする。

第3章　浸潤する都市への共感・好感

1 ＞ インナープロモーションの重要性

人口減少を食い止めるため試行錯誤されている読者にとって、ここまでの戸田市の人口増加の動向は都市近郊の特殊性と感じられるかもしれない。

しかし、統計データを収集し、分析すると、様々な課題も浮上してくる。今後、年少人口比率は徐々に右肩下がりとなり、反対に老年人口比率は全国トップレベルで急速に上昇する。そして、特に、女性に視点を置くと、婚姻後の離職率は県内で上位にランクインする高さである。さらに、15歳から49歳までの女性人口に注目すると、1995（平成7）年の2万5,973人から2015（平成27）年の3万2,757人と人口増加に同調し約6,800人増加しているものの、女性人口全体でのこの年齢層の率は、56.4パーセントから49.3パーセントと約7パーセントも減率している。つまり、人口増加都市である戸田市でも、就学前児童数は減少し、女性人口比率の低下により徐々に少子化が進むことで、自然増には過度な期待ができず、社会増への更なる取組の必要性を示唆している。

これらを踏まえ総合的に判断すると、これまで「人口増加」を意識してシティプロモーションに取り組んできたが、軌道修正の必要性も考慮すべきとの考えに至った。そこで、既存住民を転出予備軍であると認識するとともに、若年層の高い人口流動性を抑制するためにも、プロモーションのベクトルをアウターからインナーへと切り替え、「人口維持」

の対策を強化することとし、改訂版戦略のポイントに位置付けた。

　更なるインナープロモーションの強化により、既存住民の都市に対する共感・好感意識を浸潤させ、その意識が都市の魅力として口コミで潜在住民に伝わることで、やがて口コミ情報が都市イメージとして定着化する流れが期待できる。インナープロモーションの効果は、これまで主に行政が務めていた広報活動を、発信力の高い住民が肩代わりすることで、その信憑性とSNSなどを活用したスピード感のある広報が行われていくことにある。つまり、インナープロモーションの強化は、結果として住民によるアウタープロモーションにつながり、潜在住民の移住意欲を触発することが期待される。

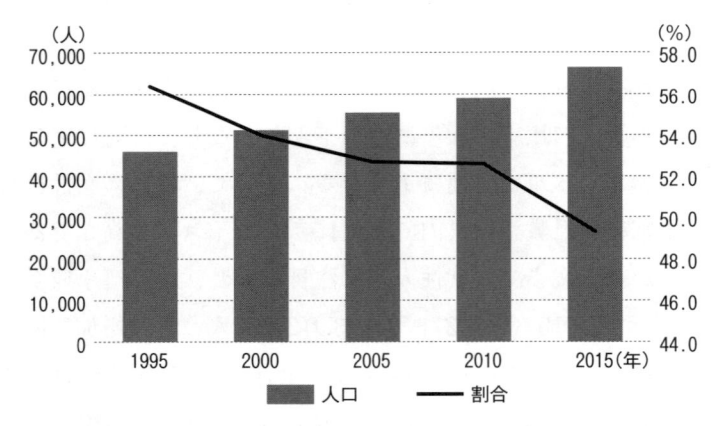

表2　2015（平成27）年から過去20年の女性人口と人口率変遷（全女性人口数に対する15歳から49歳までの女性人口割合）（出典：総務省統計局）

2 ＞ 共感・好感を呼ぶ「市制施行50周年記念事業」

　ここでは、改訂版戦略の重点プロジェクトの中、インナープロモーションを意識した一例を紹介する。

　戸田市では、2014（平成26）年7月に、住民・議会・行政が協力して、まちづくりを行うための基本的な考え方やルールを定めた「戸田市自治

基本条例」を施行した。この理念に基づき、まちづくりにおいて協働を実践していくことは、地域をより良い場所に改善していくための自発的活動に結び付き、都市への共感・好感を芽生えさせるためには効果的な手法と言える。

　戸田市は、2016（平成28）年10月1日に市制施行50周年を迎えた。当日は式典と同時に「とだ50祭（さい）」という祭りを並行開催した。両事業は、企画から当日の運営までを、約40人の市民と市職員との協働により取り組んだ。行政主導でなく、住民主導で進めた約2年間にわたる事前準備は、多くの苦労も経験したが、当日は約3万2,000人が参加する大盛況であり、企画・運営に携わった市民や来場者からは感嘆の声が挙がった。

　この取組のポイントは、住民に任せる行政の勇気と言える。クリエイティブな住民は無数のアイデアを持ち、ネットワークを活用して、そのパワーを最大限に実行するためのすべを知っている。このパワーを引き出すためには、行政との棲み分けを明確にして、できる範囲内で住民に主導権を移行することで、相互の友好な信頼関係が生まれ、住民の主体性をより高めることを可能にする。

写真2　とだ50祭を企画する会議の様子

3 シビックプライドの醸成に効果的な取組分析

シビックプライド⁽⁶⁾の醸成による住民の都市への意識向上に注目が集まっているが、シビックプライドは5つの要素で評価される。株式会社読売広告社発表（2016（平成28）年10月26日）の「都市生活者の居住エリアによる特性分析を可能にするCANVASS-ACR調査」によると、戸田市は、「共感」が第1位、さらに、「誇り」と「人に勧めたい」は第4位、「愛着」「住み続けたい」も上位にランクインし、総体的にシビックプライドの高い都市との結果であった。

現在、株式会社読売広告社が保有するシビックプライドに関するナレッジと、戸田市が保有する各種の調査データナレッジを掛け合わせて、シビックプライド向上がもたらす効果・手段・方法について分析を進めているが、以下、この評価を得た要因を自己分析する。

一般的に、「愛着」「住み続けたい」は、居住期間の長い住民が多い都市で高く評価される指標と考えられる。一方、「共感」は、戸田市の結果からも分かるように、居住期間の短い住民が多く、都市の魅力に期待して転入した新住民の多い地域で高いスコアの得られる指標と考えられる。特に、あらゆる角度で情報を収集・分析し、総合的な判断によって戸田市を居住地として決定した若年層の住民には、高い評価の得られる指標と考える。

そして、特に「共感」の指標でハイスコアとなる要因は、住民の主体性が尊重され、まちづくりに参画できる機会や場が提供されているか否かに大きく影響すると考えられる。戸田市の場合、「市制施行50周年記

---

(6) 「シビックプライド（Civic Pride）」とは、市民が都市に対して持つ誇りや愛着をいうが、日本語の郷土愛とは少々ニュアンスが異なり、自分はこの都市を構成する一員でここをより良い場所にするために関わっているという意識を伴う。つまり、ある種の当事者意識に基づく自負心と言える。伊藤香織、紫牟田伸子監修『シビックプライド　都市のコミュニケーションをデザインする』株式会社宣伝会議・2008

念事業」において住民主体の取組が具現化され、イベントの計画段階からの参画によって、徐々に共感を高めるためのツボが刺激されたものと推察される。つまり、イベント等において住民の多様性を認め、主体性を強めることは、公民の目指す方向性が同一であることを意識付け、「共感」のスコアを引き上げることに欠かせない仕掛けではないかと考えられる。

共　感		
RANK	都県	市区町村
1	埼玉県	戸田市
2	東京都	武蔵野市
3	神奈川県	横浜市　都筑区
4	神奈川県	横浜市　金沢区
5	東京都	調布市
6	東京都	杉並区
7	東京都	府中市
8	東京都	港区
9	東京都	世田谷区
10	埼玉県	さいたま市　緑区

表3　「共感」ランキング（都市生活者の居住エリアによる特性分析を可能にするCANVASS-ACR調査（2016（平成28）年発表））（出典：株式会社読売広告社）

第4章　人口減少社会におけるシティプロモーションのトレンド

1 ＞ 住民主体のまちづくりをデザインする

　今後のシティプロモーションは、インナープロモーションの強化によるシビックプライドの醸成がトレンドになると考えられる。

　住民個々の働き方、生き方、住まい方は多様性に富み、それぞれのライフスタイルの実現やQOL（Quality of life）の向上を都市に期待する志向が強まっている。そのような中、住民自らが客体から主体となり、

活躍の場や居心地の良い時空間を求める動きが見られる。そのため、全ての世代の多様性を受容する、寛容性の高いクリエイティブな都市をデザインすることが、人口減少社会をネガティブ思考からポジティブ思考に切り替える新たなまちづくりのスタンスと言える。

2 人と都市との関係性を深めるルーズコネクション

　人と人とのつながりはコミュニティで育まれる。そして、人と都市との関係が結び付くことで、ゆっくりじっくり時間をかけてシビックプライドが育まれる。そのつながりは、決して強制的でなく、ルーズコネクション（緩やかなつながり）から生まれる。特に、戸田市のように若年層の多い都市では、「緩やか」が全てに共通するキーワードと言え、そのきっかけを探求している若年層の存在も予想外に多い[7]。

　都市とのつながりのきっかけは、自分のできる範囲内で気張る必要はない。まずは、都市に興味・関心を持ち、都市を知ることが大切である。その中から小さな接点を発見することによりシビックプライドの醸成は始まる。その接点が、やがて「点」から人的ネットワークを介して「面」へと展開し浸潤していくことで、都市とのつながりを実感し、当事者意識に基づく自負心を高めていくことになる。

　このシビックプライドを醸成させる過程を検証するため、2017（平成29）年度から2年間で、戸田市と公益財団法人日本都市センターとの共同研究「住民主体のまちづくりに関する調査研究[8]」に取り組んでいる。この共同研究では、「シビックプライドを醸成するための論点と課題」

⑺　戸田市政策研究所と目白大学が2015（平成27）年度から2年間で共同研究した「20代・30代の若年層の居場所に関する応用研究」（https://www.city.toda.saitama.jp/uploaded/attachment/21831.pdf）では、若年層の約8割が高い定住志向を示し、良好なつながりを求めていることが明らかになった。

⑻　「住民主体のまちづくりに関する調査研究」（http://www.toshi.or.jp/?cat=161）では、卯月盛夫早稲田大学社会科学総合学術院教授を座長とする「住民がつくるおしゃれなまち研究会」を設置して議論が進められている。

を検討事項の一つに掲げ、住民が中心となってまちの魅力を向上・創出するための研究が、現在、進められているところである。この共同研究を契機として、住民主体によるまちづくりにより、都市を使い、更に都市を使いこなすことのできるシビックプライドオーナーを増やすための定跡を見いだすことができれば、人口減少の食い止めに奮闘する自治体に対するカンフル剤としての移転可能性が期待されるところである。

海老名市の「一体感醸成」に重きを置いたシビックプライド

海老名市市長室シティプロモーション課

第1章　海老名市の概要

　海老名市は神奈川県のほぼ真ん中に位置する人口規模が13万人の自治体である。市内には、小田急線、相鉄線、JR相模線の鉄道3線が通り、横浜や新宿といった首都圏内の大都市へのアクセスが非常に良く、更に海老名インターチェンジから圏央道を経由し、車での全国への移動も快適である。

　また、海老名駅周辺には羽田空港へのリムジンバスや夜間高速バスの発着所も備えられており、周辺の自治体と比較して交通の利便性が良いというのが当市の大きな魅力の一つとなっている。小田急線の複々線化に伴う海老名駅停車のロマンスカーの増便、相鉄海老名駅の駅舎改良工事、相鉄線の都心延伸事業など今後も更なる利便性の向上が見込まれている。

　さらに駅を離れれば、公園や緑豊かな自然も数多くあり、子ども連れの方をはじめ、子どもから大人まで多くの方が楽しむことのできる市民憩いの場所となっている。

第2章　シティプロモーションに取り組む背景

　このような環境の中で、当市が主体となって民間事業者と協力しながらまちづくりを進めてきた。海老名駅周辺を中心として2002（平成14）年の東口の商業施設ビナウォーク開業を皮切りに、2015（平成27）年の

西口のまち開き（扇町）等、大規模商業施設の開業を中心とした開発が進み、都市機能が近年著しく向上している。めぐみ町地区での開発も進み、2017（平成29）年11月に開業した商業施設ビナガーデンズテラスをはじめ、将来的には高層ビルの建設も予定されており、大きな変貌を遂げる見込みである。このように、当市のまちづくりは更に大きく前進している状況の中で、人口も順調に増加し、2016（平成28）年度に13万人を突破、現在もなお増加傾向にある。

　しかし、長期的な視点に立てば、他の自治体同様、少子高齢化を背景とした人口減少は避けられない課題となっており、「海老名市人口ビジョン」においても、2026年頃から人口減少が始まるとされている。この課題を解決していくため、当市では人口減少対策に焦点を当てた計画「海老名市かがやき持続総合戦略」を策定し、自治体としての輝きを持続させていく手段の一つとして「まちの魅力向上とシティセールスの推進」、更にシティプロモーション（PR活動）の充実を掲げている。その中で、2016（平成28）年4月にシティプロモーション課が新設された。

写真1　発展するまち海老名

第3章　シティプロモーションの戦略的な取組

　当市では、市独自にシティプロモーションを推進すべく、2017（平成29）年度から2019（平成31）年度までの3年間の「海老名市シティプロモーション指針」を策定し、職員が一丸となって統一的なシティプロ

モーションに取り組むための基本的方向性を示した。指針の策定に当たっては、各部から職員を招集し、様々な意見の集約に努めた。具体的には、「シビックプライド」という言葉を、より多くの市民や職員に向け周知させるため「愛着と誇り」と定義した。さらに、これまで乱立していたスローガンを「住みたい 住み続けたいまち 海老名」に統一し、プロモーションマークを定め、市発行物への表記を徹底させた。

　指針に基づき、当市のシティプロモーション事業の具体的な行動目標を示した「海老名市シティプロモーションアクションプラン」（※2018（平成30）年度は「営業」マインドの要素を強く反映させるため、「海老名市シティプロモーション・営業戦略アクションプラン」とした）を単年度ごとに策定し、事業を実施している。

　以下では、これまで取り組んできた事業及び施策について紹介していく。

いきものがかり地元凱旋ライブの受入れによる認知度向上

　メジャー音楽グループである「いきものがかり」がメジャーデビュー10周年を記念して、2016（平成28）年8月、9月に、彼らの地元である海老名市と厚木市で凱旋ライブを開催した。当市においては、8月27日、28日の2日間で約5万人の方が全国から来場された。

　この年は当市にとっても市制施行45周年と記念の年であり、この凱旋ライブに全面的に協力した。地元の民間事業者も集まって地元PR冊子を作成したり、市民から歓迎メッセージを集め、メンバーにプレゼントしたりと、行政だけではなく、民間事業者、市民全てを巻き込んでイベントの盛り上げに大きく貢献した。

　シティプロモーション課新設後初の大イベントであり、この凱旋ライブを通じて、全国に向け広く当市をPRするとともに、市民もイベントに関与したことで、地元への愛着と誇り（シビックプライド）の醸成につなげることができたと考える。

市民からのシティプロモーション用素材募集による海老名の魅力再発見機会の創出

　数々の媒体を活用し、市をPRする際に心掛けていたことは、必要な素材（写真、動画、人物）を市内で調達することである。そのため、様々な世代に向け募集をしてきた。

　大人に向けては、市民一人ひとりがカメラやスマートフォンを片手に市内に繰り出し、海老名市の「好きなところ」を収めた写真を募集した。応募いただいた写真は、市内公共施設等における写真展の開催をはじめ、市公式インスタグラム「＃好きです海老名」に随時投稿するなど多くの方にPRできるよう展開した。

　さらに、市の魅力PR動画や市広報誌の表紙に採用するなど、市のシティプロモーション事業にも積極的に活用した。本事業は、シティプロモーション課が設立された2016（平成28）年度から実施しており、毎年100件近い応募をいただいている。通常の写真募集で行われるようなコンテスト形式を採用せず、応募いただいた写真は原則全て活用。応募した市民にとっても、風景や場所など市内にある「魅力」の再発見の機会にもなり、更に自身の作品が掲載されることで、周囲の方にも口コミでPRしてもらうことにもつながった。

　子どもたち向けの施策として、市内在住の小学生に、海老名の好きなところを描いたポスターや、「えびな」の文字を書いた習字を夏休みの宿題として募集した。ポスターの中には「住みたい　住み続けたいまち　海老名」という当市の統一スローガンの記載を必須事項にすることで周知を図った。2017（平成29）年度は200件以上の応募をいただき、作品は多くの方が行き交う海老名駅自由通路（駅間部）への掲出、動画の作成、その他各種媒体のPR用素材として活用した。タイトルロゴ（習字）についても、市の広報誌の題字に用いるという、これまでにない取組（毎月２作品、年間24作品）だったことからも、大きな反響があった。さらに、市役所１階で作品を展示した際には、応募した本人のみならず、その保護者や学校関係者も多く来場された。

子どもの頃から当市の統一スローガンや魅力に触れることで、長い時間をかけて、当市に対する愛着や誇り（シビックプライド）を醸成することができると考える。さらに、子どもを介して、その親の世代に対してもPRができた。これらの企画は市民の魅力の再発見の機会創出につながるとともに、ひいては市民の当市に対する愛着と誇り（シビックプライド）の醸成につながるものと考えている。

鉄道・バス車内広告といった公共交通機関を活用したPR

　現在当市が取り組んでいる、若者世代（大学生・新社会人）をターゲットとした、大学生向け家賃補助、社会人向け奨学金返還補助（総称：若者定住促進事業）をPRすべく、多くの若者が通勤・通学で利用する鉄道（小田急線・相鉄線・JR相模線（2018（平成30）年度））、バス（神奈中バス）の車内に広告を掲出した。掲出時期も工夫し、入学・入社に伴う転居をはじめ、新生活の準備を開始する1月〜3月に掲出したほか、広告のモデルについても、市内で活躍している若者を採用したことで多くの人の目を引いた。その結果、掲出開始後の市ホームページ上の当該サイトへのアクセス件数が急増し、申請件数の増加にもつながった。広告を見て申請に来た方が多かったことから、本取組がPRに効果的であったと考えている。

民間事業者と連携した地域コミュニティの形成・市の魅力発信

　2015（平成27）年に誕生した"若いまち"である海老名駅西口に位置する扇町で、地域コミュニティの創出及び当市の認知度向上を目的として、地元民間事業者と協力してストリートピアノを開催した。同企画は、近隣では珍しいものであり、新聞紙面に取り上げられるなど、当市の認知度向上に大きく貢献した。

　さらに、若い世代の方と高齢世代の間に、ピアノをきっかけとして会話が生まれ、地域コミュニティの創出と深化、ひいては当市に対する愛

着と誇り（シビックプライド）の醸成につながるものと考えている。また、民間事業者が持つ媒体などを活用し、当市の認知度向上、当市への転入促進、市外への転出抑制を図る事業を展開してきた。

＞ ご当地キャラクターを介した愛着と誇り（シビックプライド）の醸成

当市のイメージキャラクターである「えび～にゃ」は市制施行40周年を記念し、当市の元気を象徴する、誰からも愛されるキャラクターとなるべく、2011（平成23）年1月に誕生した（写真2）。

頭は海老名市の「えび（海老）」を、からだは県内1位の共販出荷量を誇る「いちご」をモチーフにし、おでこには「えびな」と、ひらがなで表記しており、子どもでも読める工夫をしている。

誕生後は市内外を問わず、多くのイベントに参加し、「ゆるキャラグランプリ2014」では1,699キャラクター中、第16位にランクインするなど、多くの方の人気を集めるとともに、当市の認知度向上に大きく貢献してきた。

その後、一定の認知度を獲得した「えび～にゃ」を活用し、アドバルーンや子ども用変身着ぐるみを作成し、各種イベントで活用している。これらにより当市の魅力を発信するとともに、市内の保育園、小学校を訪問し、子どもたちと触れ合う活動も継続している。これは、キャラクターという、非常に触れやすい媒体を通じて、市民の当市に対する愛着と誇り（シビックプライド）の醸成を図るものである。

写真2　市民と触れ合うえび～にゃ

海老名市の「一体感醸成」に重きを置いたシビックプライド　*201*

市制施行50周年に向け市民と協働でダンスによる海老名の元気と魅力を発信

　海老名市は市内にダンススクールが幾つもあり、更に高校にもそれぞれダンス部が存在するなど、非常にダンスが盛んな地域である。

　このため、海老名市では、市民全員が参加できるダンスを制作し市内外に向け、海老名市の元気と魅力の発信を行う事業を2018（平成30）年度から開始した。

　ダンス・曲の考案には、音楽グループDA PUMPのメンバーであり、世界的なダンサーとしても有名なKENZO氏に協力いただき、市民も巻き込んでEBINAダンスを制作した。また、KENZO氏を海老名市親善交流大使に任命し、海老名市の元気と魅力をダンスを通じて発信していく（写真3）。

　今後は、市内小中学校の子どもたちを中心に老若男女、誰でも踊れるようにダンスをアレンジしつつ、発信していき、市制施行50周年を迎える2021年度には、市民全員を対象に、大規模なダンスイベントを検討している。

写真3　市民の一体感を醸成するダンスイベント

第4章　シティプロモーションに必要なもの

　これまで述べてきたように、2016（平成28）年4月にシティプロモーション課が新設されて以降、様々な施策に取り組んできた。この間、人口も順調に増加しており、総務省の住民基本台帳人口移動報告において、2017（平成29）年までで、2014（平成26）年比で約1,200人の転入超過となっている。もちろん、シティプロモーション課だけの取組による成果とは言えないが、その一因となっていることは十分に考えられる。シティプロモーションに取り組む際に心掛けていたことは「職員も含め、何らかのかたちで市民の参加・協力を促す」ということである。

　写真募集やポスター募集は、市の職員だけではなく、市民自身が知っている市の魅力を教えてもらうために行ったものであり、当市のシティプロモーションにとっては、より魅力的な情報の発信が可能となり、応募者である市民にとっても、市内にある魅力の再発見となる機会創出とともに、愛着と誇り（シビックプライド）の醸成を図ることができる。さらに協働により、民間の持つ媒体を活用することで、より広く市をPRすることが可能となり、認知度向上にも大きく寄与いただいた。

第5章　今後の課題

　しかし、このような取組を行う前に、まずは職員の意識改革が必要だと考えた。シティプロモーション課が新設されて以降、市のPRの中心となって活動してきたが、多くの職員の間に「PRはシティプロモーション課だけがやるもの」といった考えがまん延し、十分な協力を得られないケースもあった。その課題に対処すべく、職員に対するシティプロモーション学習に取り組んできた。新採用職員や将来の自治体経営を担う若手職員に向け、外部から講師を招き、シティプロモーションについて講演いただく研修を実施するなど、当市のシティプロモーションに対

する意識付けを行ってきた（写真4）。今後も各職員自らが市のセールス担当者となって、自身が従事している業務のPRをシティプロモーション課と連携するよう意識付けを行っていく。

写真4　職員の一体感を醸成する研修会

第6章　海老名市のシビックプライド

　2018（平成30）年7月に株式会社読売広告社が公表したシビックプライドランキング2018で、当市は総合で7位（全151自治体中）と、高い評価をいただいた。これは、これまでのシティプロモーションの取組が、大きく功を奏しているものと考えられるが、それだけではなく、以前から海老名市には、大小様々なコミュニティが存在しており、そこに住む人々がこれらのコミュニティの中で、長い時間をかけ、地域に対する愛着と誇り（シビックプライド）を醸成してきた。

　そのため、成長し海老名市を離れても（本当は定住してもらいたいが……）海老名市で過ごした思い出を懐かしんで語る方が多くいる。多くの海老名市出身の著名人が、事あるごとに、海老名市での思い出を、様々な媒体で話していることからも、容易に想像ができる。

　こういった素地があるからこそ、海老名市のシティプロモーション事業に対し市民の参加・協力が得やすく、PR効果は最大化され、人口増につながるなど良い結果を生んでいる。また、ここ近年は、海老名駅西

口に誕生した扇町（2015（平成27）年誕生）や、めぐみ町（2017（平成29）年誕生）といった若いコミュニティも誕生しており、既存のコミュニティ同様に、様々な関わりを通じて当市に対する愛着と誇り（シビックプライド）の醸成を図っている。

　そして最も大きな特徴として挙げられるのが、シティプロモーションの取組に対し、首長である市長の理解を得ていることである。市長が常に職員の先頭に立ち、強力なリーダーシップを発揮することにより、当市のシティプロモーションを大きく前進させている。

　依然当市のシティプロモーションは発展途上であり、手探りの部分も多々あるが、将来的な課題を見据え、今後も全職員が当事者意識を持ち市民と協働でまちの魅力向上、シティプロモーションに取り組んでいきたいと考えている。

一人ひとりのシビックプライドと。

多摩市長　阿部　裕行

第1章　多摩市の概要

　多摩市の母体は、1889（明治22）年の市町村制の施行と共に、旧8ヶ村と2つの飛び地が合併し誕生した多摩村が始まりである。その後、1964（昭和39）年の町制施行を経て、1971（昭和46）年の市制施行により都内で24番目の市となった。

　多摩市は、都心から30〜35キロメートル圏で東京都のほぼ中央に位置し、新宿まで電車で30分、大手町までも50分程度で移動できる距離にある（図表①）。市の総面積は21.01平方キロメートルで、そのうち日本最大級の規模を誇る多摩ニュータウン地域が市内の6割を占めている。多摩ニュータウンは、高度経済成長による住宅難に対応するため、都内に良質の宅地や住宅を大量に供給することを目的に開発が進められ、1965（昭和40）年、多摩市の諏訪・永山地区から住民の入居を開始している。また、住宅をはじめとする業務、商業、教育、文化など多様な施設が立地し、多摩地域における複合拠点となっている。

　多摩ニュータウンの開発に伴い、歩車分離を徹底し計画的に配置された住宅や数多く設置された公園、地域内に張り巡らされた全長42キロメートルにわたる遊歩道などは多摩市の特徴の1つになっている。[1]

　これらの街並みや風景は多くの映画やドラマの場面として活用され、近年こうした撮影スポットを「聖地巡礼」として楽しむ観光客も増えて

---

[1]　2018（平成30）年10月1日現在、市立公園緑地数208か所

いる。また、世界的に有名なキャラクターである「ハローキティ」を多摩センター親善大使に任命し、地域の活性化を図っている。

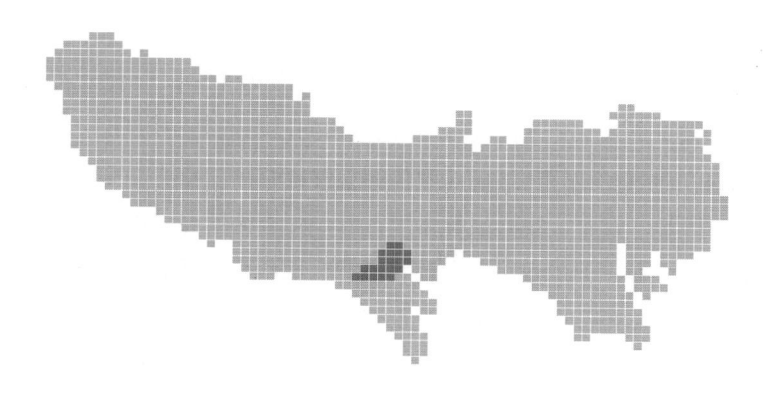

図表①　多摩市のロケーション

　市内では、既存地域の大型再開発事業の開始や開発から50年が経過する多摩ニュータウンの再生、市の中心に位置する複合文化施設の大規模改修や新たな中央図書館の建設など市制50周年を間近に控え、次代を見据えた様々な動きが顕著になってきている。

　また、東京2020オリンピック競技大会における自転車競技（ロードレース）のコースが多摩市内を走ることが決定している。市民にとっては、オリンピックを間近に見て体感できるまたとない機会になるだけでなく、今後、開催に向けた機運醸成や大会後のレガシーの構築など多くの取組が実施される予定である。

第2章　シビックプライドへの気付き

　そのような多摩市で、私は2018（平成30）年4月から3期目となる市政運営を担わせていただいている。3期目への挑戦の際に掲げたのが、「一人ひとりのシビックプライドと。」である。ここでは選挙ビラの掲載

は控えるが、「阿部は横文字ばかり使う」というご意見もあったため、「civic prides＝市民の誇り＝まちを愛する心」という日本語も付記した。

本章ではまず、なぜ私が「シビックプライド」という言葉を用いるに至ったのかについて説明したい。

私が市長2期目の4年間で力を入れたことの1つに、健幸都市（スマートウェルネスシティ）・多摩の創造に向けた取組がある。

「健幸都市」を多摩市では、「身体的な健康だけでなく、それぞれに生きがいを感じ、安全・安心に暮らすことができ、子育て中であっても、障害があっても、子どもから高齢者まで、だれもが幸せを実感できるまち」と定義している。その定義を正確に答えられる市民はそう多くはないと思うが、「健幸」という言葉は、この4年間で浸透してきたと実感している。

例えば、多摩市内では、これまでも各地域にある公園で自主的に行われている毎朝のラジオ体操や、高齢者が引きこもらないよう進めている介護予防活動などが活発に行われてきた。その背景には、高齢化の進展や健康意識の高まりなども少なからず影響していると思うが、市内路線バスでの車内放送やのぼり旗をはじめ「健幸都市」をあの手この手でPRし、市民を積極的に巻き込んでいく取組を進めた結果、例えば市の広報紙である「たま広報」に掲載されていないような小さな活動にも多くの人が集まるようになってきたのである。

また、私が地域行事等に顔を出した際に、「自分も●●（●●には、人により日頃の食生活や運動習慣など様々な言葉が入る。）を実践しているよ。健幸都市だからね。」などと声をかけてもらうことも多くなってきた。賀詞交換会の多い季節には、「市長、少し太ったんじゃない？
気を付けないとだめだよ。」など、私の健康まで気を遣ってもらい恐縮しきりである。

こうした意識変化は、住民だけではなく、このまちで働く方たちにも見られ、介護保険事業者の有志が「多摩市の介護を日本の介護事業のス

タンダードにしよう」を旗印に、事業所の枠を超えた動きにも発展している。

　強制されるわけでもなく、自分自身の、そして自分の身近な人たちの健康管理や将来の介護などに気を遣い、積極的に関わっていく空気が間違いなく浸透してきたのだ。

　そして、こうした空気の根底にあるものを表す言葉こそが「まちを愛する心」、「市民の誇り」すなわち「シビックプライド」なのだと気付いたのである。だからこそ、多摩市の市民の力、市民の活動力は他の自治体に優るとも劣らないし、「多摩市」というまちは、市民の活動から生み出される価値から構成されているのだ。

　そして、私が「シビックプライド」という言葉を掲げる以前に、全く別のアプローチで検討してきた多摩市のシティセールス戦略においても、重要なキーワードとなったのが、奇しくも「市民の愛着や誇り」だった。

第3章　多摩市ならではのシティセールスの推進

1 ＞ シティセールスに取り組む背景

　多摩市の人口の推移をみると、1960（昭和35）年には1万人に満たなかったものが多摩ニュータウンの開発に伴って大幅に増加し、1990（平成2）年までの30年間に約15倍の14万人台まで増えた。以後、ほぼ横ばい傾向が続き、2018（平成30）年の多摩市の人口は14万8,724人[2]である。また老年人口（65歳以上）は近年、増加傾向にあり、2018（平成30）年は4万1,133人で、その割合は27.7パーセントになり、高齢化が急速に進行している。

　2018（平成30）年3月に国立社会保障・人口問題研究所が推計した

(2)　2018（平成30）年1月1日現在（住民基本台帳人口より）

「日本の地域別将来推計人口」によると、多摩市の人口は2045年には12万2,287人になり、2018（平成30）年と比較すると約2万6,000人減少すると見込まれている。また、老年人口は4万9,733人で2018（平成30）年に比べ約9,000人増加し、高齢化率は40.7パーセントへ大幅に上昇すると予想されている。

2 ＞ シティセールスの必要性

　このような中、今後も都市機能を維持し将来に向けて持続的に発展していくため、多摩市は、国の「まち・ひと・しごと創生法」の施行に基づき、2016（平成28）年に「多摩市人口ビジョン」及び「多摩市まち・ひと・しごと創生総合戦略」（以下、「総合戦略」という。）を策定した。

　総合戦略では、2015（平成27）年に策定した市の最上位計画である「第五次多摩市総合計画・第2期基本計画」を基本にしつつ、人口減少や急速な高齢化に伴う諸問題を克服し、まちに活力を与え、市民一人ひとりが幸せを実感できるまちの実現を目指し、4つの基本目標を定めている。その基本目標の1つとして「新しい人の流れをつくる　～新たな交流と若い世代の呼び込み～」を定め、多摩市の強みや地域資源を最大限に活かし、主に若い世代や子育て世代（20～40歳代）に向けて、多摩市の魅力を的確かつ効果的に伝える「シティセールス」の推進など、多様な取組を進めることで“選ばれるまち”になることを掲げている。

　今後も「持続可能な活力のあるまち」であり続けるためには、今まで以上に知名度向上、来街促進に向けた施策を効果的に実施し、将来の定住促進につなげていくシティセールスは重要である。

　そこで、本市のシティセールスを着実に進めていくため、2018（平成30）年4月、「多摩市シティセールス戦略」（以下、「戦略」という。）を策定した。この戦略の実施期間は2018（平成30）年からおおむね10年間とし、その実効性を確保するため、2年ごとに見直しを行うこととした。

3 ＞ 現状と課題

　株式会社ブランド総合研究所による「地域ブランド調査2017[3]」の中の「自治体認知度ランキング」によると、多摩市の認知度は全国1,000市町村中、153位であった（図表②）。多摩市と同様の環境にある東京都内26市中では３位であり、多摩市より順位が高い市は武蔵野市と国立市だけだった。全国的に見ると、多摩市の認知度は比較的高いといえる。

　今回、戦略を策定するに当たり、各種調査を実施し、多摩市の現状の把握と課題の整理を行った。

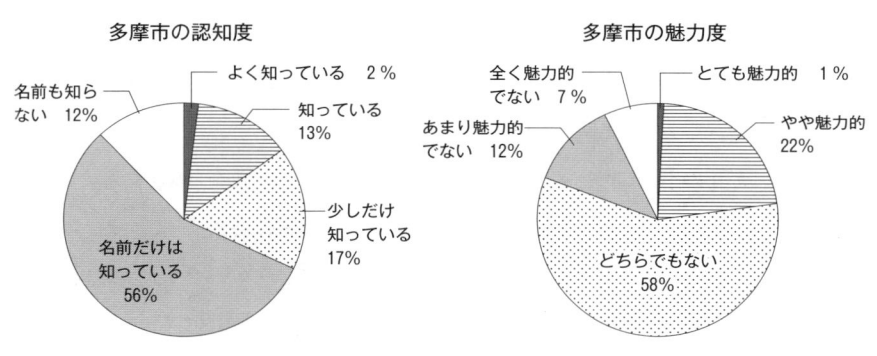

多摩市の認知度

- よく知っている　2％
- 知っている　13％
- 少しだけ知っている　17％
- 名前だけは知っている　56％
- 名前も知らない　12％

多摩市の魅力度

- とても魅力的　1％
- やや魅力的　22％
- どちらでもない　58％
- あまり魅力的でない　12％
- 全く魅力的でない　7％

図表②　多摩市の認知度・魅力度（地域ブランド調査2017）

　多摩市周辺の６自治体に在住する人たちを対象にアンケート調査[4]を実施し、市外の住民の多摩市に対する意識を調べた。調査の結果、多摩市について、「知っている」と回答した割合は93.9パーセントを占め、多摩市の認知度は高いことが分かった。一方で「たいへんよく知ってい

---

[3]　有効回答者数：３万745人　　　回答者：20〜70歳代
　　　調査期間：2017（平成29）年６月23日〜７月14日
　　　調査地域：1,047自治体（47都道府県、791市、186町村、23東京都特別区）
[4]　有効回答者数：1,579人　　　　回答者：調査地域在住の20〜49歳
　　　調査期間：2017（平成29）年12月15日〜18日
　　　調査地域：八王子市、府中市、調布市、日野市、世田谷区、川崎市

る」「よく知っている」と回答した割合は20.3パーセントであり、多摩市の特徴や特色について理解が進んでいないことが明らかになった。また、多摩市に「魅力を感じる」「やや魅力を感じる」と回答した割合は18.7パーセントにとどまり、多摩市に対する好意や関心の度合いを高めるために、多摩市の特徴や魅力をどのように伝えていくかが課題になっている。

さらに、アンケートに対し、多摩市を「たいへんよく知っている」「よく知っている」と答えた層に「多摩ニュータウンのイメージ」について尋ねたところ、「団地」（56.3％）の回答が最も多く、以下「高齢者が多い」（36.8％）、「緑が豊か」（34.5％）、「過疎化している」（32.2％）と続いた（図表③）。多摩ニュータウンに対しては、オールドタウンに代表されるネガティブなイメージが依然として根強く、これをどのように払拭していくかが課題である。

また、職員のシティセールスに対する考え方や意識を把握するため、全職員を対象にアンケート調査[5]を実施した。調査結果からは、92パーセントの職員が「今後シティセールスに力を入れていくべきだ」と回答し、関心の高さをうかがわせている。一方で、「自身が手掛けている仕事の内容を市内外に知ってもらいたいと思うか」の設問に対しては、25パーセントの職員が「知ってもらいたくない」と回答し、事業PRに積極的でない職員が少なからず存在することが明らかになった。また、57パーセントの職員が「多摩市はオールドタウンである」と回答し、市が力を入れている施策を理解していない職員が半数近くいるなど、シティセールスを進める上で重要な役割を担う職員の意識の低さや知識不足が明らかになった（図表④）。

---

(5) 有効回答者数：529人
　　調査期間：2017（平成29）年7月24日〜31日

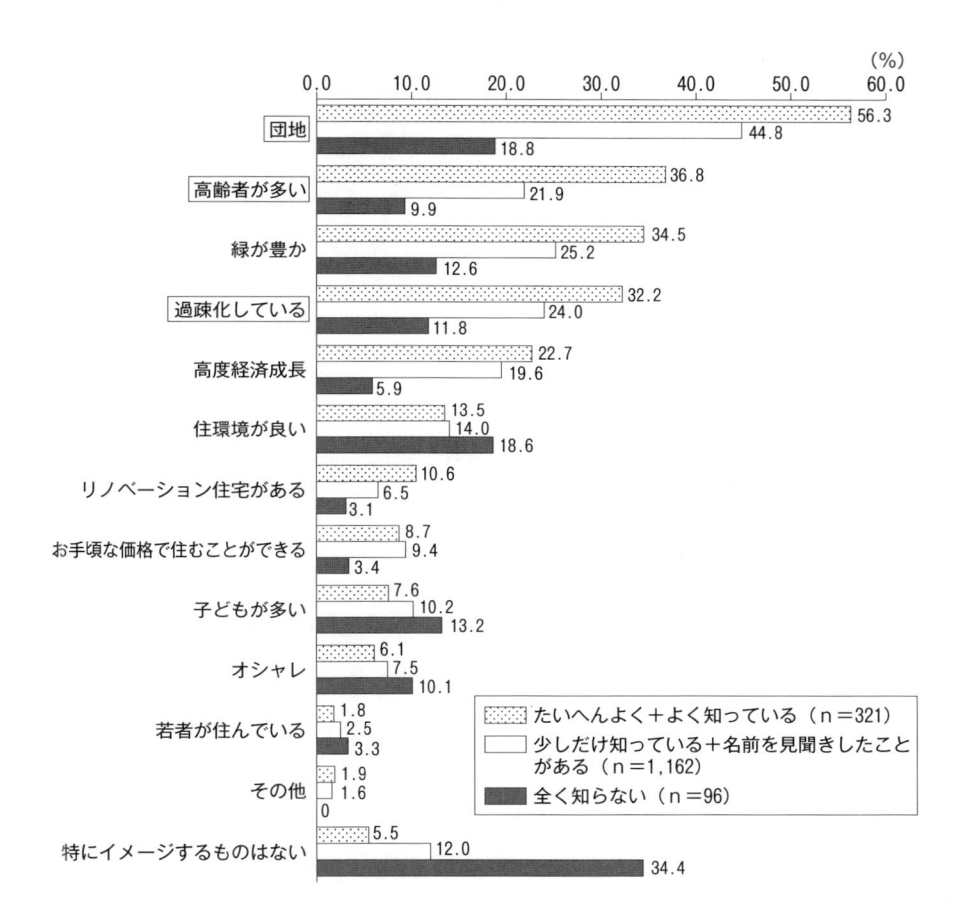

図表③ 「多摩ニュータウン」のイメージ（シティーセールスに関するインターネット調査）

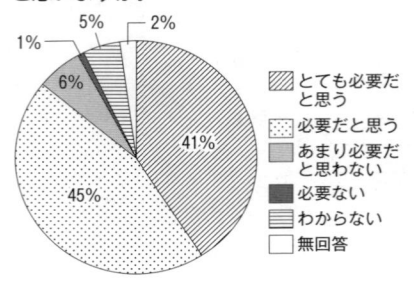

■多摩市は、今後、広報・PR、シティセールスに力を入れていく必要があると思いますか。

- とても必要だと思う
- 必要だと思う
- あまり必要だと思わない
- 必要ない
- わからない
- 無回答

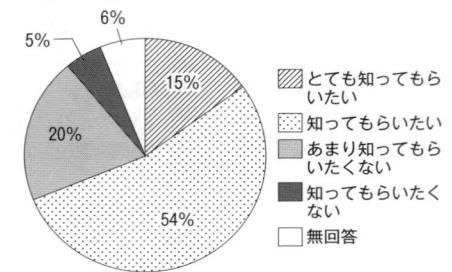

■あなたは、自分が手掛けている仕事の内容を市内外の人達に知ってもらいたいと思いますか。

- とても知ってもらいたい
- 知ってもらいたい
- あまり知ってもらいたくない
- 知ってもらいたくない
- 無回答

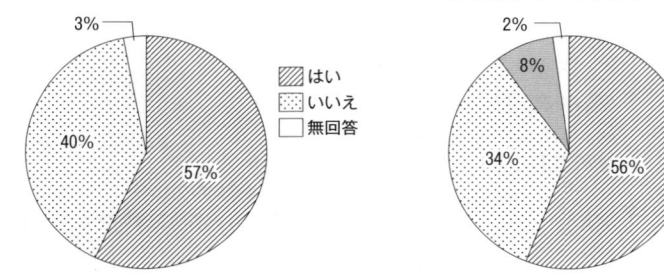

■あなたは多摩市が「オールドタウン」であると思いますか。

- はい
- いいえ
- 無回答

■あなたは、多摩市の健幸都市（スマートウェルネスシティ）に関する取組の内容を知っていますか。

- 知っている
- 聞いたことはある
- 知らない
- 無回答

図表④　職員の意識（職員アンケート）

4 ＞ 戦略の概要

　調査から明らかになった多摩市に対するネガティブなイメージを払拭し、ポジティブなイメージを醸成するためには、若々しく、前向きで、元気で、将来性を感じるまちのイメージの獲得につながる取組を進めていく必要がある。

　さらに、多摩市への「理解度」と「好感度」を高めていくため、多摩市の地域資源や行政サービス、地域活動、イベントなど具体的な魅力や特徴を効果的に発信し、理解の浸透を図っていくことが大切である。

　この２つの取組を同時に行うことにより、「多摩市らしいまちのイ

メージ」を創り、市外の人たちが「住んでみたい」と思い、市民からは
これからも「住み続けたい」と思うまちになることを目指していく。

　また、その実現のためには、職員の意識や能力の向上が不可欠であり、
職員を対象にしたシティセールスの啓発や広報活動を継続して行ってい
くことが重要である（図表⑤）。

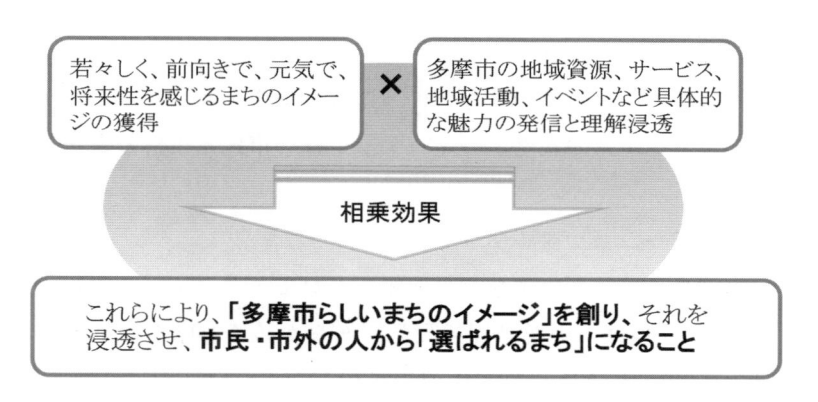

図表⑤　推進目標

(1)　戦略とアクションプログラム

　多摩市が進めるシティセールス及びその戦略を、以下のとおり定義し
た。

　　・多摩市が推進するシティセールスは、「選ばれるまち」を目指し、
　　　行政と市民が協働で、多摩市の魅力を市内外に継続的にアピール
　　　することである。

　　・戦略は、多摩市のイメージ・認知度の向上、来街者の促進、定住
　　　促進に加え、市民の愛着や誇りを育むことを目的とした取組の
　　　「方向性」を示すものである。

　また、戦略を実現するためのアクションプログラムを、

　　・戦略を推進するために、行政・市民、企業などが行う具体的な取
　　　組で、市民と市外の人に対し、まちの魅力を伝え「選ばれるま

ち」になるための全ての活動

と定義した。

(2)　戦略のターゲット

　戦略を効果的に進め、その目標を達成するためには、ターゲットを明確にすることが重要である。戦略では、2つのターゲットを設定している。

　○　戦略上のターゲット

　　目標が市民・市外の人たちに「選ばれるまち」になることから、シティセールスの戦略上のターゲットは「市民と市外の人たち」とした。

　○　プロモーションターゲット

　　実施する施策や事業などの取組（プロモーション）を実行するに当たり、「多摩市内及び周辺大学（あらかじめ多摩市で指定した大学）に通う大学生及び20代前半世代」（以下、「大学生」という。）をプロモーションターゲットに設定した。

　　オールドタウンのイメージを払拭して若々しいイメージを獲得するため、大学生と市民が連携してシティセールスを進めていく。この取組は大学生を対象に実施するのではなく、大学生と共にプロモーションを実行することによって、「多摩市らしい」イメージを伝えていくことを目的にしている（図表⑥）。

　○　なぜ大学生をプロモーションターゲットとするのか

　　ターゲットを大学生に絞り込むことで、効果的にシティセールスを進めることができる。

　　対象を明確にすることで、予算の効率的な活用や具体的な事業や施策の検討が可能になる。また、多摩市内及び周辺地域には数多くの大学が存在し、多数の大学生が在籍することから、大きな施策効果を期待することができる。図表⑦は、多摩市及び周辺に存在する大学とその学生数を示しており、多摩市の人口の約半分に相当する

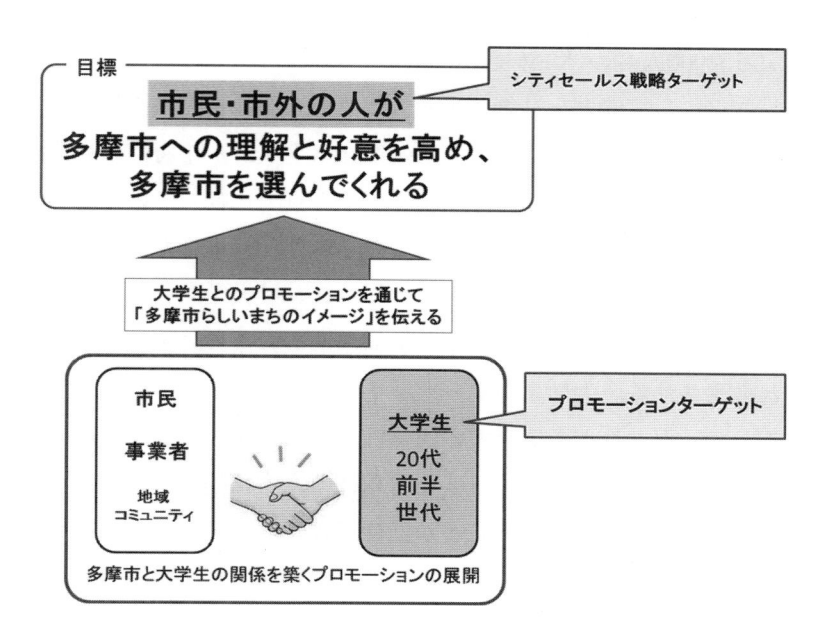

図表⑥　シティセールス戦略目標とターゲットとの関係図

学校名	学生数(人)
中央大学（多摩キャンパス）	約20,000
帝京大学（八王子キャンパス）	約17,500
桜美林大学（町田キャンパス）	約9,200
明星大学	約8,400
首都大学東京	約5,700
一橋大学（国立キャンパス）	約4,400
国士舘大学（多摩キャンパス）	約2,000
駒沢女子大学	約1,900
多摩大学	約1,800
実践女子大学（日野キャンパス）	約1,800
大妻女子大学（多摩キャンパス）	約1,500
恵泉女学園大学	約1,000
東京医療学院大学	約600
計	約75,800

図表⑦　多摩市周辺の大学生数（2017（平成29）年度）

7万5,000人もの学生が通っている。

　さらに、大学生を対象とすることで将来的な再転入を期待することができる。図表⑧は、多摩市の2015（平成27）年時点の10歳〜99歳までの年齢人口と2005（平成17）年時点を比較しその変化を表したものである。20歳前後の大学の在学時期は転入増だが、反対に30歳前後は大きく転出増になっている。これは大学時代に多摩市で生活していた多くの若者が、就職や結婚を機に市外に転出したためだと推測される。大学生をターゲットとしたプロモーションを進めることで、大学生が多摩市との関係性を深め、結婚や就職、子育てなどのライフステージ上の重要な時期に多摩市に残る、若しくは多摩市に戻るきっかけになることが期待できる。

　他にも大学生自身がSNSの発信者となって広く情報が拡散する。

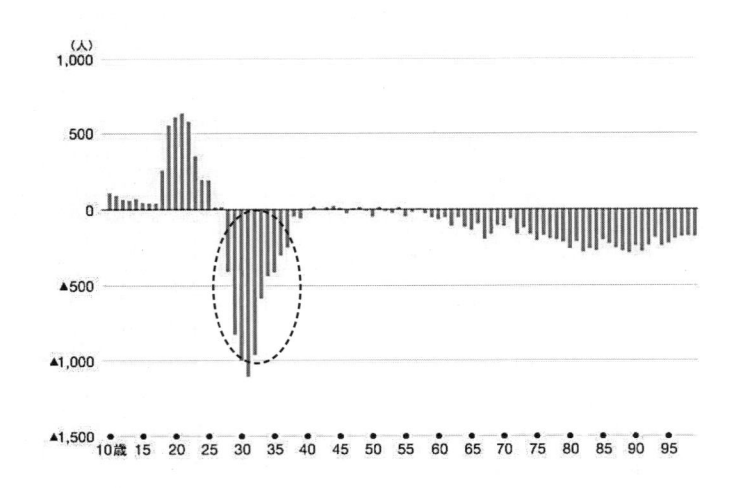

図表⑧　2005（平成17）年と2015（平成27）年の多摩市の年齢人口の比較

○　プロモーションターゲットは大学生だけでいいのか

　効果の最大化を狙い、対象を大学生に絞り込んでいるが、戦略の達成に向けて他の様々な年代や属性へアプローチすることも重要で

ある。そこで、取組は大学生だけに固定せず、実施段階においては柔軟に検討・実行していく。また、既に実施展開されている事業やコンテンツもシティセールスの取組の重要な柱になるため、これらをバランスよく活用していくことも大切である。

(3) 戦略的な広報活動

これまで多摩市は、事業や行政サービスの内容を伝えることに重点を置いた「お知らせ型」の広報を行うことが多かった。また、大学生を中心とした若者や市外の人たちの関心を引くニュースそのものが少なく、それが多摩市の「理解」や「好意」の獲得につながっていない要因の1つになっていた。様々な事業・コンテンツをただ漫然と発信していくだけではターゲットに効率・効果的に情報を伝えることは難しく、たとえ情報が到達したとしてもそれが「理解」や「好意」にまで結び付く可能性は低い。情報の受け手側がどういった情報を欲しているかを絶えず意識して発信していくことが重要である。

具体的には、①多摩市の公園や街並みなどの地域資源、地元のイベントや取組などを受け手側の状況を考慮しつつ、シティセールスの視点で「多摩市らしい」ニュースを創り、②ニュース化した情報を、宣伝効果の高い広告媒体を選択して提供するなど戦略的な広報活動を展開。③ニュース報道やメディアへの掲載につなげていく（図表⑨）。

ここで、大学生をターゲットにしたプロモーションは、「多摩市らしい」ニュースを創るコンテンツの核になる。大学生はプロモーションを通じて経験した思い出や体験によって、多摩市に深い愛情を持つとともに、そのこと自体が「多摩市らしい」ニュースの素になる。

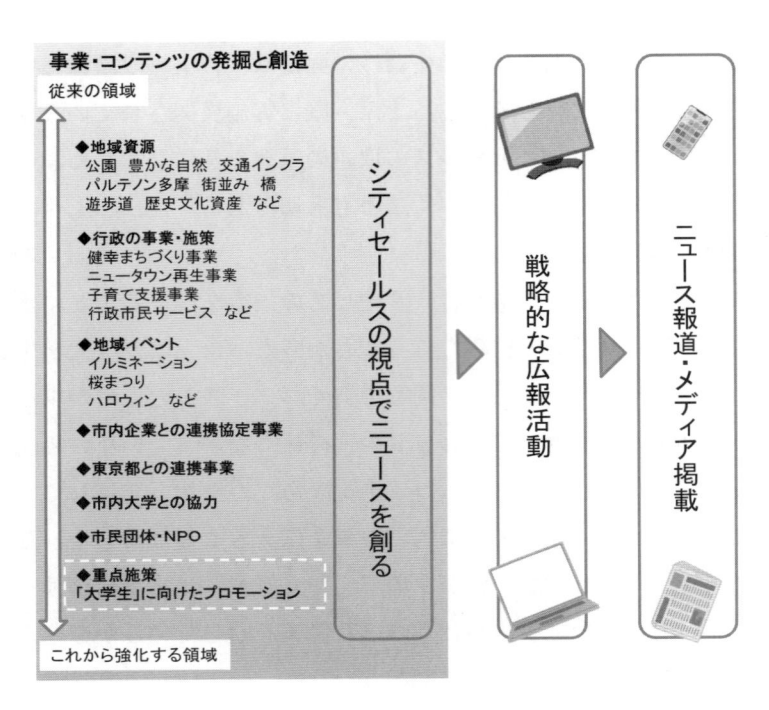

事業・コンテンツの発掘と創造

従来の領域

◆地域資源
公園 豊かな自然 交通インフラ
パルテノン多摩 街並み 橋
遊歩道 歴史文化資産 など

◆行政の事業・施策
健幸まちづくり事業
ニュータウン再生事業
子育て支援事業
行政市民サービス など

◆地域イベント
イルミネーション
桜まつり
ハロウィン など

◆市内企業との連携協定事業

◆東京都との連携事業

◆市内大学との協力

◆市民団体・NPO

◆重点施策
「大学生」に向けたプロモーション

これから強化する領域

シティセールスの視点でニュースを創る

戦略的な広報活動

ニュース報道・メディア掲載

図表⑨　戦略的広報による情報発信

⑷　推進体制の構築

　多摩市は2017（平成29）年４月に全庁的に取組を進めるために、市長の特別秘書としてシティセールス政策監を新設するとともに、シティセールスを担当する課長と専任の職員を新たに設置した。2017（平成29）年10月からは、現役の大手広告会社の職員を任期付で採用し、体制の強化を図った。

　また、アクションプログラムを実施するに当たり、事業実施所管とシティセールスの所管部署が連携して取組を進めていくため、課長級をメンバーとする多摩市シティセールス推進調整会議を組織し、情報の共有と複数部署に関わる事業の検討・調整を行っている。

⑸　シティセールスと市民参加

　シティセールスを進めていくためには、市を挙げて取り組むことが重

要である。そのためには行政だけではなく、市民や企業、各種団体、更には実際に多摩市を訪れてファンになった人たちと共にシティセールスを進めていく必要がある。市民と行政が連携し、市民自らが積極的に取組に関わることで、今以上に多摩市に愛着や誇りを持ち、シビックプライドの醸成につなげていく。

　戦略を作成するに当たっては、公募により選定した市民によるワークショップを開催し、意見を収集した。さらに、今後実施していくアクションプログラムのコンセプトの整理や具体的なアイデアの検討を行った。2018（平成30）年度は具体的な大学生向けのプロモーションを実施するため、大学生と多摩市の絆を強くする施策の構築やメインコピーの作成などを行っている。

(6)　シティセールスの具体的な取組

　○　3月キャンペーン

　　2018（平成30）年3月、多摩市と都心を結ぶ京王線及び小田急線の大幅なダイヤ改正を契機に実施した。都心へのアクセスが向上した多摩市への興味喚起・好感度の上昇を目的に、今まで以上に暮らしが便利になった市民の喜びの声を通じて、多摩市の魅力を発信した。キャンペーンには、市内に在住する柔道女子57キログラム級五輪メダリストの松本薫氏を起用し、「女性ファッション誌風」、「週刊ビジネス誌風」のポスターを京王線・小田急線の車両内や駅構内に掲示した（写真①②③）。また、ポスターのメイキング風景を撮影した動画のWEB配信を起点に、SNSやマスメディアによる情報拡散を図った。[6]

---

[6]　実施日：2018（平成30）年3月19日〜　（交通広告は3月19日〜25日）
　　広告掲出：京王線・小田急線車両中吊り広告
　　　　　　　京王線・小田急線駅ポスター掲示（新宿駅、多摩市内4駅）
　　WEB動画配信：メイキング動画他

写真① 小田急線中吊り広告（女性ファッション誌風）

写真② 小田急線中吊り広告（週刊ビジネス誌風）

写真③ 小田急新宿駅大型ポスター掲示

　キャンペーンを開始した直後からマスコミ各社の反響は大きく、テレビ情報番組３件、新聞２紙、雑誌１件、WEB系メディア162サイトに掲載された。特に「10万件なら大成功」といわれるWEB動画の再生回数は70万件に達し、その映像は各メディアでも繰り返し放映された。テレビ局や新聞社、交通広告会社などが発表した数字[7]を勘案すると、1,400万人を超える人たちがキャンペーンを見たと推測される。

　また、キャンペーン期間中に多摩市の駅周辺で行ったアンケート調査によると、広告の印象については７割が「印象が良い」と回答

(7)　2018（平成30）年３月31日現在1,404万2,710人（交通広告328万6,765人、テレビ774万4,501人、雑誌・新聞223万6,444人、WEB動画77万5,000人）

し、多摩市の印象については8割が「親しみを感じる」、「新しさを感じる」と答えている。

こうしたキャンペーンを計画的に実施していくことは、多摩市のポジティブなイメージの獲得に寄与することができるため有効である。今後も、多摩市を強く、効果的にPRできる素材（ファクト）が有り、多摩市のイメージ向上につながる機会になるのであれば実施していきたいと考えている。

○　まちの魅力発信特設サイト「丘のまち」

多摩市の魅力を、主に市外の若い世代や子育て世代に向けて発信し、移住・定住促進につなげていくことを目的に2016（平成28）年1月に開設した。多摩市公式ホームページからは独立したサイトとして運営しており、まちで暮らす人々のインタビューや、日常生活視点での市内のお出かけスポットなどを発信・紹介している[8]。

○　「＃多摩市広報部員」

多摩市内外の情報発信感度の高い「ファン」を組織化し、自主的なSNS投稿を促すための取組として2018（平成30）年6月から実施している（写真④）。

市内の身近なおすすめスポットやフォトジェニックな風景などを写真と共にハッシュタグ「＃多摩市広報部員」をつけてインスタグラムで投稿すると、それを自動的に集約して表示する仕組みを「丘のまち」内に設けた。発信された投稿のうち、多摩市の魅力が十分に伝わるものについては「たま広報」など市の広報媒体でも紹介していく。

---

[8]　主なコンテンツ
　まちを知る：多摩市（多摩ニュータウン）のロケーション、あゆみを紹介
　丘のまち物語：人々に暮らしぶりや思いを語ってもらうインタビュー記事
　まち歩きレポート：季節や街の変化、旬な話題等を写真を中心として紹介
　イベント・トピックス：市内で実施されるイベント情報等を紹介

写真④　＃多摩市広報部員募集中！

　また、市内のおすすめ情報をメールマガジンで受け取れる「＃多摩市広報部員」の会員登録も始めた。登録した会員には特別な体験ができる限定イベントも開催し、多摩市の魅力を発信する機会を提供している（写真⑤⑥）。

写真⑤　＃多摩市広報部員　第１回イベント

写真⑥　イベント当日の様子

　こうした市民を中心とした草の根的広報活動は、市民参加型の長期的な取組として今後とも継続していく予定である。

○　多摩市若者会議

　若い世代、子育て世代が「多摩市に住んでみたい、訪れてみたい」と思えるような魅力を創出し、発信していくため39歳以下の方を対象に2017（平成29）年度から実施している。会議では参加メン

バー同士の対話を通じて、多様な知恵を融合させ、これまでにない
アイデアが創出されることを期待している。また、アイデアにとど
まらず、提案者である若者自らがプロジェクトを企画立案すること
を求めている。2017（平成29）年度は、4回のワークショップと
フィールドワークに延べ285人が参加し、「若者のまちづくりの拠
点」の整備など様々なアイデアが提案された。2018（平成30）年度
は前年度に引き続き会議を実施するとともに、「若者が参加者から
当事者へと変貌する場」、「議論から実践へ移していく場」としてク
ラウドファンディング等を活用しながら前年度提案された「若者の
まちづくり拠点」の実現に向けた具体的な取組を進めている（写真
⑦⑧）。

写真⑦　若者会議の様子　　　　写真⑧　若者会議　市長へ報告書提出

第4章　全ての原動力となるもの

以上が、多摩市のシティセールスの考え方と具体的な取組である。

ここで、シビックプライド＝市民の愛着と誇りを巡って、「鶏が先か、
卵が先か」という言葉を想起しそうになる点があったことにお気付きだ
ろうか。

　○　活動の根底には市民の愛着と誇りがある

　○　活動することで愛着と誇りが生まれる

前者は第2章で述べた私の気付き、後者は第3章で述べたシティセールス戦略の目的であり、アプローチの1つである。ただ、結論から言えば、実はこの両者はどちらも真実だと考えている。

　「第1章　多摩市の概要」でも紹介したとおり、多摩市は多摩ニュータウン開発を通じて急激に発展してきたまちであるため、多摩市で代々生まれ育ってきた市民は少数で、多くは定住第一世代や第二世代がほとんどだと考えられる。すなわち、「DNA的に」受け継がれる誇りや愛着はさほど期待できない。そして、大都市郊外の都市は少なからずそういった側面を持っていると思うが、私は、そこに多摩市のチャンスがあると考えている。幸いにも、多摩市は市制施行から約50年の中で、定住第一世代である市民たちが生み、育ててきた数多くの活動が展開されている。

　「健幸都市」に関連する新しい取組のみならず、特徴ある公園のロケーションを活かした野外音楽祭やジャズフェスティバル、その年の国内映画賞の幕開け的存在ともなっている「映画祭TAMA CINEMA FORUM」、かつて行われていた花火大会の復活を目指し、新たな形で再開し、規模を着実に伸ばしている「せいせきみらいフェスティバル」、秋の風物詩となりつつある「ハロウィンin多摩センター」など、市民（企業市民を含む。）が手作りで始め、継続している活動には枚挙にいとまがない。

　既存の活動に参加するもよし、自らが先駆けとなって新たな活動をするもよし、シティセールスを通じたプロモーションに参加するもよし。多様な選択ができることこそが、我がまちの魅力なのである。

　そして、それら活動を継続させる原動力となる言葉こそが「シビックプライド」なのだ。

　「一人ひとりのシビックプライドと。」という言葉を通じて、市民が自身の根底に流れる「シビックプライド」に気付き、それを育んでいけるまちを目指すことがこれからの私の使命である。

八王子市のシティプロモーションと
シビックプライド
～自覚から共有・継承に向けて～

八王子市役所都市戦略部都市戦略課長　元木　博

はじめに

　「シビックプライドランキング2018」の総合ランキングにおいて、八王子市（以下、「本市」という。）は10位にランクインし、東京都の市部では最も高い評価をいただくことができた。

　本市では2015（平成27）年6月に、シティプロモーションの推進に向け「八王子市シティプロモーション基本方針」（以下、「基本方針」という。）を定めたうえで各種の事業を展開してきた。また、2017（平成29）年には「基本方針」を踏まえ、市制100周年記念事業（以下、「記念事業」という。）も実施したところである。

　本稿は、本市の「基本方針」と近年のシティプロモーションに関する取組について、筆者が所属する都市戦略課によるこれまでの事例報告などをもとに紹介し、そのうえでシビックプライド醸成に向けた今後の考えを大枠で示すものである。本事例が、今後のシビックプライドに関する議論の一助となれば幸甚である。

---

(1)　本稿の第3章までは、本書の筆者である牧瀬氏と本市が共同執筆した『地方行政』誌での掲載内容と本市が発行する政策研究誌における事例報告をもとに、本書に即した形として再構成したものである。紙幅の関係から一部省略・抜粋した事例紹介となるため、より詳しくは参考文献中に示す各誌を参照していただければ、筆者としては望外の喜びである。

第1章 八王子市の概要

　本市は多様な地域資源や人口・産業に支えられ、現時点では安定した都市経営がなされているが、将来を見据えた際には高齢化と人口減少の大きな影響を受けることは他自治体と同様である。

　立地的には、東京都西部の多摩地域に属し、都心から西へ約40キロメートル、新宿から電車で約40分の距離に位置する（図1参照）。

　本稿執筆時点での人口は約58万人と都内の市町村で最も多く、政令指定都市を除いた市の中では全国4位の規模である。面積は約186平方キロメートルで、都内の市町村では奥多摩町に次いで2番目に広い。

　市域には鉄道交通網、中央道・圏央道など、路網が縦横に交差しており、東西南北につながる交通の要衝としての強みを有している。また、事業所数・従業者数ともに多摩地域で最も多い産業都市であるとともに、ミシュランガイドで最高ランクの観光地である「三つ星」に選ばれた高尾山、多摩御陵や西部地域に広がる里山など、豊かな自然と都市が共生する環境都市でもある。

　市内には21の大学・専門学校・高専が立地し、約10万人の学生が学ぶ全国有数の学園都市としても知られる。このように、広い市域に実に様々な要素が混在する多面性がその特徴となっている。

図1　八王子市の位置[(2)]

第2章　「八王子市シティプロモーション基本方針」の概要

　本市の人口に関する課題への本格的な対策は、2014（平成26）年当時設置されていた自治体シンクタンク「八王子市都市政策研究所」による研究が端緒である。その成果も踏まえながら「基本方針」は策定された。

　「基本方針」には、本市がシティプロモーションに着手するに当たって、前提となる情報を分析・整理したうえで、目指すまちの姿とそれに向けた方向性が示されている。なお、シティプロモーションの定義を「市の魅力を市内外に効果的に発信するとともに、新たな魅力を創造・発見していく取組」としている。

　策定に当たり、市政世論調査を参照したところ、20代〜30代の若年層が他の年齢層に比べて、定住意向の割合が低く、転出入人口の多くを占めていた。ここから、主に現在子育て中、または今後子どもを産み育てたいと考える若年層に本市の魅力を効果的に発信することが必要だと考

---

(2)　都内での位置を示した図。多摩地区のおよそ中心部に位置しており、市の西側は山梨県と接している。

えられた。

　先に述べたとおり、本市は市内に21の大学等が立地する全国有数の学園都市であるが、大学生の多くが卒業後は市外に転出している。そのため、卒業後の就職先や将来の住居に本市が選ばれるよう、大学生に魅力を発信することが重要となる。

　仮に転出したとしても、在学中の学生に本市を「自分たちのまち」と感じてもらうことは、将来的な再転入につながるばかりか、見方によっては毎年２万人以上のプロモーターを全国に送り出すということでもある。

　このような状況と考えから「基本方針」には、シティプロモーションのターゲットを市内外の若年層と大学生に絞り込んだうえで、魅力発信によって「目指すまちの姿[3]」の方向性と戦略概要がまとめられている。

第3章　シティプロモーションに関する取組

　前章で示した方針は、当然とも感じられるかもしれない。しかし、方針が明確でなければ、市としてのシティプロモーション全体が散漫なものとなるため、ターゲットの絞り込みや方向性をまとめたことには大きな意義があった。

　この「基本方針」を踏まえ、事業は「記念事業」とも結び付きながら広がってきた。ここでは、主要な事業の概要を紹介したい。

1　シティプロモーションに関する事業と重視した点

　いずれの事業についても実施する時点でシビックプライドの醸成が念

---

[3]　「目指すまちの姿」は３点にまとめられている。１点目は「市内の若年層に向けて──『住み続けたい』と思えるまちへ──」、２点目は「市外の若年層に向けて──『住んでみたい』と思えるまちへ──」、そして３点目は「市内の大学生に向けて──『このまちが好き』と思えるまちへ──」となっている。

頭にあったため、できるだけ多くの関係者を巻き込むように進めてきた。意見や情報を集める過程で「当事者意識」を高めてもらい、ひいては「我がまちへの愛着」が更に高まり、広まることを期待したためである。

① 市民ライターによるフェイスブックページ

2016（平成28）年度から、市民ライターによるフェイスブックページ「itsumono——八王子の『いつもの』を探すwebマガジン——」の運用を開始した。ライターは、市内在住の18歳からおおむね39歳までの方を対象に公募した。2018（平成30）年9月現在、8名のライターが活躍し、これまでに1,000件超の「いいね！」を獲得している。市外への拡散も視野に入れているが、主な想定読者の層は市内在住者であり「八王子暮らしの楽しみ方」を知る・感じるツールとして役立ててもらうことで、愛着醸成を図ったものである。

② シティプロモーションサイトの開設

2017（平成29）年3月に、八王子の「暮らし」の魅力を発信するサイトとして開設した。開設に当たっては、「八王子に暮らすことの魅力とは何か」を明らかにするため、市政世論調査等のデータ分析に加えて30代前後の市民数名に対するヒアリングを行っている。

ここから見えてきたのは「便利な生活のすぐそばに大自然があるまち」、「中心市街地などに魅力的な個人経営店舗が多く、農業も盛んな食のまち」、「都心をはじめ関東一円へのアクセスに優れ、仕事も、レジャーも楽しめるまち」という八王子の姿であった。

筆者は、「都市機能だけでも、自然だけのまちでも実現できない、八王子ならではのライフスタイルを実現できる」という本市の魅力を本市のトップページで発信することで、市民・市職員と魅力を共有できたことは、今後の基礎として大きな意義を持つものと感じている。

③ 大学との協働による動画制作

学園都市としての強みを活かし、2015（平成27）年度から2017（平成29）年度の3年間にわたって、市内にキャンパスを持つデジタルハ

リウッド大学との協働でプロモーション動画を制作したものである（写真1～3参照）。撮影及び編集は、大学教員等の指導のもと学生が主体となって行われた。

写真1　「ぼくらの八王子」ミュージックビデオ（2016（平成28）年12月公開）[4]

写真2　「Colorful Life」（2017（平成29）年3月公開）[5]　　写真3　「もっと語りたい　東京　八王子」（2018（平成30）年6月公開）[6]

---

(4)　本市のオリジナルダンスソングを、市内の各地で総勢約600人が踊りつなぐ動画。「笑顔」や人の「輪・和」を意識している。本市出身のタレントであるヒロミ氏や、オリンピアン、芸者、スポーツチーム、ロックバンド、ローカルアイドルなども出演している。出演した市民を媒介に話題が広がり、オリジナルダンスソングの普及にも貢献した。2017（平成29）年4月からは市内カラオケ店でのカラオケ化が実現し、背景動画に採用されている。この作品については、対外的な発信よりも市内に向けた愛着醸成を主目的にしている。

(5)　様々な風景を「色」ごとに音楽にのせて紹介するドキュメンタリー動画。市制100周年のキャッチコピー「百年の彩りを　次の100年の輝きへ」を踏まえ、伝統・自然・食・市民の活気など、多彩な魅力を表現している。市内に向けては、美しさの再認識によるシビックプライドの醸成を、市外に向けてはイメージアップや交流人口増を狙っており、外国人が見てもよさが伝わることを意識している。

(6)　8秒の短尺で名物そのものや八王子の魅力を伝える6本のショートストーリー。「魅力を語りつつ、最後にちょっと可哀想な目にあう」というオチをつくり、本来「短い時間では語りつくせない八王子の魅力」を表現したもの。ちなみに、写真のキャラクターは「はっちお〜じ」といい、高尾山の天狗にちなんだ"ゆるキャラ"である。

④ 「100年婚姻届」の販売

　2017（平成29）年7月、「記念事業」の一環として「100年婚姻届」を1,000部限定、500円で販売した。記念すべき年に婚姻する夫婦の「100年続くしあわせ」を市全体が祝福することで、若い世代の愛着醸成及び市制100周年の効果的な機運醸成を図ったものである。

　本事業では、市内ウエディング事業者や店舗と連携し「まち全体で祝福する」ムードを創りあげた。これにより、先行自治体との差別化を図るとともに、まちへの愛着がより効果的に醸成されることを期待した。

　婚姻届は完売し、関連する取組を含め多くのプレスにも取り上げられるなど、市内外の若年層の本市に対するイメージ向上に貢献したものと考える。

2 ＞「基本方針」を踏まえた市制100周年記念事業[(7)]

　本市の「記念事業」はシティプロモーションの観点からも大きな成果となった。「記念事業」には「基本方針」の考え方が踏まえられ、①ふるさと八王子への愛着を深める、②八王子の魅力を再認識し、次世代へ継承するとともに広く発信する、③地域資源を活用してまちのにぎわいを創出することが事業の基本に据えられている。

　この「記念事業」は、「第34回　全国都市緑化はちおうじフェア」をはじめとする冠事業、プレ事業、記念事業から構成されている。総事業数は約400事業と、本市でもこれまでに類を見ない大規模な取組となった。

　「記念事業」は、本市の取組や八王子の魅力を市民が再認識する機会となったことから、シビックプライドの醸成にも大きく貢献したと考え

---

(7)　「記念事業」の詳細については、紙幅の関係もあり本稿で紹介することは控えるが、シティプロモーションの観点から参考になる事業も多く含まれると考える。本市発行の「記念誌」や「記録集」なども参照していただければ幸いである。

られる。本市職員にとっても、本市の魅力の再認識や発信に向けた貴重な経験となっており、筆者は、本市が今後のシティプロモーション、シビックプライドを考えるうえで「記念事業」の経験・成果をレガシーとして内外で継承することは将来の広がりをもたらすと考えている。

第4章 積み重ねてきた施策をシビックプライドにどう活かすか

ここまでに示したように、本市では「巻き込むことがシビックプライドの醸成につながる」ことを意識しシティプロモーション事業を進めてきた。しかし、振り返るとシティプロモーションを所掌する都市戦略課が事業の中心であるといえ、市職員と共に創り上げるという点からは更なる工夫が必要であると感じられる。

また、「記念事業」のような取組は全庁一丸となって実施されたため、様々な効果があったといえるが、そもそも頻繁に実施できるものでもないため、市民を巻き込んでシビックプライドの醸成を進めるうえでは、これまでの取組を踏まえ、いかに日常業務に溶け込ませつつ幅を広げるかということが課題となる。

1 > これまでの課題と今後の方向性

筆者の私見ではあるが、今回のランキング結果は、これまでの市の施策の積み重ねがあったからこそ、本稿で紹介したシティプロモーションの各種事業や「記念事業」が功を奏し、市民の「本市に対する誇りや愛着」が増す結果となって表れたものと考えている。以下、これまでの取組を踏まえ、課題とシビックプライド醸成に向けた今後の考え方を大きく2つにまとめて示す。

① シビックプライドの醸成に向けたスタッフプライドの涵養〜市職員の「自分事化」〜

まちの暮らしやすさは、各所管が実施している様々な事業により創

られているところも大きいが、現時点では「自らの仕事がシビックプライドの醸成につながっている」ことを「自覚」していない市職員は多いと思われる。

これまでの庁内でのシティプロモーション研修[8]などでもシティプロモーションの意義を示してはきたが、より「自分事」として強化し、シビックプライドを醸成するためのスタッフプライドを涵養することが必要であり、その取組は次に示す課題の克服にもつながるものと考える。

② 「魅力と課題」の共有〜「活動人口」の増加を目指す〜

シビックプライドの醸成に不可欠なのは、我がまちについての「当事者意識」であるが、「当事者意識」を高めているのはいわゆるシティプロモーション事業だけではない。福祉や教育など、地域課題に対し多様な取組をみせている市民や団体も多く、市民生活への貢献は大きい。そこで、シビックプライドの醸成に向けては、多様な主体の様々な取組が、広い意味で我がまちの魅力向上に貢献していることを、シティプロモーション推進の中でより強調するべきである。

これは各種の市の魅力と課題に対し、当事者として参加する「活動人口」の増加につながると思われるため、人口減少が進む基礎自治体にとって、これまで以上に重要な取組になるものと言えよう。

2 ＞「計画への反映」と「計画の連携」〜継続的な取組に向けて〜

市民・市職員の「自分事化」にせよ「当事者意識」にせよ、それらを高めるためには、今まで以上に我がまちで行われる様々な取組に関わってもらうことが必要である。その前段として、"本市の多様な魅力"と

---

[8]　本市では、シティプロモーションに関する研修を4回、管理職や広報担当者など、およそ300人以上の市職員に行ってきた。今後は研修や採用など、人材育成全体で「シビックプライドの醸成に向けたスタッフプライドの涵養」がより意識されるべきだと考える。

"今後訪れる課題"をより明確にし、"分かりやすく、語りやすく、議論しやすく"具体化していくことが重要になる。まずは具体化のための取組に市職員が広く関わる方法をとるべきであろう。

このような認識を持ちながら2018（平成30）年現在、本市は市の魅力を分かりやすく、語りやすくすることを主な目的とした「ブランドメッセージ」策定と、先述の課題解決に向けた「新たなシティプロモーション戦略」の策定を進めている。そして、戦略策定後の2019（平成31）年度中には「シティプロモーションに関する事業計画」の策定と「総合戦略」の改訂を並行して行う予定である。

「積極的に活性化を図る戦略」と「持続可能性を高めるための戦略」を両輪として連携させつつ各施策を進めることが、これからの基礎自治体における戦略の構成として必要だと考える。そして、計画の策定・改定は事業の継続性を確保する上で大きな意義を持つが、市職員にとっては政策に関する認識を深めつつ、新たにするための重要な機会でもある。

策定などの過程における各種分析や論点の具体化を進める際には、広く市職員の参加を募ったうえで日常業務と結び付けていくなど、市職員の当事者意識と危機意識、ひいてはスタッフプライドを高めるように進めるべきであろう。

そして、シビックプライドの醸成は、計画間の連携を促す共通の目線となり得るものだと考えるため、筆者としては、まず市職員による議論の場をつくることで内部から浸透させる取組を進めることが重要になると考える。遠回りのようであるが、そのような地道な取組があってこそ「活動人口」の呼び水たる市職員となることができるのではないだろうか。

おわりに

ランキングは、自治体職員をはじめ多くの方の刺激や議論の契機とな

るもので、有効かつ重要なものと考える。筆者にとってこの結果は、今後の着実な積み重ねの必要性と、シビックプライドを自覚し、保ち続けることの困難さを突き付けているように感じられた。そもそも、本市のシティプロモーションが「目指すまちの姿」やシビックプライドは一朝一夕に達成できるものでもない。

　また、時の担当の熱意や単発の事業だけでは、組織としての「共有・継承」につなげることは難しい面もある。職場や立場を超えて、我がまちへの誇り・愛着が高まるような目線を持ちながら各種の事業に取り組むことが求められているのだろう。

　そのため筆者としては、本稿で示した事業などを端緒としつつ、シビックプライドの醸成に向けたスタッフプライドの自覚を高め、それが共有・継承される仕組みを、今後の各種計画策定や事業に"さりげなく"取り入れながら継続的な取組にしていくべきと考えている。それこそが長い目で見た際に、「住民の福祉の増進」につながると考える故である。

【参考文献・資料　（文中で示したものを除く。）】
・『人口構造の変化を見据えた八王子のまちづくり』八王子市都市政策研究所・2014
・「八王子市中核市移行の記録」八王子市都市戦略部都市戦略課・2015
・牧瀬稔「八王子市におけるプロモーションの基本的視点と具体的取り組み」時事通信社『地方行政』・2017
・辻誠一郎「新たなステージを迎えた八王子市のシティプロモーション」八王子市都市戦略部都市戦略課『まちづくり研究はちおうじ　第13号』・2018
・『八王子市　市政100周年記念事業　記録集』八王子市・2018

※　本稿は筆者の個人的見解であり、所属組織の見解を示すものではないことを注記させていただく。

共感を広げ、参画を促す
〜生駒市のシティプロモーション〜

生駒市いこまの魅力創造課　　大垣　　弥生

1 ＞ まちへの愛情が、地域に魅力を生む

　「以前は、ただ住んでいるだけのまちだったのに、関わって、知ったら、より生駒が好きになりました。『市役所の人がやればいい』と他人事だったまちのことも、みんなでつくっていこうと意識が変わりました。だから行政は、もっと市民がつながる場やチャンスを提供してほしい。活動の一つひとつは小さくても、それがつながっていけば、きっとまちは変わると確信しています」

　2013（平成25）年、市民活動推進センターが実施した「ママの一歩応援講座」。生駒のご当地弁当づくりを目標に商品開発のプロセスを学ぶ中で、自分の得意なことを再発見したり、ネットワークをつくったりすることを促すプロジェクトだ。30〜50歳代の女性10人が、地域の歴史を調べ、生駒で商売や農業を営む人の話を聞きながら、半年がかりでお弁当を開発した。本市鬼取町に伝わる鬼伝説と竜田川が由来とされる竜田揚げをコラボさせた「鬼竜田揚げ」、生駒山をイメージした「スープジュレ」など生駒の魅力を詰め込んだ50食の「ikomama bento」は20分で完売し、大成功に終わった。

　冒頭は、このプロジェクトのリーダーを務めた宮崎麻由美さんが講座終了後に話した感想である。その後、宮崎さんは夏休みに親子で楽しめる場所をつくろうと、仲間と一緒に「親子で手しごと」というモノづくりの体験イベントを年に１度主催されている。それまで「ただ住んでいるだけ」だった人が、生駒への愛が生まれたことで、まちに新しい魅力

を生み出す存在になったのだ。

「楽しそう」と思える場があれば、人は自然と集まり、つながって、役割を見付ける。最初は、自分に「地域を良くしたい」という気持ちがあることにさえ気付いていないかもしれない。しかし、暮らすまちに居心地のいいコミュニティができ、刺激を受ければ、少しずつ「誰かを楽しませたい」「まちの役に立ちたい」という気持ちが芽生えていく。これこそが、地域に魅力を生む源泉ではないだろうか。

シティプロモーションを担当して6年がたつが、事業立案の際はいつも宮崎さんの言葉を思い出す。行政は場づくりを担い、寄り添えばいいのだ。そうすれば、地域に思い入れのある人たちが主体的に活動し、交流し、地域の未来が開けていく。この先、もし行政の財政が硬直化し、まちづくりの予算が削減されたとしても地域は自走していく。

シビックプライドを醸成しながら主体的に参画する人と魅力を増やし、内外への推奨につなげ、生駒ブランドを確立する。それが生駒市のシティプロモーションの方針である。

2 ＞ 目指すのは「まちのファンづくり」

生駒市は、奈良県の北西部に位置する人口12万人のまちである。大阪都心部まで電車で約20分というアクセスの良さと、生駒山や矢田丘陵など緑豊かな環境を活かし、1960〜80年代にかけて大規模な新興住宅地が開発され、大阪のベッドタウンとして発展を遂げた。2006（平成18）年に近鉄けいはんな線、2009（平成21）年に阪神なんば線が開通したことで交通の利便性は一層増し、市制施行の約45年前と比べると3倍もの人口規模になったが、2013（平成25）年をピークに人口は減少期に入り始めた。また、2015（平成27）年からの10年で後期高齢者が1.7倍になることが予測されており、人口減少と急速な人口構造の変化は大きな課題である。

阪神なんば線が開通した頃だったであろうか。ある地域メディアに

「生駒市は今まで行政や市民が積極的に取り組まなくても、鉄道会社が新しい駅をつくり、周辺に住宅地が開発されて人口が流入し、外部の力によって発展を遂げてきた。開発が落ち着いた今からが、生駒の真価を問われるときだ」という主旨の社説が掲載された。当時は十分にその言葉の重みを理解できなかったが、今まさに私たちは既存の仕組みが機能しなくなっても、どうすればまちが発展・成熟するのかを考えること、生駒の真価を追求することが求められている。

シティプロモーションとは、まちが発展し続ける仕組みをつくることだ。事業開始当初は広報広聴課の所管事務だったこともあり、「シティプロモーション＝転入者を増やすための情報発信」という考えのもと、市外で暮らす子育て世代に向けて、行政施策とアクセス・自然環境の良さを訴求したリーフレットやPRサイトを作成したり、市内を巡るバスツアーを実施したりすることに終始していた。

あるとき、広告代理店の方から「大阪まで電車で20分という事実だけでは他のまちと差別化ができません。第一、それでは大阪に住んでいる人の心は動きません。それに子育て・教育施策は全ての自治体が頑張っているので、充実していて当たり前です。生駒で暮らす価値って、他にないんですか」と質問を受けた。既存コンテンツの発信だけでは、手詰まりになることを突き付けられた瞬間であった。子育て世代にとっての経済的インセンティブになるような行政サービスを自治体間で競い、人口を奪い合う事業展開をしていては持続性に欠けることも実感していたため、試行錯誤しながら方向性を変更していった。

本市は県外就業率が53.7パーセント（2015（平成27）年国勢調査）で、全国2位。「奈良府民」と呼ばれることもあるほど、多くの人が大阪で学び、大阪で働き、大阪で遊ぶ。このため、地域と関わるきっかけが乏しい人が多い。しかし、人口減少時代において地域を成熟させるには、単に行政サービスを享受する人ではなく、地域と主体的に関わる人を増やし、市民満足度と地域力を共に高めることが必須だ。このため、生駒

市も市民の皆さんが主体的・自発的にまちづくりに関わる「協創のまちづくり」を進めている。

シティプロモーションもこの方針に基づき、税収源としての「人口」ではなく、意欲のある「生駒ファン（地域に参画する人・推奨する人）」を増やすことで、生活を豊かにするモノやコトを生み、暮らす価値のあるまちとして選ばれることを目指している。生駒市まち・ひと・しごと創生総合戦略では、目指すまちの姿を「女性が活躍しながら、安心して2人目、3人目の子どもを産み、育てられる先進的住宅都市・生駒」と定めている。このため、事業展開に当たっては、メインターゲットを子育て層の女性に据え、「未認知層」「認知層」「興味関心層」「比較検討層」「転入・定住者層」「ファン層」の6段階に分類し、それぞれに応じた体系的なアプローチをすることで、戦略的に推進している。

ここでは、主に「転入・定住者層」を「ファン層」にするために実施した具体的な取組と効果を紹介したい。

3 ＞ まちを語る場をつくる 「シビックパワーバトル大坂夏の陣」

2018（平成30）年8月25日、グランフロント大阪の最上階で実施された「シビックパワーバトル大坂夏の陣」。市民や団体、行政が1つのチームになり、オープンデータを使ってまちをアピールするプレゼンイベントだ。各チームが3分間ずつ2回のプレゼンを実施し、プロフェッショナル審査員と一般審査員の審査で勝者が決まる。プレゼン力にとどまらず、データの活用度、まちの魅力の発掘度、まちへの愛の本物度で評価され、シビックプライドが勝敗を決めるといっても過言ではない。2017（平成29）年9月に東京で初開催され、2回目となった関西大会は生駒市のほか、尼崎市、京都市左京区、神戸市、枚方市が参加した。

人口規模や観光名所では太刀打ちできない政令市や中核市を相手に、入念な打ち合わせと練習を重ねた生駒市チームは最優秀賞であるプロフェッショナル審査員賞を受賞。審査員からは「自然や観光名所、特産

品の有無を競うのではない。自分たちが1位になれる縦軸と横軸を見付け、どんな暮らしができるかを伝えられていた」と高い評価を得た。当日の様子は5分間のレポートとして近畿一円で放映された他、新聞やWEBメディアにも掲載され、生駒の魅力を存分にアピールする機会になった。

写真1　デザイナー、学校教員、地域食堂の主宰者など個性豊かな30〜40代が集まった生駒市チーム。客観的なデータをもとに「生駒流の暮らし方」をアピールした。

　準備は3か月前から始まった。当日までの準備を①魅力発掘、②データの調査、③プレゼン準備の3つに分け、より多くの人に得意を持ち寄ってもらう場を用意した。

　魅力発掘は、市民PRチーム「いこまち宣伝部」として日頃から活動する方々を中心に、2回のワークショップで魅力を出し合った。いこまち宣伝部員を2年間続けているデザイナーの中垣由梨さんがリーダーになり、進行はもちろん、企画も資料作成も担当された。和やかな雰囲気に、初参加の人もすぐに打ち解け、「生駒で暮らしている」「生駒が好き」という共通項で結ばれた人たちが前向きな議論を交わした。

　次に、全2回のオープンデータデザイン講座を開催。オープンデータの活用方法とプレゼン資料の説得力をあげるデザインを地域で活躍するデザイナーの平本久美子さんから学んだ（平本さんには、打ち合わせ中に生駒チームの「総監督」として関わってもらうことが決まった）。行政が地域をデータでPRするとなると、外部団体が調査したランキング

の提示や、保育園や公園の数、人口の増加率といった数字を羅列して終わることが多い。しかし、「まちへの愛」というフィルターを通すことで、「離婚率の低さ」が「夫婦ラブラブ度」として発表されるなど、データでさえも新しい見方や解釈が生まれる講座となった。

　7月からはプレゼンに向け、ストーリーづくりや裏付けデータの検証など具体的な打ち合わせを重ねた。リーダーと監督が設定したミーティングは、週1回2時間。ハードルが高いのではないかと心配したが、毎回10名以上が集まり、回を重ねるごとに、プレゼン精度もチームの団結力も高まっていった。

　最優秀賞よりも大きな成果は、生駒への想いを深めた人たちが、まちへの愛を自発的に語り出したことだ。いくら行政が「市民全員PR大使」と掲げても、自分の住むまちを語る機会などめったにない。

　しかし、参加者は「このメンバーと出会って、生駒の人が好きになったら、自然とまちへの愛着も深まっていった」「こんなに熱い人たちがたくさんいることが生駒の魅力」と嬉々として話した。全員がSNSでバトル当日の写真とともに、まちへの想いを語り、それを読んだ人が「暮らすまちへの誇りが増した」「自分も生駒のために何かせなあかんと背中を押してもらえた」とコメントを寄せた。観戦者からも「表彰される人たちを見ているだけでも、生駒っていいまちだと実感した」「生駒に住みたくなった」「市民同士で交流したい」という感想をもらい、まちへの深い愛は市内外で暮らす人の気持ちをも動かす熱いエネルギーになることが証明された。

　チームの一員である中村奈津子さんは話した。「行政が与えてくれるものを受け取っているだけでは、まちへの愛は生まれません。自分が当事者になって初めて育まれるものだと思います。地域に飛び込むきっかけは、人でした。市の職員さんだけでなく、まちに関わる人が、日々楽しそうに暮らし、それを発信することが大切なのかもしれません。生駒への愛でつながる友達ができたことは心強くもあるし、自分のやりたい

ことを生駒でやろうという新たな展望のきっかけにもなりました」

4 ＞ まちのイメージをつくる「スタイリングパーティ」

　生駒のイメージを尋ねると、生駒山、生駒山上遊園地、茶筌（生駒は全国シェア9割以上の茶筌の産地である）をあげる人が多い。「暮らす価値があるまち」という新たなイメージづくりの一環として、2018（平成30）年2月にライフスタイルブック「まんてん　いこま」を発行した。夢や目標を持って生き生きと暮らす女性を巻頭で特集し、地域とつながるきっかけになる店舗や市民活動などを市民PRチーム「いこまち宣伝部」が選定して掲載。まちや人と関われば、日常が更に輝くことを伝えた。

　この冊子の発行記念事業として、オトナ女子会「スタイリングパーティ」を開催した。多様なスキルや想いを持つ女性たちがリアルにつながることで、それぞれの夢の実現が1歩前進したり、まちの新しい魅力づくりにつなげたりすることを目的にした企画であった。

　本市のシティプロモーション事業は一貫して「共感を通じて、行動変容を起こすこと」を目指している。共感を広げるために、できるだけ新しい人の参画を促したいが、多くの場合「地域に関わることは面倒だ」という思い込みが、初めの1歩のハードルになっている。これを乗り越えるために、事業立案の際に心がけていることが2つある。

　まず、事業ターゲットを絞ること。「市民の皆さん」「子育て世代の皆さん」ではなく、細分化し、強く共感してもらえる層を具体的にイメージしている。想定したターゲットが情報に接触したとき「これは私に向けて発信されたものである」とすぐに理解し、躊躇せず参加できる企画にすることが大切である。最大公約数を狙うと、機会の損失が大きい。

　次に、理性よりも感情に働きかけること。行政の事業はいずれも「社会にいいこと」であるはずだ。しかし、旧来どおり行政らしい企画を発信していては、情報が届きづらい。担当事業の参加者アンケートでも「行政主催＝ダサい＝参加するのが恥ずかしいというイメージがあるの

で、それを払拭することが大切だ」という意見があったが、「楽しそう」「おもしろそう」「インスタ映えしそう」な要素をプラスして、感情にアプローチすることを意識している。例えば、事業名を「市民交流促進事業」から「スタイリングパーティ」に、「市民特派員」を「いこまち宣伝部」と変えるだけで、ぐっとターゲットとの距離が近づく。

スタイリングパーティは、生駒暮らしを楽しみたいオトナの女性がターゲットである。ドレスコードを白に決め、一軒家のギャラリーで実施した。ママと赤ちゃんのための教室を主宰されている岩城はるみさんが司会と全体コーディネートを、パーティデコレーターの岩越恵美さんが「幸せは身近にある」ことを伝えるために「青い鳥」をテーマにした会場装飾を、人気カフェのオーナーである山田知子さんがランチボックスを担当された。トークセッションで自分らしい暮らしの実現を語った３人の女性も、もちろん生駒で暮らす人たちだ。

パーティを成功させるために主体的に準備し、発言される姿は眩しいほどであった。その輝きが伝播したのか、参加者の８割が「自分も何かしてみたくなった」と答え、当日はテレビ局２社と新聞社２社の取材も入り、イベントは成功に終わった。大勢の人がSNSでパーティの様子を発信したが、その中から参加者と企画者の声を１名ずつ紹介したい。

「生駒には同じ意識や思いを持つ人たち同士がつながって自発的に何かを始めようとする女性が多いように感じます。そんな流れや集まりを行政が支えたり、一緒になって活動したりします。私もそんな活動を通じて自分らしい生き方や暮らしの楽しみ方を見付けてきました。これからも地域の中で自分らしくできることをしていきたいとパワーをもらえた会でした」（参加者の玉村綾子さん）

「見えない『行政』が見えない『まち（という概念)』を良くするのではなく、人が人を支え、後押しするんだという温かさを感じ、このまちに住んで良かったと心から思いました。私自身ももう一度、自分のアイテムを見つめ直し、生活をより楽しいものにスタイリングしていけたら

いいなと思いました」（コーディネーターの岩城はるみさん）

写真2　オトナ女子会「スタイリングパーティ」。地域の課題解決や魅力創造は、人と人がつながることから始まるという考えのもと実施した。

　生駒を推奨する場をつくり、マスメディアや広報紙だけではなくソーシャルなコミュニケーションでも拡散し、多くの人に生駒流の暮らしを知ってもらう。これが、生駒ブランドをつくる一番の近道ではないかと考えている。パーティで背中を押された参加者が、地域で開催されているマルシェに出展したり、参加者同士が一緒にイベントを開催したりと、たくさんの新しい動きにつながったことも記載しておきたい。

5 ＞ 最後に

　ファンづくりに絞って本市のプロモーション事業を紹介したが、「未認知層」から「ファン層」の6段階に分けた体系的な事業展開が、都市ブランドの構築や都市活力創造に効果をあげている。例えば、映画館での1分間CMの放映や1万人を超える人が来場するアウトドアイベント「IKOMA SUN FESTA」、市公式フェイスブック「まんてん　いこま」は認知獲得や関心惹起のために実施している。どれだけ「住む」ことにつながるか成果が不明瞭といわれることもあるが、いずれも良い評判や都市イメージをつくる効果があることは、視聴者・来場者のアンケートで実証されている。

　また、CM出演者の募集や「まんてん　いこま」に投稿する市民PR

チーム「いこまち宣伝部」はファンづくりのために実施している。「IKOMA SUN FESTA」は、「生駒の魅力をぜひ体感しにきてほしい」「生駒っていいまちだと思った」と出展者・参加者の多くが発信する場としても機能しており、推奨者づくりの一端も担っている。それぞれの事業を絡み合わせ、複合的に機能させることで、目指すべきところに向かう力が増幅するのである。

写真3　アウトドアイベント「IKOMA SUN FESTA」。毎回参加者アンケートでは7割以上の人が「生駒のイメージが良くなった」と回答する。

　シティプロモーションは、自治体の数だけ手段があるはずだ。先進事例といわれるものをまねしているだけでは、そのまちで暮らす人たちの共感を得ることは困難であろう。人の心は小手先の方法では動かない。地域の温度を上げる方法を徹底的に考えること。そして、組織を超えて多くのステークホルダーを巻き込んでいくこと。これが、何よりも必要なことだと考える。

　日本中のまちが同質化してきているといわれる。柔軟な視点で魅力を生み、地域の課題を解決しながら、生駒らしさをつくり上げるのはまちの人たちの力にかかっている。まずは、まちと関わり、まちを好きになり、「誰かがつくるまちから、自分たちがつくるまちへ」一人でも多くの人の意識が変わること。一朝一夕に実現するものではないが、ぶれずに着実に進めていきたい。このまちで暮らす人たちの幸せのために。

シビックプライドと関係人口を連携させた西条市の取組

愛媛県西条市長　玉井　敏久

はじめに

　西条市は、愛媛県東部の道前平野に位置する人口約11万人の地方都市である。

　北は穏やかな瀬戸内海、南には西日本最高峰（1,982m）の石鎚山を主峰とする四国山地に抱かれ、石鎚山系からの伏流水は被圧地下水の自噴地帯を形成し、「うちぬき」と呼ばれる良質な自噴水は、環境庁（現環境省）認定の「名水百選」にも選ばれるなど、豊かな自然と清らかな水の恵みに育まれた歴史と伝統が息づくまちである。

　本市は、「山、川、平野、海」といった地形と、「農、水、林、工、商」といった産業形態がコンパクトに凝縮されたまちであり、工業の分野では臨海部を中心に、エレクトロニクス、造船、鉄鋼、機械製造、ビール製造などの大手企業の工場が多数立地しており、四国1位（2015（平成27）年）の製造品出荷額を誇っている。

　一方で、2015（平成27）年度実績で西条市の経営耕地面積は4,313ヘクタールと四国最大であり、裸麦、あたご柿、七草の生産量は全国1位で、農業産出額は約140億円と、四国屈指の農業都市でもある。

シティプロモーションに取り組む背景

　本市の人口は、1985（昭和60）年をピークに減少の一途をたどっており、特に、市内に高等教育機関が立地していないことから、高等学校を

卒業した進学者のほぼ全てが市外に居を移すという特徴があり、極端な若年層の人材不足による人口分布のアンバランス状態が、本市を継続的に発展させていくためのボトルネックとなっている。

　また、産業バランスや自然環境、豊かな地域資源に恵まれている地域ではあるものの、それらの居住地としての優位性が十分に活かしきれていないこと、また市民にも魅力が伝えきれておらず、また、伝わっていても発信力が弱く、市外居住者に対し、本市の魅力が十分に訴求できていないことから、認知度、イメージなどの向上が図られていないという課題もあった。

　こうした状況に対し、地域の活力を維持・増進し持続的な発展を可能とするためには、地方創生の取組が全国で展開され、地域間競争が激化する中、市民や企業、各種団体に「西条という選択」をしていただく必要がある。

　そのために、産業振興や生活環境の充実といった取組により、地域の魅力を高めるだけでなく、地域の魅力を「選ぶ」主体に適切に伝える「シティプロモーション」を地域創生の1つの柱として位置付け、全市を挙げて推進することにより、地域間競争での「生き残り」ではなく「勝ち残り」の実現を目指すこととした。

シティプロモーション戦略の策定

　西条市ではこれまでも、特産品のブランド化など、地域資源を活かしたブランド推進事業などを展開してきたものの、それぞれに統一性がなく個々の担当部署がそれぞれ実施している状況であった。

　このことから、2017（平成29）年度の組織改編において、経営戦略部内にシティプロモーション推進課を新設し、推進体制の強化を図るとともに、プロモーションという視点から全庁的に各分野にわたる関連施策をブラッシュアップし、横断的かつ戦略的に本市の魅力として発信して

いく指針となる戦略の策定に取り組んだ。

2017（平成29）年度に策定したシティプロモーション戦略（以下、「戦略」という。）では、「市外からみた知名度とイメージの向上」と「市民の愛着と誇りの醸成」を基本目標として掲げ、これらの市外向けと市内向けの2つの方向性を両軸として各種施策を推進し、それらを循環させながら、まずは、効果的な情報発信を行うことで、将来的な「UIJターン者の獲得」や「市民の定住促進」などを目指すこととした。

その中でも、特に若い世代に対して、本市の強みである「多様な働き方にチャレンジできる環境」に加え、地域コミュニティや穏やかな人とのつながり、子育て環境の充実や良好な自然といった「暮らしの豊かさ」を重点的にPRしていくこととしている。

キャッチフレーズ「LOVE SAIJO」

また、本市のキャッチフレーズ「LOVE SAIJO」は、2017（平成29）年度、戦略の策定と合わせ、市民有志や市職員がワークショップを重ね、西条市に「住みたい」「住み続けたい」と思ってもらえるまちになるために、「語るべき西条市の魅力は何か」というテーマのもと、未来志向で「西条市の魅力＝ありたい姿」として創り上げたものである。

LOVE SAIJO
まちへの愛が未来をつくる

このキャッチフレーズには、「まちを知り、好きになることが新しいあなたと未来の西条市をつくる」というメッセージが込められており、このキャッチフレーズ（ロゴマーク）は、市のサイトよりダウンロードが可能で、市内の個人や各種団体で、ポスターやチラシ、パンフレット

等の媒体やユニフォーム、グッズといった様々な用途に活用されている。

　また、ワークショップでは、キャッチフレーズなどを作成するということだけでなく、市民一人ひとりの自覚を引き出し、「自分は何をやりたいのか」「何ができるのか」「それがまちのためになるのか」を自ら考え、行動を起こすきっかけにもなり、今後、ワークショップに参加したメンバーを中心に、本市のシティプロモーションの担い手が育っていくことも期待している。

戦略の基本方針

I 「魅力のストーリー化・パッケージ化」

　本市の戦略では、効果的にプロモーションを進めるための基本方針を設定し、これらの方針を踏まえた積極的なパブリシティとメディアの活用により、情報発信力の強化を図ることとしている。

　「魅力のストーリー化・パッケージ化」では、従来の地域資源や施策など、魅力のありのままの姿を概要として情報発信するのではなく、その魅力の特性・特長から魅力の"コンセプト"を定め、テーマを掲げたり、魅力を組み合わせたりすることで、魅力の付加価値や訴求力を高めることを目的としたものである。

　具体的な取組としては、西条市特有の地域資源である「もの」「こと」「場」の魅力を、それに携わる「ひと」の仕事を通して、稼ぐチカラに満ちた西条市というコンセプトを打ち出し、ストーリー化したコンテンツを作成し、各種メディアに発信することで、新たなターゲット層の取り込みや魅力の付加価値を高めることを目指している。

II 体験価値の向上

　また、「体験価値の向上」は、本市を実際に訪れ、体感してもらえる

仕組みの構築などにより、価値を実感し、納得し、その口コミやSNSなどによる共感の拡散につなげていくことを目的としたものである。

　一例としては、本市を訪れる移住関連番組を制作するほか、希望者の個別の要望に合わせた現地のツアーを企画開催している。

　また、職員がコンシェルジュとなり、土、日、祝日も対応可能な西条市内の無料アテンドサービスも実施しており、このサービスでは、移住検討者の希望に合わせて市内各所を案内するほか、地域の「ひと」との交流をも積極的に取り入れた結果、2018（平成30）年度の実績としては、8月末現在、19件のサービス利用者があり、そのうち11件が移住に結び付いている。

Ⅲ 〉「「to」から「with」へと行動変容」

　「「to」から「with」へと行動変容」は、従来の行政主体の「To人々」型から、市民が共に魅力を創出し、発信していく「With人々」型の発想へと転換を促す施策・事業を展開しようとするものである。

　これまでは新聞やテレビ、広報紙といった情報媒体から情報を発信し、それを受け手が受け取るという一方通行（1 Way）の流れであったが、現在ではメールやFacebook、Twitterなどを通じて、即座に互いに感想や意見をやりとりする双方向性（2 Way）コミュニケーションが容易となっている。

　このような背景のもと、市民が共に情報を構築し、発信していく「With人々」型の発想への転換を図ることにより、SNSを活用し、情報の受け手がその情報を更により多くの人に発信すること、いわゆる情報の共有・拡散につなげることを目的とするものである。

Ⅳ 〉「インナープロモーションの展開」

　また、「インナープロモーションの展開」では、市民にもブランドコンセプトなどの浸透に向けた担い手として参画していただくことで、市

外への情報発信力の拡大を図ろうとするものである。

　市民と共に情報を構築し、発信していく「With人々」型への転換を図るためには、まちが持つ魅力を従来の視点ではない考え方で発掘・創出し、まちの魅力そのものを高めていくとともに、市民の「自分の住むまちを勧めたい」という意欲や「自分の住むまちをよりよくするために働きたい」という意欲等を高める必要がある。

　そのために、市の取組などに興味を持った市民が情報発信などに参画できるような仕組みづくりや、市民がまちの魅力に触れ、その価値を理解し、それを発信してもらえるような参加型の取組を進めることとしている。

　これらの基本方針のうち、Ⅰ、Ⅱについては、主に市外向けのプロモーションであり認知度や都市イメージの向上につなげようとするもので、Ⅲ、Ⅳは、主に市内向けに、市民の愛着と誇り＝シビックプライドの醸成を目指すものである。

シビックプライドの醸成に向けた取組

Ⅰ 〉 メディアの構築と市民参画

　シティプロモーション戦略の策定と並行し、活用するメディアの見直しや構築にも取り組んだ。

　本市が有するメディアは、広報紙、公式サイト、Facebookなど主に市内向けのものが中心であったことから、市内外への効果的な魅力の訴求を図るため、新たに市外向けに、プロモーションサイト、Facebookのほかインスタグラムの公式サイトを立ち上げるとともに、広報紙の全面リニューアルを実施した。

Ⅱ 〉広報紙の全面リニューアル

　従来の「広報さいじょう」は、行政情報を広く市民に知らせることが中心で、情報量も多く、読者層は比較的高齢の方が中心であった。

　このことから、約１年がかりで企画案を検討し、今後まちづくりを担う若い層まで読者層を広げ、「暮らしに役立つ。西条を好きになる！」をコンセプトに、単なる行政情報の伝達にとどまらず、市民の顔が見え、西条の誇りを紙面に出し、「西条に住み続けたい」と思えるような情報提供を目指し、2018（平成30）年５月号より全面リニューアルを実施したところである。

　リニューアルのポイントは、

１．ページ数の削減

２．デザイン刷新

３．毎号に特集を

の３点で、これらのポイントを踏まえ、今まで以上に情報が「伝わる」ことで、

・市政が伝わり、協力する住民が増える。

・西条を愛する市民が増える。広がる。

・全庁的な広報力の底上げ

などの効果を期待しているものである。

　リニューアル実施後、市民の方々からは、「読んでみたくなった」「見やすくなった」など、好意的な意見が多く寄せられている。

Ⅲ 〉公式インスタグラム「lovesaijo」

　2017（平成29）年８月に立ち上げたインスタグラムのサイト「lovesaijo」は、市内で撮影した暮らし・遊び・学び・仕事などの写真にコメントを添え、#lovesaijoを付けて投稿をしていただいたものを、市の公式アカウントでピックアップして紹介するという形態としている。

同サイトは、西条市から転出した人にとっても懐かしく郷土愛が感じられるような、投稿者にとっても地域の魅力を再発見するきっかけとなるようなアカウントを目指しており、「懐かしさ」や「魅力」を発信することで共感を促し、多くの市民などの参画・投稿を期待している。

　開設から1年余り（2018（平成30）年8月末現在）で、フォロワー数が約1,500名、#lovesaijoの投稿数は、約6,500件となっている。

Ⅳ　プロモーションサイト「LOVE SAIJO」

　また、新たに開設したプロモーションサイト「LOVE SAIJO」は、市の魅力発信に特化したもので、主に市民の方を対象に市の情報を発信する従来の公式サイトとは差別化を図り、市民ライターの方々の投稿により、市民の目線を通じて、西条市の魅力を伝えている。

　先述のインスタグラムサイトも市民などの投稿が主体であり、両サイトとも市民にも情報発信の担い手として参画していただくことで、情報発信力の強化にもつなげていきたいと考えている。

　また、これらの情報が人から人へつながり、より多くの人に興味を持ってもらうとともに、自らが市の魅力の発信に関わることで郷土への愛着や誇り、「住み続けたい」「勧めたい」という意識を高めることにもつながるものと考えている。

関係人口の構築に向けて

Ⅰ　構築に向けた取組の背景

　高等学校卒業後に本市を巣立ってからそのまま都市部で就職する流れが顕著である本市では、以前から市外に存在する「関係人口」の存在に着目しており、 2015（平成27）年度以降、「西条うちぬき倶楽部」を開設し、本市にルーツを有する市外在住の方に会員登録いただき、東京及

び大阪で開催する交流会を通じてネットワークを構築し、各種施策に対する協力依頼など、情報発信を行っており、2018（平成30）年３月末現在、約900名の会員数があった。

　また、2017（平成29）年度からは、都市圏から移住して起業を希望する人の新たな流れを創出し、地域活力の向上を図る「ローカルベンチャー誘致・育成事業」を開始したほか、大都市圏中心の経済システムからの転換を図り、地方から大都市に流出している資金を地方に呼び戻し、地域内でそれらを循環させる仕組みを構築する「ローカルファンド構築推進事業」にも取り組んでいるところである。

　このように、本市では様々な取組を展開してきたが、これまでは「関係人口」のプラットフォームとなるべき「西条うちぬき倶楽部」と各種施策との有機的なつながりが弱く、会員の多くが実際に地域とつながり合って活躍するような場を創出することにつながってこなかったことが最大の課題であった。

Ⅱ 〉 プラットフォームの構築

　このことから、2018（平成30）年度には、新たに市民や民間企業を会員対象として加えるとともに、全体的に層が薄かった若年層を対象に積極的に勧誘を図り、SNSなどを活用して市外会員と市民がまちづくりに関する情報交流を図る「LOVE SAIJOファンクラブ」として再構築を行った。

　また、「ローカルファンド構築推進事業」と合わせてプラットフォーム化を図るとともに、中長期的には定住人口を増加させるための仕組みを確立することで、「ヒト・モノ・カネ・情報」の好循環が創出される地方都市の自立・持続可能モデルを完成させることを目指す一連の取組が、総務省の「「関係人口」創出事業」モデル事業にも採択をされたところである。

Ⅲ 〉 関連する取組

　具体的には、ファンクラブでの会員同士の情報交流や会員外の情報の拡散にとどまらず、会員と市が実施する地域課題解決のための事業をマッチングする仕組みを構築し「ヒト・モノ・カネ・情報」の好循環を創出しようとするもので、一例を挙げると、中山間地域に位置する千町地区の棚田を再興するというプロジェクトに市外からの参加者を募ることで、まずは本市に訪れていただき、地域住民やNPOなどが一緒になって課題解決に取り組み、本市に対する関心や愛着を高め、事業後もファンクラブ会員として継続的なつながりを維持していくなど、「ヒトの循環」を創出することとしている。

　同時に、その事業の様子や参加した方の想いなどを市内外に発信していくことで「情報の循環」を創出し、本市に対する更なる関心を集めるほか、棚田で収穫された棚田米を参加者に提供するなど、産品を用いた「モノの循環」を通じて本市に愛着を持った市外の方を増やし、将来的にその方が移住を考えたときには、本市を候補としていただきたいと考えている。

　その他、市の取組に共感していただいた方から出資を募るローカルファンドとの連携で、自立した「カネの循環」の創出や、起業・就農・就職に対する多様な支援体制をファンクラブと連携させ、市内外で生まれる好循環と関係人口の増加から移住・定住までを一体的なスキームとして展開することで、自立可能な地方都市のモデルを確立していきたい。

おわりに

　西条市におけるシティプロモーションの将来的な目的は、「定住人口の獲得」であり、その前提として市内外での「西条ファン」の獲得に取り組んでいる。

市外に向けては、積極的な情報発信や関係人口の構築に向けた取組により、西条市を知り、興味を持つことで、「ファン」として継続的なつながりを構築し、将来的な移住・定住につなげるための裾野の拡大を図るとともに、定住には至らないまでも、様々な形で西条市を応援してくれる人を増やしていきたいと考えている。

　市内に向けては、シティプロモーションをはじめとした、市の取組やまちづくりなどの活動に参画し、他の人々もそれらの活動に触れることで、西条市の魅力を再発見し、更に西条市が好きになることで愛着や誇りの醸成を図り、定住や進学などで転出した場合にも、将来的なUターンにつなげていきたいと考えている。

　これらの取組を通じ、市内外の人々から「西条という選択」をしていただくことで、「ワクワク度日本一の西条」の実現を目指してまいりたい。

おわりに

　地方創生がはじまり数年が経過した。地方創生を実現するため、地方自治体は様々な取組を進めている。そして、今日では「勝ち」と「負け」が明確になりつつある——。

　と、このように書くと「勝ち負けの二極化はよくない」や「Win-Winの関係が理想だ」という人がいる。筆者（牧瀬）も、二極化の議論はよくないと思っている。本来は勝ち負け関係なく、すべてが勝者になるのが理想である。しかし現実的には、勝ち負けが出てきている。

　現在、日本が歩んでいる人口減少時代において、すべてが勝者になることはあり得ない。現在の状況は「ゼロ・サム」と称される。ゼロ・サム（zero-sum）とは、「合計するとゼロになる」ことを意味する。一方の利益が他方の損失になる。勝ち組がいれば、負け組も出てくることになる。

　ところが、実はゼロ・サム状態にはならない。実態はもっと酷い。それはマイナス・サム（minus-sum）である。なぜならば、日本の人口が減少しているからである。総和（全体）が縮小しつつあるのが現在である。このような状況は「マイナス・サム」に陥る。マイナス・サムの意味は「合計してもマイナスになる」である。一部の勝者と大多数の敗者になっていく。

　確かに「全員が勝者に」という理想は大事である。しかし、理想だけでは生きていけない。現実をしっかり見ることが重要である。

　と、ここまで読んで「なんかすっきりこないなぁ」と思う読者も多いだろう。上記は「人口の獲得」を前提とした話である。本書が取り上げた「シビックプライド」（Civic Pride）は、人口の獲得とは直接的には関係がない（もちろん、人口の獲得に関連してシビックプライドを論じてもよい。）。

シビックプライドに取り組むことは、もしかすると「Win-Winの関係」になるかもしれない。現在進みつつある人口獲得を基調とした自治体間競争に、新しい価値観を提供するかもしれない。その意味で、シビックプライドに注目する自治体が増えているのだと思われる。特に本書は、シティプロモーションに関連付けて、シビックプライドについて言及してきた。

　本書は、シビックプライドの推進に関して、効果的に進めていくためのポイントを、わかりやすくまとめたつもりである。シビックプライドの総論に加え、シビックプライドの老舗である読売広告社が関わった実践事例を言及した。さらに、シビックプライドの先進事例も、当事者の観点から紹介している。本書により、シビックプライドを推進し、成功の軌道に乗せていく視点を提供できたと思っている。

　本書は筆者（牧瀬）が関わった『地域魅力を高める「地域ブランド」戦略』（2008年・東京法令）と『地域ブランドとシティプロモーション』（2018年・東京法令）と深く関係している。ご関心があれば（なくても）、ぜひ手に取っていただきたい。

　本書は多くの方にお世話になりました。謝辞を記しておきます。本書の編著になっている株式会社読売広告社の榎本元・執行役員をはじめ、同社の皆様には筆者（牧瀬）がシビックプライドの考察を進めるにあたり、現場の観点から多くの示唆をいただきました。感謝申し上げます。また、本書第Ⅲ部の北上市、戸田市、海老名市、多摩市、八王子市、生駒市、西条市の各執筆者には、お忙しい中、先進事例をまとめていただきました。ありがとうございました。そして、何よりも本書の編集の労をとっていただいた東京法令出版の加藤舞氏と野呂瀬裕行氏に深く感謝申し上げます。

本書は編著であるため、筆者の個人的なことは差し控えたいが、お許しをいただき、一つだけ記したい。昨年の11月に、筆者の友人であった柿崎くんが亡くなった。友人といっても数年に１回会う程度の仲であった（決して嫌いというわけではない。）。柿崎くんは、私と同年代である。柿崎くんに限らず、同年代が少しずつ亡くなっている（そういえば、昨年は鈴木くんが亡くなった。）。筆者は「そういう年齢になってきたんだなぁ」と強く実感している。

　あと、筆者がどれくらい生きるか分からない（死ぬ気はまったくない。）。ただ同年代が亡くなるのを身近に感じ、今まで以上に筆者の知見を世に出していくと決めた（無理してでも出していく。）。ちなみに、筆者は、雄一くんと美紀ちゃんが大学を卒業するまでは、絶対に生き続けようと思っている。

　　2019年２月

　　　　　　　　　　　　　　　　　　　　　　　　牧瀬　　稔

編著者紹介

牧瀬　稔（まきせ　みのる）　第Ⅰ部

専門は自治体政策学、地域政策、行政学で、市区町村のまちづくりや政策形成に広くかかわっている。法政大学大学院博士課程人間社会研究科修了。民間シンクタンク、横須賀市都市政策研究所（横須賀市役所）、（公財）日本都市センター研究室、（一財）地域開発研究所を経て、関東学院大学法学部地域創生学科准教授。東京大学高齢社会研究機構客員研究員、沖縄大学地域研究所特別研究員等を兼ねる。

2018年度は、北上市、中野市、甲斐市、戸田市、春日部市、東大和市、新宿区、東大阪市、西条市などの政策アドバイザーとして関わっている。

審議会等では、厚木市自治基本条例推進委員会委員（会長）、相模原市緑区区民会議委員（会長）、厚生労働省「地域包括マッチング事業」委員会委員、スポーツ庁参事官付技術審査委員会技術審査専門員などの委員に就いている。

URL　https://www.makise.biz/

榎本　元（えのもと　はじめ）

はじめに

1984年、広島大学卒業後、中堅広告代理店を経て、現職は読売広告社執行役員。まちづくりの開発コンセプト構築や商品企画、広告キャンペーンの立案など、30年にわたり、不動産、都市開発、住宅開発、商業開発等のコミュニケーション・コンサルティング業務を担当。著書に『シビックプライド』『シビックプライドⅡ』（共に共著）。

和田　直也（わだ　なおや）

第Ⅱ部第2章

1982年生まれ。2007年、茨城大学大学院卒業後、読売広告社に入社。マーケティング・ソリューション・分析など、案件に関わる全ての領域において、得意先が抱える戦略・課題に応えるパートナーとしてのスタンスで業務を担当。近年は、広告代理店の既存業務に加え、新しいビジネス・サービス開発にも携わる。

水本　宏毅（みずもと　ひろとし）

第Ⅱ部第1章

読売広告社都市生活研究所　所長

1990年、早稲田大学商学部卒。営業職として大手不動産会社の再開発、住宅関連の広告プロモーションに携わったのち、営業統括局、経営企画局局長を経て、現職。シビックプライド研究会、シティプロモーション自治体等連絡協議会理事、ワークショップデザイナー（青山学院大学学校教育法履修証明プログラム修了認定）。

中村　賢昭（なかむら　まさあき）

第Ⅱ部第2章

1984年東京都生まれ。2007年、慶應義塾大学環境情報学部卒業後、読売広告社に入社。営業を経て、プランナーに。プロモーションやPRを中心としたコミュニケーション、アートやまちづくりなど異業種とコラボしたソリューションの企画・制作を手掛ける。シティプロモーションのほか、大手不動産デベロッパーのまちづくりや商業施設の販促などを担当。

五十嵐　勇（いがらし　いさむ）
第Ⅱ部第2章
読売広告社　次世代モノづくり研究所チーフ
プロデューサー
ネプタ・スタイル有限責任事業組合　共同代表
商品開発プロデューサー、地域活性化ソ
リューションプロデューサー
1966年生まれ。1989年、立教大学経済学部卒、
読売広告社入社、2011年から現職。地域の商
品開発、地域ブランディング、観光コンテン
ツ開発、地域の情報発信PRなどを行う。こ
れまでに多数の地域の商品開発に携わる。
2015年、ネプタ・スタイル有限責任事業組合
を立ち上げる。同年、「アジア太平洋広告祭
（ADFEST）」でロータス・ルーツ賞を受賞。

上野　昭彦（うえの　あきひこ）
第Ⅱ部第3章
読売広告社　R＆D局局長代理
1966年生まれ。1989年、中央大学法学部卒業
後、読売広告社入社。情報システム、マーケ
ティング局を経て、1999年から研究開発部門。
主に高感度層やシニアなど生活者の調査研究
に携わり、執筆に「ヒットのキーマンは聞き
耳層！」（宣伝会議・2014〜15年連載）など。
現在は、シビックプライドに関する自治体と
の共同研究やワークショップ、講演などを行
い、地方自治体とともに地域の課題解決に取
り組んでいる。

第Ⅱ部編集協力
北村　俊明（きたむら　としあき）
読売広告社　コミュニケーションデザイン総括局局長

北上市企画部都市プロモーション課

第Ⅲ部

2017年4月に設置。まち育て戦略に基づく市
内外への情報発信を進めるため、広報紙等の
メディアによる情報発信のほか、各課の情報
発信活動の調整・支援を担当している。2021
年には「みちのく三大さくら名所の北上展勝
地開園100周年」や「市制施行30周年」など
周年事業が重なることから、庁内でプロジェ
クトチームを設置し、全庁的な取組を開始し
た。

戸田市政策研究所

第Ⅲ部

戸田市全体の政策形成力向上を目的として、
2008年4月に設置された埼玉県内初の自治体
シンクタンク。市政に関する徹底した「調査
研究」はもちろんのこと、職員一人ひとりの
政策形成能力の向上を目指した「政策支援」
にも取り組んでいる。著書に『政策開発の手
法と実践』『選ばれる自治体の条件』（東京法
令出版）などがある。

海老名市市長室シティプロモーション課

第Ⅲ部

市内外に向け当市の魅力を戦略的に発信していくために2016年4月設立。同年8月に市制施行45周年記念事業として音楽グループいきものがかり地元凱旋ライブ「超いきものまつり2016 地元でSHOW!!〜海老名でしょー!!!〜」のタイアップ事業を手掛ける。

以後、鉄道広告事業や市民との協働など様々な媒体を活用して当市をPRしている。

阿部　裕行（あべ　ひろゆき）

第Ⅲ部

多摩市長

1956年生まれ。日本大学法学部新聞学科卒。1979年に社団法人日本新聞協会入職、事務局次長兼経営業務部長等を経て2010年4月から現職。誰もが健康で幸せに過ごせるまち「健幸都市・多摩」を目指し、まちぐるみの取組を進めている。2018年4月に行われた多摩市長選挙では「一人ひとりのシビックプライドと。」を掲げ3選を果たした。

元木　博（もとき　ひろし）

第Ⅲ部

八王子市都市戦略部都市戦略課長

2006年、法政大学大学院修士課程修了。修士（政策科学）。福祉部高齢者いきいき課長を経て現職。論文に「自治体の政策立案・意思決定と政策支援」、「介護保険事業に関する第2次一括法の基礎自治体への影響を振り返る」など。2018年10月から会計部会計審査課長。

専門：地域自治、都市内分権論、自治体組織論。

大垣　弥生（おおがき　やよい）

第Ⅲ部

生駒市いこまの魅力創造課課長補佐。民間企業で販売推進を10年間担当後、生駒市初の社会人採用枠で入庁。広報誌や採用広報の改革を進め、全国広報コンクール入選11回。2016年4月、新設された現在の課に異動後は、シティプロモーションを担当。多様な主体との協創によって、まちの魅力づくりとファンづくりに努めている。

玉井　敏久（たまい　としひさ）

第Ⅲ部

愛媛県西条市長

1963年西条市生まれ。愛媛県立西条高等学校を卒業後、1982年に四国電力株式会社へ入社。2007年から愛媛県議会議員に3期当選。2016年に西条市長選挙へ出馬し、初当選して現在1期目。

人口減少社会を見据えて「選ばれるまち西条」に向けたシティプロモーションに力を注いでいる。

現在、シティプロモーション自治体等連絡協議会の副会長を務める。

シティプロモーションとシビックプライド事業の実践

平成31年3月15日　初　版　発　行

編著者　　牧 瀬　　稔
　　　　　読売広告社 ひとまちみらい研究センター

発行者　　星 沢 卓 也

発行所　　東京法令出版株式会社

112-0002	東京都文京区小石川5丁目17番3号	03(5803)3304
534-0024	大阪市都島区東野田町1丁目17番12号	06(6355)5226
062-0902	札幌市豊平区豊平2条5丁目1番27号	011(822)8811
980-0012	仙台市青葉区錦町1丁目1番10号	022(216)5871
460-0003	名古屋市中区錦1丁目6番34号	052(218)5552
730-0005	広島市中区西白島町11番9号	082(212)0888
810-0011	福岡市中央区高砂2丁目13番22号	092(533)1588
380-8688	長 野 市 南 千 歳 町 1005 番 地	

〔営業〕TEL　026(224)5411　FAX　026(224)5419
〔編集〕TEL　026(224)5412　FAX　026(224)5439
https://www.tokyo-horei.co.jp/